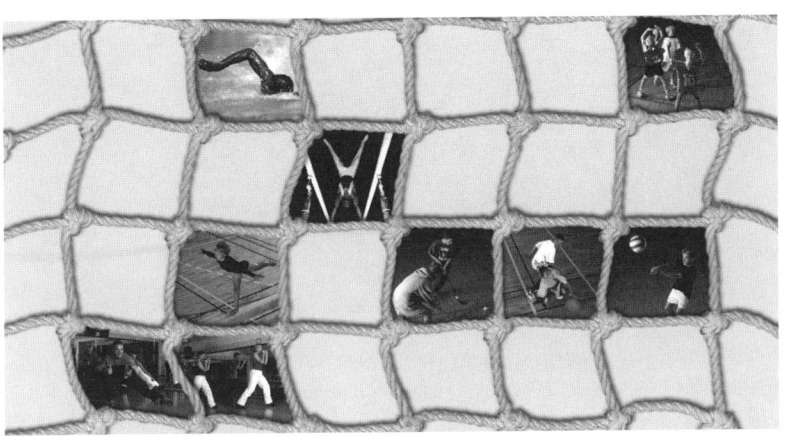

Autorenkollektiv
Redaktion:
Walter Bucher

Edi Bachmann
Martin Bachmann
Jurek Barcikowski
Benedikt Beutler
Marc Brändli
Bernhard Bruggmann
Roland Fischer
Philipp Gärtner
Ursula Häberling-Spöhel
René Kissling
Kurt Murer
Peter Vary

1015
Spiel- und
Kombinationsformen
in vielen Sportarten

W0230905

Die Deutsche Bibliothek – CIP-Einheitsaufnahme

1015 Spiel- und Kombinationsformen in vielen Sportarten/
(Red.). Walter Bucher. Autorenkollektiv: Edi Bachmann . . .
[Zeichn.: Ursula Häberling-Spöhel. Fotos: von den Autoren]. –
5., unveränd. Aufl. – Schorndorf : Hofmann, 2002
   (Reihe Spiel- und Übungsformen)
   ISBN 3-7780-6354-5
NE: Bucher, Walter [Red.]; Bachmann, Edi;
   Tausendfünfzehn Spiel- und Kombinationsformen in vielen Sportarten

Bestellnummer 6355

Titelbild: Walter Bucher

Zeichnungen: Für Kapitel 1–12: Ursula Häberling-Spöhel, für Kapitel 13: Marc Brändli
Fotovorlagen: Hagetra AG Schweiz, Parketböden, info@hagetra.ch

Gesamtherstellung in der Hausdruckerei des Verlags
Printed in Germany · ISBN 3-7780-6354-5

Inhaltsverzeichnis

Vorwort

Das Kernstück des Sports, jeglichen Sporttreibens, ist die menschliche Bewegung. Der Sport ist eine Abstraktion in der Anwendung. Die Entwicklung unserer Sportarten führte über Jahrzehnte hinweg zu recht engen motorischen Spezialisierungen. Erkenntnisse der Bewegungs- und Trainingslehre belegen jedoch vermehrt gegenteilige Ansichten: In verschiedenen motorischen Lernphasen geht es um Bereicherung und Vermehrung von Bewegungsgrundmustern, um mit breiter Bewegungserfahrung zahlreichere „Bewegungsantworten" auf entsprechende motorische Aufgaben geben zu können. Die Verbindung, Verknüpfung, Vernetzung von Sportarten und von sportarttypischen Bewegungen lag eigentlich auf der Hand. Mit dem vorliegenden Werk wird die Veranschaulichung einer lerntheoretisch wertvollen und sehr wahrscheinlich impulsgebenden Übungssammlung geliefert. Es ist zu erwarten, daß aus dem Konzept (Schwerpunktsportart in Verknüpfung mit Ergänzungssportarten) vorerst recht verschiedene, zum Teil abartige Sportarten entstehen werden. Die Hoffnung, daß sich daraus — nach einer gewissen Zeit des „Sich Setzens" — unser zunehmend reglementierter Sport öffnen wird, ist berechtigt.
Der Fachlehrer im Bereiche des Sportes wird sich mit der Idee wohl rasch zurechtfinden können und eigene Kombinationen entwickeln. Der Nichtspezialist findet in der reichhaltigen Übungssammlung eine Vielzahl von Anregungen, die — persönlich adaptiert — den Unterricht motorisch und emotiv ganz herrlich bereichern können.

H. Keller
Direktor der Eidg. Turn- und Sportschule

Einleitung

Dieser Band der Buchreihe „1000 Spiel- und Übungsformen" schließt sich in der Form seinen Vorgängern an. Das theoretische Konzept dagegen sucht seinen Ansatz diesmal nicht nur im spielerischen Bereich. Trotzdem wird auch in diesem Buch der „Didaktik des Spielerischen im Sport" erneut durch konkrete praktische Beispiele weitestgehend gefolgt.

Verschiedene Autoren haben sich immer wieder bemüht, dem Sport(-unterricht) neue Impulse zu geben, zum Beispiel über Bewegungsverwandtschaften im Gerätturnen oder durch artverwandte Elemente in den Sportspielen. Diesen Ansätzen liegen lerntheoretische Überlegungen zugrunde, die dem Praktiker im Sportunterricht Denkanstöße, Lern- und Orientierungshilfen brachten.

> „Gemeint ist, daß spielerisches Handeln eingeflochten wird in das Leisten, daß Leisten unterbrochen wird von Sequenzen spielerischen Tuns."
> (WIDMER 1984, S. 79)

Wesentlich kritischer stellt Helmut DIGEL in seinem Buch „Sport verstehen und gestalten" unsere bisherige Sportpraxis in Frage: „Warum ist das Rennen nach dem Zug, wenn man sich verspätet hat, üblicherweise nicht als Sport zu bezeichnen? Wenn man hingegen dieselbe Strecke auf einer Tartanbahn in einer bestimmten Zeit bewältigt, erhält man eventuell eine Goldmedaille, die die höchste Auszeichnung im Sport darstellt" (1982, S. 6). Das Hauptanliegen DIGELS liegt darin, die bestehenden Spielregeln im Sport grundsätzlich zu überdenken und sie der Schule beziehungsweise den jeweiligen Bedürfnissen der Sporttreibenden anzupassen. Dabei geht es grundsätzlich nicht nur um die Veränderung der meist jahrhundertealten Regeln, sondern tatsächlich um neue Impulse.

Wenn es Hauptanliegen im Schul- und Freizeitsport ist, sich sportlich zu betätigen, den Körper zu erfahren, Spaß zu haben an der Bewegung, Lust zu wecken, etwas zu lernen, zu üben oder zu leisten, so hat dies nicht ausschließlich mit den bestehenden tradierten Inhalten des Sports zu erfolgen, vor allem nicht bloß und stets unter dem Diktat der bestehenden Regeln.

Wie oft wird einem Kind im Verlauf seiner Schulzeit das Werfen beigebracht: Rechter Arm hinten, linkes Bein vorne, Bogenspannung,...! Wie oft bemühen sich die Lehrpersonen, den Schülern die Schrittregeln beim Basket- oder Handballspiel zu erklären! Jedes Jahr, immer wieder!

— Könnte der Sportunterricht nicht viel weiter, viel umfassender verstanden werden?
— Könnten bestehende Sportspiele und Sportarten nicht verändert werden?

DIGEL zeigt beispielsweise den Weg vom Handball- zum Basketballspiel und umgekehrt auf. Sind vielleicht die tradierten Regeln daran schuld, daß der Zugang gewisser Sportarten zur Schule (Tennis zum Beispiel) nur mühsam erfolgen kann? Ist es nicht Zeit, umzudenken? Zeit, Inhalte unseres sportlichen Handelns, mindestens im Schul- und Freizeitsport kritisch zu hinterfragen? Unserem Sportunterricht durch andere Denkweisen neuen Auftrieb zu geben? Sind Fragen wie „Was hat Volleyball mit Leichtathletik zu tun?" oder „Wie könnte Volleyball mit Gerätturnen kombiniert werden" utopisch?

Ist unser Sportunterricht zu einseitig, oder sollten wir nicht (wieder) vermehrt beide Körperseiten in den Lern- und Übungsbetrieb integrieren (vgl. STADLER/BUCHER 1986).

Der vorliegende Band soll also als Experimentierfeld im Bereich des fächerübergreifenden Sportartgedankens verstanden werden. Er soll anregen, Sport umfassender zu verstehen: **Sportarten-übergreifend!** Bestehende Übungsformen verschiedener Sportarten sollen, sofern dies sinnvoll ist, geschickt miteinander verbunden werden. Dabei wird das Lernziel auf zwei Sportarten aufgeteilt. Die eine bezeichnen wir als **Schwerpunkt-,** die andere als **Ergänzungsportart.** Während das Schwergewicht der Unterrichtssequenz in der Schwerpunktsportart liegt, sollen in der Ergänzungsportart lediglich Impulse vermittelt werden. Diese Kombinationen ermöglichen es, u. a. organisatorische Probleme bei großen Gruppen oder wenig Material besser zu lösen. Ferner können Unterrichtsinhalte, die ein häufiges und langes Üben notwendig machen, durch Zusatzübungen aus anderen Sportarten abwechslungsreicher angeboten werden. Es entstehen „neue" Übungsformen, vielleicht sogar „neue" Sportarten!

 **Schwerpunktsportart**  **Ergänzungssportart**

Abb. 1   Symbolisches Modell der Verbindung zwischen Schwerpunkt- und Ergänzungssportart

Diese Denkweise soll an einem praktischen Beispiel aus dem Schwimmunterricht verdeutlicht werden: Lernziel ist Retten (Rettungsgriffe) als Schwerpunktsportart und Synchronschwimmen (Paddeln in Rückenlage) als Ergänzungssportart.

Schwerpunktsportart

Retten

*Die Rettungsgriffe sollen
trainiert werden.*

Ergänzungssportart

Synchronschwimmen

*Immer wieder das (verflixte)
Paddeln üben.*

Und dies soll gleichzeitig erfolgen!

Abb. 2   Praktisches Beispiel einer Kombinationsmöglichkeit zweier Wassersportarten.

In erster Linie wird das Retten im Wasser geübt und trainiert, Synchronschwimmen dient als Ergänzung. Diese Unterrichtssequenz soll zudem Spaß machen.
Üblicherweise wird nun die Unterrichtsplanung so vorgenommen, daß während einer gewissen Zeit Rettungsschwimmen und, nebenbei, vielleicht am Schluß der Stunde, noch ein wenig Synchronschwimmen geübt wird. Unser Modell will zeigen, daß diese beiden Lerninhalte sinnvoll miteinander verknüpft werden können, ohne daß dabei die Realisierung der beiden Teilziele vernachlässigt wird. Im Gegenteil! Während beim Rettungsschwimmen der kräftige Beinschlag wichtig ist, sind die gute Körperspannung und eine optimale Paddeltechnik wichtige Voraussetzungen für das Synchronschwimmen. Diese beiden Techniken, isoliert voneinander trainiert, können eintönig, langweilig und — vor allem für den Anfänger — sehr anstrengend sein. Verbinden wir diese beiden Übungen, so können wir dem Unterricht neue Dimensionen verleihen.

Übungsbeispiel:
A und B bilden zusammen eine Übungsgruppe. A zieht B über eine bestimmte Streckenlänge. Während A den korrekten Beinschlag ausführt, liegt B in gespannter Rückenlage und unterstützt durch ein leichtes Paddeln die Anstrengungen von A. Dann wechselt die Aufgabenstellung.
Es ist klar, daß der wirklich Ertrinkende nicht in der Lage ist, zu paddeln oder sich sogar zu spannen. Dies kann immer noch realistischer — aber eben nicht nur so — geübt werden.

Bestimmt wurden schon vielerorts, zufällig oder gezielt, solche Kombinations-formen durchgespielt. In diesem Band wird versucht, Sportarten, die sich eignen, gegenseitig in einen Bezugsraster zu bringen:

— Wie läßt sich die Schwerpunktsportart B sinnvoll mit der Ergänzungs-sportart C kombinieren?

— Welche Übungsformen bieten sich aus dieser Kombination an?

Eine solche Systematik könnte dazu verleiten, praxisfremde Übungen zu kon-struieren. Das Autorenteam, alles erfahrene Sportpädagogen und Spezialisten auf ihrem Gebiet, garantiert dafür, daß die einzelnen Ideen sinnvoll, gut durch-dacht, zielgerichtet, begründet und in der Praxis erprobt sind.

	Sportart A	Sportart B	Sportart C	Sportart X
Sportart A	✕			
Sportart B		✕		
Sportart C		? ? ?	✕	
Sportart X				✕

SCHWERPUNKT—SPORTARTEN →

ERGAENZUNGSSPORTARTEN

Unser Ziel ist es, durch die vorliegende Sammlung vor allem Denkprozesse in Richtung des **fächerübergreifenden Sportunterrichts** anzuregen.

Eine wissenschaftlich fundierte Begründung können wir zwar nicht vorlegen. Trotzdem sind wir von unserer Idee überzeugt und hoffen, dem Sportunterricht in Schule und Verein einen weiteren Impuls geben zu können. Sicher werden mit unseren Bemühungen die viel genannten Forderungen der **Vielseitigkeit im Sportunterricht** (vgl. WEINECK 1980, HAHN 1982, HOTZ/WEINECK 1984 u. a. m.) unterstützt, ja geradezu provoziert. Ob dadurch eine beschleunigte Förderung der **Grundfähigkeiten** und **Grundfertigkeiten,** aber auch der speziellen Geschicklichkeit in den einzelnen Sportarten erfolgt, wird die Erfahrung mit dieser Unterrichtsweise zeigen. Wir sind davon überzeugt!

Um eine derartige Idee in die Praxis bzw. in ein Buch umzusetzen, braucht man kompetente Fachleute, Spezialisten, die aber (noch) sehen, daß Sport nicht nur aus **einer** Sportart besteht. An dieser Stelle möchte ich meinen Mitarbeiterinnen und Mitarbeitern herzlich danken:

Ganz besonders danken möchte ich URSULA HÄBERLING-SPÖHEL für die Reinschrift und die vielen Skizzen.

Sport ist mehr als die Summe der einzelnen Sportarten!

Unterägeri, im Frühling 1986   WALTER BUCHER

Traditionen — auch im Sport — sind im Umbruch. Es sind nicht mehr nur einzelne spezielle Fertigkeiten in eng normierten Techniken gefragt. Immer mehr werden sowohl von Lehrpersonen wie auch von Trainern Grundfähigkeiten und deren vielseitige Anwendungsformen gefordert; vom Spitzensport über den Schulsport bis hin zum Freizeitsport.

Die (Spinner-)Idee des Bandes „1015 Spiel- und Kombinationsformen in vielen Sportarten" — deshalb das Spinnetz und die Spinne — hatte bereits vor 10 Jahren diese Zielsetzung. Deshalb freuen wir uns, daß die nun vorliegende 4. Auflage, mit 99 Spiel- und Übungsformen im Unihockey ergänzt, immer noch — oder erst recht — aktuell ist.

St. Gallen, im Herbst 1996   WALTER BUCHER

Legende

Abkürzungen:

l, r	links, rechts
vw, rw, sw	vorwärts, rückwärts, seitwärts
BB, VB, FB, TB	Basketball, Volleyball, Fußball, Tennisball
A, B, C, D…	Schüler, Spieler
L, T, Z	Lehrer, Trainer, Zuspieler
TH	Torhüter
HL, HR	Halblinks, Halbrechts
Rh, Uh, Vh, Uk	Rückhand, Unterhand, Vorhand, Überkopf

Symbole:

▷ O ◇ △ ▲	Personen, Spieler
●▷ ●O ●◇	Personen, Spieler mit Ball
• ● •	Bälle
⟶	Laufweg (Spieler)
- - - - - -▶	Ballweg
∿∿∿▶	Weg Spieler mit Ball
⋀⋀⋀⋀▶	Vw-Bewegung mit Balljonglieren
= = = = = =▶	Stoß, Torwurf

Begriffe:

Folgende Begriffe wurden gleichbedeutend verwendet:

Shuttle	Ball
Smash	Schmetterschlag
Service	Aufschlag
Manchette	Bagger
Passeur	Zuspieler

Wichtig:
Bei den Übungen müssen immer Übungsanleitung und Organisationshinweise beachtet werden (evtl. auch die Zielsetzungen).

 # Kapitel 1 Wassersport  **Walter Bucher**

Einleitung

Das Element Wasser bietet sich optimal an, Wassersportarten zueinander in Beziehung zu bringen. Da doch für die meisten „Schwimm-Schüler" eine umfassende Wassergewöhnung wie Beherrschen vieler Grundfähigkeiten und Grundfertigkeiten aus den Teilbereichen des Wassersports zentrale Lernziele darstellen, und nur für wenige superschnelle Zeiten oder absolute Perfektion im Wasserspringen oder Synchronschwimmen, läßt sich — vor allem für den Schulschwimmunterricht — der Ansatz vermehrter Verflechtung erst recht vertreten. Daß es durch diese Art des Unterrichts noch vermehrt zu partnerschaftlichen Auseinandersetzungen kommt, ist eine zusätzliche Begründung.

Grundsätzlich lassen sich alle Wassersportarten miteinander kombinieren: Bestehende Übungsformen werden sinnvoll zueinander in Beziehung gebracht, so daß jede einzelne „Sportart" profitieren kann. Das Problem des Platzangebotes (z. B. nur eine Schwimmbahn mit vielen Schülern, wenig Material, wenige Bälle usw.) zwingt den Schwimmunterricht erteilenden Lehrer oft, die Klasse/Gruppe aufzuteilen. Gerade diese Situation bietet sich als optimales Übungsfeld an: Da wird Schwimmen trainiert, dort eine Kombinationsübung Wasserball mit Rettungsschwimmen ausgeführt usw. Dieses scheinbare „Durcheinander" verlangt von der Lehrperson fachliche Kompetenz. Sie muß jederzeit wissen, wozu was gemacht wird. Unsere Übungssammlung nimmt jenen, die im Unterricht (noch) andere Probleme haben, diese Aufgabe der Lernzielplanung weitgehend ab. Wer aber gerne selber in dieser Problematik mit- und weiterdenken möchte, kann sich am folgenden Beispiel, ausgehend vom Sporttauchen, unseren Systematisierungsvorschlag überlegen und vielleicht weiterentwickeln!

Abb. 3 Alle Wassersportarten lassen sich beliebig miteinander kombinieren.

Kombinationssystematik, aufgezeigt am Beispiel Sporttauchen als Schwerpunktsportart

Schwerpunktsportart: Sporttauchen

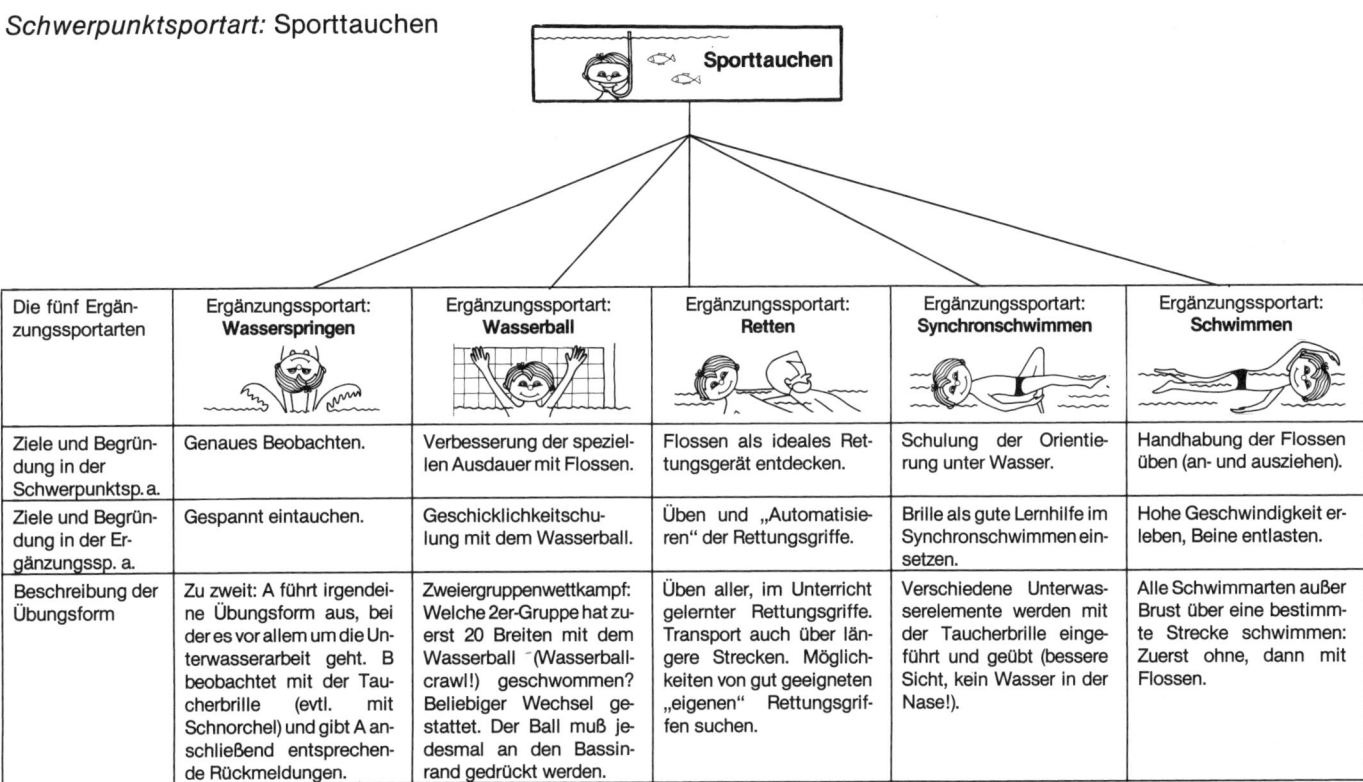

Die fünf Ergänzungssportarten	Ergänzungssportart: **Wasserspringen**	Ergänzungssportart: **Wasserball**	Ergänzungssportart: **Retten**	Ergänzungssportart: **Synchronschwimmen**	Ergänzungssportart: **Schwimmen**
Ziele und Begründung in der Schwerpunktsp. a.	Genaues Beobachten.	Verbesserung der speziellen Ausdauer mit Flossen.	Flossen als ideales Rettungsgerät entdecken.	Schulung der Orientierung unter Wasser.	Handhabung der Flossen üben (an- und ausziehen).
Ziele und Begründung in der Ergänzungssp. a.	Gespannt eintauchen.	Geschicklichkeitschulung mit dem Wasserball.	Üben und „Automatisieren" der Rettungsgriffe.	Brille als gute Lernhilfe im Synchronschwimmen einsetzen.	Hohe Geschwindigkeit erleben, Beine entlasten.
Beschreibung der Übungsform	Zu zweit: A führt irgendeine Übungsform aus, bei der es vor allem um die Unterwasserarbeit geht. B beobachtet mit der Taucherbrille (evtl. mit Schnorchel) und gibt A anschließend entsprechende Rückmeldungen.	Zweiergruppenwettkampf: Welche 2er-Gruppe hat zuerst 20 Breiten mit dem Wasserball (Wasserballcrawl!) geschwommen? Beliebiger Wechsel gestattet. Der Ball muß jedesmal an den Bassinrand gedrückt werden.	Üben aller, im Unterricht gelernter Rettungsgriffe. Transport auch über längere Strecken. Möglichkeiten von gut geeigneten „eigenen" Rettungsgriffen suchen.	Verschiedene Unterwasserelemente werden mit der Taucherbrille eingeführt und geübt (bessere Sicht, kein Wasser in der Nase!).	Alle Schwimmarten außer Brust über eine bestimmte Strecke schwimmen: Zuerst ohne, dann mit Flossen.

Die folgende Übungssammlung ist eine zufällige Auswahl von 115 Beispielen. Dabei wurden jeder Schwerpunktsportart je zwei Ergänzungssportarten zugeteilt. Dies soll nochmals deutlich zeigen, daß mit Hilfe unserer Systematik ein noch riesiges Übungsgut vorhanden ist, das es zu entdecken gilt.

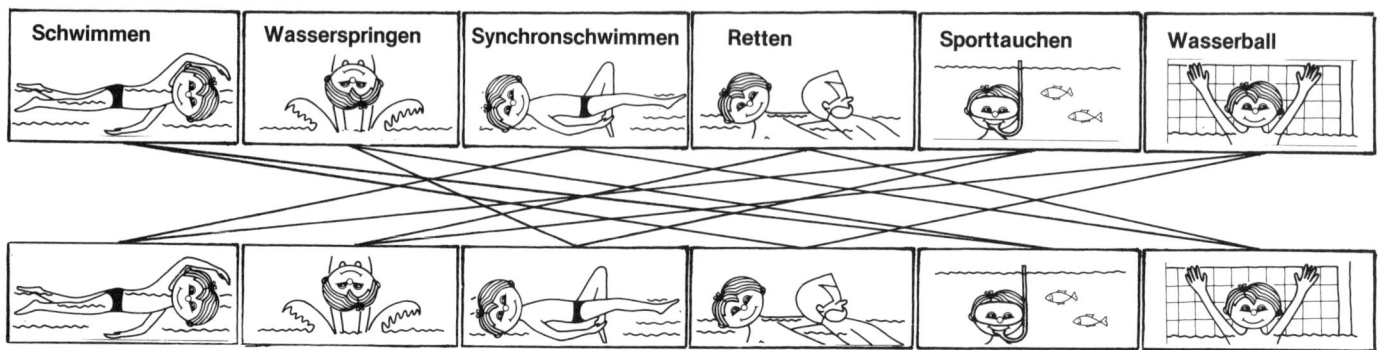

Abb. 4 Obere Reihe: *Schwerpunktsportarten*   Untere Reihe: *Ergänzungssportarten*

Auswahl und Reihenfolge sind zufällig.
Somit ergaben sich für das Kapitel 1 Wassersport folgende 12 Übungsfelder:

Schwerpunktsportarten	Ergänzungssportarten	Seite
1. Schwimmen	Sporttauchen	18
2. Schwimmen	Retten	20
3. Wasserspringen	Sporttauchen	22
4. Wasserspringen	Synchronschwimmen	24
5. Synchronschwimmen	Schwimmen	26
6. Synchronschwimmen	Wasserball	28
7. Retten	Wasserspringen	30
8. Retten	Wasserball	32
9. Tauchen	Schwimmen	34
10. Tauchen	Synchronschwimmen	36
11. Wasserball	Retten	38
12. Wasserball	Wasserspringen	40

Eine umfassende Wassergewöhnung ist mehr als die Summe einzelner Fertigkeiten. Viel Spaß!

WALTER BUCHER

Hindernisschwimmen

Ziele in der Schwerpunkt-Sportart	Ziele in der Ergänzungs-Sportart	Beschreibung	Hinweise / Organisation	Nummer
Technik erleben. Unter Entlastung der Beine üben.	Gewöhnung an die Flossen. Handhabung von Flossen, Brille und Schnorchel üben.	Jede (beliebige) Distanz ist mit und ohne Flossen, Brille und Schnorchel zu schwimmen. Dabei ist insbesondere auf die technische Ausführung der Armzugmuster zu achten. Gr. B schwimmt so lange, bis alle von A fertig sind. Dann jeweils wechseln.	A mit Flossen B ohne Flossen	1
Saubere Technik trotz hohem Tempo ausführen.	Unter Wasser genau beobachten.	A schwimmt eine dem Trainingszustand angepasste Strecke in irgendeiner Schwimmart so schnell wie möglich. B (mit Flossen,...) verfolgt, überholt, taucht unter A und beobachtet dessen Technik.	A B	2
Ausdauertraining unter (scheinbarer) Entlastung.	Gewöhnen an das Schwimmen mit Flossen, auch unter Belastung.	Ein selbst zusammengestelltes Trainingsprogramm soll unter Verwendung von Flossen durchgeführt werden.	Trainingsprogramm mit Flossen. Techniktraining ohne Flossen beim Lehrer/Trainer.	3
Schulung des Tempogefühls.	Feinkoordination mit den Flossen verbessern.	Schwimme eine vorgegebene Strecke möglichst genau nach vorher gegebenen Zeiten zuerst mit, dann ohne Flossen. Wer schwimmt die kleinsten Zeitdifferenzen?		4
Wechsel von Belastung und Erholung erleben. Erholung unter Belastung.	Wechsel von Hektik und Ruhe beim Tauchen erleben.	1. Länge schnell schwimmen (Technik vorgegeben oder frei gewählt). 2. Länge, so weit wie möglich, Tauchparcours durchtauchen. Bei Atemnot auftauchen, einatmen und wieder abtauchen. Wiederholung und Tempo je nach Trainingszustand.		5

18

Ziele in der Schwerpunkt-Sportart	Ziele in der Ergänzungs-Sportart	Beschreibung	Hinweise / Organisation	Nummer
Delphinschwimmen ermöglichen und erleichterte Rumpfbewegung spüren.	Flossen als Lernhilfe erleben; an Brille und Schnorchel gewöhnen.	Verschiedenste Formen von Delphinbewegungen unter und über dem Wasser schwimmen. Delphinkoordinationsformen (z.B. mit den Armen langsam Crawl, mit den Beinen Delphinbewegungen) ausführen.		6
Technik an sich selbst beobachten.	Taucherbrille als Instrument zur eigenen und fremden Bewegungskontrolle anwenden.	A schwimmt mit der ABC-Ausrüstung; B nur mit der Brille. Nach 2-3 Längen (je nach Trainingszustand) wird die Technik von A (z.B. der Brustbeinschlag) diskutiert, verglichen und ... verbessert.	B und A beobachten den Beinschlag.	7
Erleben des dynamischen Auftriebes und einer guten Wasserlage.	Flossen als (mögliches) Instrument des (Ausdauer-) Trainings entdecken.	Delphin, Rücken und Crawl mit hohem Tempo schwimmen. Fahrtspiel; dabei besonderes Augenmerk auf die Veränderung der Wasserlage legen.	Dynamischer Auftrieb.	8
Training unter spielerischem Aspekt. Schulung der Schnelligkeit.	Tempo- und Zeitgefühl unter Verwendung von Flossen schulen.	A und B (er-)finden Handicap-Formen, z.B. A schwimmt Brust; B darf dann wegtauchen, wenn er glaubt, A noch einholen zu können. Nur kurze Distanzen. Neue Handicap-Formen diskutieren (Erholung für A). Nach 4-6 Durchgängen Aufgabe wechseln.		9
Relation zu absoluten Spitzenleistungen erleben.	Flossen als Trainingsgerät einsetzen.	Tempojagd Wer schwimmt schneller als der Schweizer-, Europa- oder sogar Weltmeister? Welche Gruppe schlägt als Staffel den 1500m-Freistil-Weltrekord von Wladimir Salnikow (SU): 14:54,76 (Stand 15.11.85)		10

Ziele in der Schwerpunkt-Sportart	Ziele in der Ergänzungs-Sportart	Beschreibung	Hinweise / Organisation	Nummer
Brustbein-schlag unter Belastung trainieren.	Rettungs-schwimmen als mögliche Form des Konditions-trainings erfahren.	A schwimmt in Brustlage, nur mit Brustbein-schlag. B lässt sich im Schulterstütz-Griff über eine gewisse Distanz stossen. Rollenwechsel und Distanz je nach Trainings-zustand.		11
Schulung eines effektiven Brustbein-schlages.	Brustbein-schlag als optimaler, kraftsparender Vortrieb üben.	Abstoss (oder Startsprung). Lange gleiten lassen. Langsames Anziehen der Beine, dann kräftiges Zusammenschlagen und wieder so lange gleiten, bis der nächste Beinschlag nötig wird.		12
Verhalten bei Krampferschei-nungen bei hoher, langer Belastung in kaltem Wasser.	Sich selbst nicht in Panik versetzen lassen. Selbsthilfe üben.	Schwimme eine längere Strecke. Stelle dir vor, du hättest den Wadenkrampf. Lege dich auf den Rücken, fasse die Fussspitze des betreffenden Beines und ziehe kräftig (mit gestrecktem Bein) zum Körper. Dies alles langsam!	Keine Panik im Wasser, vor allem nicht in offenen Gewässern! Schwimme nie lange Strecken ohne Begleitung!	13
Erholung nach grosser Belastung er-leben. Partnerhilfe erleben.	Nach grosser Belastung noch jemandem helfen können.	_Intervalltraining_ A und B schwimmen 2x 25 (50/100/..)m so schnell wie möglich. A legt sich sofort anschliessend auf den Rücken und B zieht A in einem kannten, korrekten Rettungsgriff. Verschiedene Wiederholungen.	Mund und Nase des Geretteten müssen immer aus dem Wasser sein!	14
Trotz hoher Belastung noch klug reagieren. Erholungs-pausen nutzen.	Befreiungs-griffe automatisieren.	A und B wechseln sich ab: A sprintet eine vorgegebene Strecke. B wartet am Ende dieser Strecke und "überfällt" A mit irgendeinem "Griff". Befreit sich A korrekt, dann schwimmt B; sonst muss A nochmals schwimmen!	A O B wartet.	15

Ziele in der Schwerpunkt-Sportart	Ziele in der Ergänzungs-Sportart	Beschreibung	Hinweise / Organisation	Nummer
Schulung der speziellen Wassergeschicklichkeit.	In jeder (Not-) Situation eine Lösung finden. Totale Wassergewöhnung.	A muss B in irgendeiner von B bestimmten und ausgeführten Stellung (mit möglichst viel Wasserwiderstand) so schnell wie möglich auf die andere Seite des Beckens ziehen oder stossen.		16
Training Crawl-Beinschlag unter zusätzlicher Belastung.	Korrekte Wasserlage für das Transportschwimmen üben und erleben.	A stösst B: B legt sich auf den Rücken, spreizt die Beine und streckt die Arme gegen die Schultern von A. A schwimmt mit Crawl-Beinschlag, wenn möglich ohne Hilfe der Hände.	Crawl-Beinschlag!	17
Unterschied des Armzugs beim "normalen" Armzug und beim Tauchzug üben.	Kräftesparend tauchen lernen.	Tauchschwimmen 4-6 Brustbewegungen, dann abtauchen und 2 kräftige, korrekte Tauchzüge (Zug- und Druckphase der Arme) ausführen. Dann wieder Brustschwimmen, usw.	4-6x 4-6x 2 Tauchzüge	18
Abwechslungsreiches Training. Vielseitigkeit.	Uebungen aus dem Retten als "normalen" Bestandteil eines Schwimmtrainings erleben.	"Würfel-Training" in 2er-Gruppen: Was gewürfelt wird, muss geschwommen werden. 1 2x 25(50)m Rettungsschwimmen; 2 50m Crawl-Beinschlag; 3 je 2 Griffe im Wasser gegenseitig; 4 1 Länge Transportschwimmen, 1 Länge Delphin, je 3x; 5 Joker = 50m freie Wahl; 6 100m Rückengleichschlag.		19
Armzugtraining unter zusätzlicher Belastung ausführen.	Sich ziehen lassen und somit entspannen; im Wasser erholen lernen.	A schwimmt eine Länge Crawl-Armzug. B fasst die Füsse oder die Schultern von A und lässt sich passiv ziehen. Laufend Rollenwechsel. Anzahl je nach Trainingsziel und Trainingszustand.		20

Ziele in der Schwerpunkt-Sportart	Ziele in der Ergänzungs-Sportart	Beschreibung	Hinweise / Organisation	Nummer
Totale Körperspannung bis zum Boden durchhalten.	Ueben des Druckausgleiches. Observatives Bewegungslernen.	A taucht ab, hält sich an einem Tauchring o.ä. B führt unmittelbar die dem Trainingszustand angepasste und geforderte Uebungsform aus. A beobachtet und gibt nach dem Auftauchen eine entsprechende Rückmeldung.		21
Gesetzmässigkeit: Widerstand wächst im Quadrat zur Geschw. bewusst erleben.	Genaues Beobachten unter Wasser.	A springt von verschiedenen Höhen auf die Füsse. B beobachtet, durch den Schnorchel atmend, den Geschwindigkeitsverlust von A. Welche Folgerungen werden gezogen, v.a. bei Sprüngen aus grosser Höhe mit schlechter Körperhaltung?		22
Gespannt tauchen bis zum Boden. Blick zur Eintauchstelle üben.	Sich unter Wasser orientieren, auch ohne Brille.	Tauche vom Bassinrand (1m, 3m, 5m) ganz gespannt bis zum Boden. Triffst du den auf dem Boden liegenden Gegenstand, ohne zu korrigieren?	Wer trifft genau?	23
Gespannte Haltung ohne "Furcht vor Wasser in der Nase" erleben.	Gewöhnung an die Brille. Sich unter Wasser orientieren lernen.	A legt sich gespannt auf den Rücken. B hebt den gespannten Körper an und stösst ihn sanft ins Wasser. Evtl. mit Brett; allenfalls Bassinrand abdecken.		24
Durchtauchen bis zum Boden üben.	Ausatmen unter Wasser üben.	Nach jeder Eintauchübung den Boden berühren und während des Auftauchens langsam und ununterbrochen ausatmen.		25

Ziele in der Schwerpunkt-Sportart	Ziele in der Ergänzungs-Sportart	Beschreibung	Hinweise / Organisation	Nummer
Konzentrationsschulung.	Gewöhnung an den (längeren) Aufenthalt unter Wasser.	Nach dem jeweils zu übenden Sprung (evtl. auch Grundschulform) muss unter Wasser immer ein Parcours durchtaucht werden. Dieser kann von Mitschülern laufend verändert werden.		26
Zwingende Situation für das Tauchen bis zum Boden schaffen.	Aufenthalt in grosser Tiefe (3-5m) üben.	Nach jeder Sprungübung muss auf dem Bassinboden gewürfelt werden. Der Würfel wird vom Springer mitgenommen. Wer hat während einer gewissen Uebungszeit am meisten die Zahl 6 gewürfelt?		27
Trotz nachträglicher Zusatzaufgabe konzentriert springen.	Atmung nur mit dem Schnorchel üben.	Schnorchel ins Wasser werfen. Eine Uebungsform ausführen. Danach unter Wasser den Schnorchel in den Mund nehmen, auftauchen, Schnorchel entleeren, und, wenn möglich am Schnorchel atmend, auf die andere Seite schwimmen.		28
Konzentration auf 2 verschiedene Aufgaben.	Brille entleeren üben.	Brille ins Wasser werfen. Kopfsprung gehockt vom Bassinrand ausführen. Gespannt abtauchen, Brille unter Wasser anziehen, entleeren und auftauchen.		29
Schwierige Bewegungsabläufe unter Wasser langsam bewusst erleben.	Abtauchen, ohne viel Luft zu verbrauchen.	Ententauchen Mit Taucherbrille, Flossen und Schnorchel: Abstossen von der Wand, anhocken, gespannt abtauchen, ohne zu spritzen.		30

Ziele in der Schwerpunkt-Sportart	Ziele in der Ergänzungs-Sportart	Beschreibung	Hinweise / Organisation	Nummer
Eigene Ausführung bewerten lernen. Bewegungsgefühl schulen.	Paddeln kopf- und fusswärts üben.	Führe eine (verlangte oder dir selbst gestellte) Uebungsform aus. Setze dir klare, hohe Ziele. Wenn du glaubst, das Ziel sei erreicht, dann paddelst du nach dem Auftauchen fusswärts, andernfalls kopfwärts auf die andere Seite. Evtl. Kontrolle durch Partner.	Paddeln / Zurück-marschieren	31
Eintauchen mit gespannter Bauchmuskulatur üben.	Training paddeln an Ort.	A paddelt in geringem Abstand zum Bassinrand an Ort. B führt einen "kleinen" Kopfsprung aus und versucht, mit seinen Fussristen die Beine von A leicht zu berühren.		32
Einfache Elemente häufig üben. Abwechslung durch Zufallsaufgaben.	Auftauchen fusswärts üben.	Absprung rw vom Brett: Ruhige, gespannte Haltung, Anfedern, senkrecht hochspringen. Gespannt - mit möglichst wenig Distanz zum Brett - eintauchen. So auftauchen, dass die gestreckten Fussgelenke zuerst an der Wasseroberfläche erscheinen.		33
Oeffnen bei gehockten Sprüngen über die Hechtlage.	Element "Zuber" üben.	Aus der Zuber-Haltung: Hochschnellen der Unterschenkel. Fussgelenke kurz berühren und in dieser Haltung abtauchen. Langsames Oeffnen des Oberkörpers, ohne dabei in eine Hohlkreuz-Stellung zu gelangen!		34
Einfache Kopfsprünge in gut kontrollierter Eintauchhaltung trainieren.	Ueben der gespreizten Rückenlage an Ort.	3er-Gruppen: A und B fixieren mit ihren Füssen einen Reifen auf dem Wasser. C führt eine (freie) Form des Kopfsprunges aus. Berührt C den Reifen, muss er als Reifenhalter dienen. Wer bleibt am längsten Wasserspringer?		35

Ziele in der Schwerpunkt-Sportart	Ziele in der Ergänzungs-Sportart	Beschreibung	Hinweise / Organisation	Nummer
Eintauchen vw, ohne Reifberührung (= Spannen!).	Anwenden des Wassertretens an Ort.	Zu Zweit: A hält B einen Reifen in der gewünschten Höhe und Distanz zum Bassinrand. B springt durch den Reifen, ohne diesen zu berühren. Rollenwechsel. Evtl. erst wechseln, wenn B den Reifen berührt.		36
Körperspannung "länger als nötig" halten.	Fusswärts auftauchen und Körperspannung halten.	Wer kann kopfwärts durch einen Reifen eintauchen (evtl. sogar mit einem Sprung), ohne diesen zu berühren? Durchtauchen bis zum Boden. Im Handstand abstossen und gestreckt wieder fusswärts auftauchen (Füsse voran!). Wer trifft beim Auftauchen sogar den Reifen wieder?		37
Halbe Schraube ohne Zeitdruck üben.	Drehung um die Längsachse in guter Spannung üben.	Abstoss vom Rand, Arme in Hochhalte. Einleitung der 1/2 Schraube durch Tiefgehen mit einem Arm. Nach 1/2 Drehung beide Arme seitwärts gestreckt halten. Schliesslich kopfwärts wegpaddeln.		38
Grobform eines Saltos rw (gehockt oder gestreckt) lernen.	Saltobewegungen als Elemente des Synchronschwimmens vorbereiten.	Gespannte Rückenlage, paddeln an Ort. Beine eng anziehen. Mit Hilfe von Paddelbewegungen der Hände einen "spritzerlosen" Salto rw drehen. Dann langsam wieder in die Rückenlage ausstrecken, ruhig am Ort paddeln. Wer kann dasselbe mit dem gestreckten Salto rw ausführen?		39
Spannung in Bein- und Fussmuskulatur spüren und sich selbst kontrollieren.	Konditionelle Voraussetzungen für das Synchronschwimmen fördern. Paddeln.	Aus der gespannten Rückenlage schnell die Beine in eine enge Hockstellung bringen, Unterschenkel mit den Händen fassen, sofort wieder ausstrecken zur ruhigen, gespannten Rückenlage. Mehrere Wiederholungen. Evtl. auch auf Kommando des Partners.		40

Ziele in der Schwerpunkt-Sportart	Ziele in der Ergänzungs-Sportart	Beschreibung	Hinweise / Organisation	Nummer
Paddeltechniken trainieren.	Sprint-training.	4er- bzw. 6er-Gruppen: Alle liegen in ruhiger Rücken- oder Brustlage hintereinander. Auf Kommando sprintet der Hinterste nach vorn. Anstelle von Paddeln kann auch Wassertreten an Ort gewählt werden. Evtl. als Wettbewerb in 2-4 Gruppen.		41
Schwimm-rhythmus erleben und gestalten.	Zum Schwimmen im Musikrhythmus befähigen.	Wer kann sich - nach gegebener Musik - mit bekannten (oder noch nicht bekannten) Schwimmtechniken fortbewegen?	Evtl. Unterwasser-lautsprecher	42
Schulung der Bewegungs-koordination.	Vorbereitung auf Brust-gleichschlag im 3/4 Takt.	Versuche in verschiedenen Rhythmen den Brust-gleichschlag auszuführen. Do. zu zweien im gleichen Rhythmus. Wer kann diesen Rhythmus langsam schwimmen? (Auf 1 Armzug nach vorne).	1 2 3 1 2 3	43
Korrekte Pad-deltechnik und gute Kör-perspannung trotz Be-lastung.	Aktive Pause im Schwimm-training ein-mal anders erleben.	A und B schwimmen ein Trainingsprogramm. Während der eine schwimmt, paddelt der andere solange an Ort, bis sein Kollege wechseln will, oder der Lehrer den Wechsel befiehlt.	paddeln schwimmen	44
Training der Beinbewegung für das Wasser-treten.	Schulung der Wirkung des Beinschlages. Aktive Pause während Sprinttraining.	Wassertreten an Ort. Auf Kommando 5-8m Brust, Wassertreten an Ort, 5-8m Crawl, Wasser-treten an Ort, usw.	Sprint	45

Ziele in der Schwerpunkt-Sportart	Ziele in der Ergänzungs-Sportart	Beschreibung	Hinweise / Organisation	Nummer
Techniktraining auflokkern.	Belastung von Schwimmen und Synchronschwimmen vergleichen lernen.	30 Sekunden (evtl. 1 Minute) Training mit dem Würfel: 1 30 Sekunden Zuber an Ort; 2 Delphin-Schwimmen; 3 Flamingo-Haltung; 4 Brustschwimmen im 3/4 Takt; 5 Rückencrawl (ohne Spritzer); 6 Wassertreten (Hände aus dem Wasser).	Elemente an Ort Bahnschwimmen	46
Crawl-Beinschlag in Seitenlage üben.	Crawl-Beinschlag in einer ungewohnten Stellung trainieren.	Schwimme nur mit Crawl-Beinschlag in Seitenlage. Wechsle deine Lage laufend, ohne dabei den regelmässigen, spitzerlosen (aber doch wirksamen) Beinschlag zu unterbrechen.		47
Synchron-Crawl-Technik üben.	Führung des hohen Ellbogens bei der Ueberwasserphase (bewusst) übertreiben.	Schwimme (spritzerlos) Brustcrawl und halte dabei den Kopf immer aus dem Wasser hinaus.		48
Schulung des Zeitgefühls.	Schulung des Zeit- und Tempogefühls.	Intervalle von Paddeln am Ort und Schwimmen. Schwimme immer so lange, wie du vorher gepaddelt hast. Verschiedene Wiederholungen. Evtl. mit Partnerkontrolle oder Zeitangabe durch Pfiff des Lehrers (Trainers).	Z.B. 10" 10" 10"	49

Training des Crawl-Beinschlages für das Synchronschwimmen.	Koordinationsschulung.	Es sind verschiedene Koordinationsaufgaben zu lösen, wobei der (Crawl-) Beinschlag immer spitzerlos erfolgen muss.
		Z.B.: - Brustarmzug;
		       - Delphinarmzug;
		       - 1 Arm Brust, der andere Crawl.
			Linker Arm: Crawl.
			
			Rechter Arm: Brust.
				50

Ziele in der Schwerpunkt-Sportart	Ziele in der Ergänzungs-Sportart	Beschreibung	Hinweise / Organisation	Nummer
Wassertreten einmal anders üben. Beinschlag kräftigen.	Vor jedem Ball-fangen hoch aus dem Wasser steigen.	A und B werfen sich einen Ball mehrmals zu, fangen ihn jeweils mit einer Hand und werfen ihn wieder zurück. Vor jedem "Ball-Fang" soll versucht werden, mittels starkem Wassertreten hoch aus dem Wasser zu steigen!		51
Paddeln am Ort mit Zusatzbelastung. Technik für Hechtsalto vorbereiten.	Geschicklichkeit im Umgang mit dem Ball im Wasser verbessern.	Paddeln am Ort; den Ball auf den Schienbeinen tragend. Ball nach ca. 20 Sekunden mit den Unterschenkeln hochspicken und mit einer Hand fangen. Gleiche Uebung mehrere Male wiederholen. In Position 3 sofort Wassertreten, an Ort.	1 2 3	52
Zuber am Ort mit Zusatzbelastung üben. Armmuskulatur kräftigen.	Kräftigen der Armmuskulatur.	Paddeln am Ort in der Zuber-Haltung. Wer kann am längsten in dieser Stellung bleiben, ohne dass der Ball von den Unterschenkeln weggeschwemmt wird? Evtl. Ball einklemmen.		53
Paddeltechnik mit Richtungsänderung üben.	Wasserball als Lernhilfe einsetzen. Umgang mit dem Ball üben.	Wer kann den Ball mit den Fussspitzen und gestreckten Beinen auf die andere Seite des Beckens stossen?		54
Paddeltechnik als Erholung ausführen.	Werfen und Fangen in Kombination mit Wassertreten schulen.	3er- oder 4er-Gruppen; A und B legen sich quer zur Wurfrichtung mit korrekter, langsamer Paddeltechnik in einer für C und D angemessenen Distanz auf den Rücken. Nach 10 (20/30) Pässen: Platz- und Aufgabenwechsel.	C A B D Hohes Zuspiel erleichtert das Fangen.	55

Ziele in der Schwerpunkt-Sportart	Ziele in der Ergänzungs-Sportart	Beschreibung	Hinweise / Organisation	Nummer
Technik des Wassertretens verbessern.	Spezielle Geschicklichkeit mit dem Ball üben.	A und B spielen sich einen Ball gegenseitig zu. Man darf den Ball auch selbst mehrmals hochspielen. Er darf einfach nicht mehr gehalten werden; also: Jonglieren, auch mit dem Kopf möglich!	3-6 Ballkontakte, dann wieder zuwerfen.	56
Spannung in der Beinmuskulatur spüren.	Ball mit Schöpfgriff aufnehmen.	Wer kann möglichst tief abtauchen mit gestreckten Beinen, den Ball zwischen den Füssen eingeklemmt? Anschliessend auftauchen, Ball mit dem Schöpfgriff aufnehmen, 2-5x jonglieren und wieder neu beginnen.		57
Schulung der Schnellkraft in der Bauchmuskulatur.	Treffsicherheit und Ballgefühl verbessern. Reaktion schulen.	A liegt in Rückenlage und paddelt am Ort. B wirft ihm einen Ball zu, A versucht, diesen mit den Fussohlen zurückzuspielen. Während dieser Zeit übt B immer Wassertreten. Nach einigen Versuchen Rollenwechsel.		58
Paddeltechnik trainieren.	Schulung des Wasserball-Crawls mit "hohem" Kopf.	A in Brust- oder Rückenlage am Ort, B mit Wassertreten rechts von A. Sobald sich A (in ganz gestreckter Haltung) in irgendeine Richtung dreht, reagiert B und schwimmt mit Wasserball-Crawl (Kopf aus dem Wasser) so, dass er wieder rechts von A wassertreten kann.		59
Koordination in der Gruppe. Kraftausdauertraining der Armmuskulatur.	Wasserball-Crawl trainieren.	Eine Gruppe legt einen Stern ins Wasser. (Alle in Rückenlage, paddeln an Ort). Einer der Gruppe ist mit einer Badehaube gekennzeichnet. Ein Fänger ausserhalb des Kreises versucht nun, den bezeichneten Schüler zu erwischen. Häufiges Rollenwechseln.	Muss durch Kopfberührung gefangen werden.	60

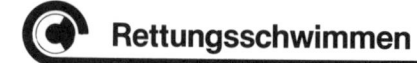
Ziele in der Schwerpunkt-Sportart	Ziele in der Ergänzungs-Sportart	Beschreibung	Hinweise / Organisation	Nummer
Abtransport eines Ertrinkenden üben.	Technikelemente schulen.	Zu zweit: A führt eine Uebung (je nach Trainings- und Könnensstand) aus. Sobald A bis zum Boden getaucht ist, lässt sich dieser völlig los, wie "ertrunken". B springt sofort nach und bringt A im Achselgriff an die Oberfläche.		61
Sofort den richtigen Befreiungsgriff anwenden lernen.	Konzentrationsschulung.	A ist im Wasser (Wassertreten), B führt eine Uebung aus, taucht auf und fasst A in einem beliebigen Griff. A befreit sich sofort mit der erlernten Befreiungstechnik und zieht B zum Bassinrand. Rollenwechsel.		62
Orientierung unter Wasser. Häufig tief abtauchen, wenn nötig Druckausgleich.	Gespannt bis zum Boden durchtauchen.	Eintauchen aus der Neigehaltung vom Bassinrand oder von grösserer Höhe. Blick durch den mit gestreckten Armen gehaltenen Tauchring. Fallenlassen und durchtauchen bis zum Boden. Den Ring sorgfältig plazieren und wieder auftauchen. Nach dem 4. Tauchgang alle Ringe auf einmal heraufholen.	Evtl. als Teil eines Stationentr.	63
Wasserwiderstand spüren und ausnützen lernen.	Unterschiede von verschiedenen Körperhaltungen erleben.	Fussprung: 1x in totaler Körperspannung; 1x mit Rückenlage; 1x mit Rückenlage und angezogenen Beinen. Beobachte die jeweilige Eintauchtiefe. Do. auch aus grosser Höhe (5m).		64
Zielspringen. Orientierung beim Auftauchen verbessern.	Gefühl der Körperlage und deren Auswirkung bewusst erleben.	A ist im Wasser und hält einen Reif, während B versucht, fusswärts durch den Reif zu springen. Dann versucht B, durch den auf der Wasseroberfläche liegenden Reif wieder aufzutauchen. Verschiedene Distanzen vom Bassinrand. Vorsicht: Gegenseitiges Rücksichtnehmen!		65

Ziele in der Schwerpunkt-Sportart	Ziele in der Ergänzungs-Sportart	Beschreibung	Hinweise / Organisation	Nummer
Training des Rettungs-schwimmens unter erleichterten Bedingungen.	Spannung des ganzen Körpers über längere Zeit ertragen.	A zieht B in irgendeinem (erlernten) Rettungs-griff. B spannt seinen Körper und lässt sich so über eine Bassinlänge ziehen. Wechsel der Aufgaben und Wechsel der Rettungsgriffe.		66
Training der Rettungsgriffe unter erschwerten Bedingungen.	Körperhaltungen des Wasserspringens über längere Zeit halten können.	A zieht B, der eine vom Wasserspringen bekannte Körperstellung einnimmt (gestreckt, mit den Armen in Hoch- oder Seithalte, gehockt oder gehechtet). Wie weit kommt A mit B?		67
Abtauchen, ohne dabei Kraft, bzw. Luft zu verbrauchen.	Bewegungsablauf des gehockten oder gehechteten Kopfsprunges üben.	Nach dem Abstoss von der Wand den Oberkörper ruhig neigen (bis in die senkrechte Lage). Dann die Beine nach oben strecken, ohne ins Hohlkreuz zu schlagen. Ruhig abtauchen bis zum Bassinboden.		68
Genaues Zuwerfen des Rettungsballes.	Geschicklichkeit in der Luft als wichtiges Element des Wasserspringens üben.	A springt vom Brett oder vom Turm auf die Füsse. Kann dieser den von B zugeworfenen Ball in der Luft fangen und sogar nach dem Eintauchen noch halten? Als Wurfgegenstände eignen sich auch: Aufblasbare Schwimmringe, Armringe, usw.		69
Rettungs-schwimmen als integrierenden Bestandteil des Schwimm-unterrichtes erleben.	Verschiedene Technikziele, je nach Station und Können.	Stationentraining: 1 Fussprung mit Anlauf; 2 Fussprung, ohne tief zu tauchen; 3 Zielspringen; 4 Befreiungsgriffe im Wasser; 5 Tellertauchen.		70

Ziele in der Schwerpunkt-Sportart	Ziele in der Ergänzungs-Sportart	Beschreibung	Hinweise / Organisation	Nummer
Befreiungs-griffe üben. Korrekte und "falsche" Griffe kennen.	Scheu vor dem Zweikampf im Wasser abbauen. Fairness üben.	Zu zweit: Beide haben 5 "Leben". A beginnt und fasst B in irgendeinem Griff. B versucht, sich korrekt zu befreien. Hat er sofort richtig reagiert (= richtiger Befreiungsgriff gewählt), gewinnt er ein Leben, andernfalls verliert er eines. Wer "lebt" länger?		71
Technik Ret-tungsschwimmen üben.	Umgang mit dem Wasserball schulen.	Alle haben einen (Wasser-)Ball. Der Ball stellt symbolisch den Kopf des Ertrinkenden dar. Wir schwimmen in Rückenlage und "ziehen" den Ball, halten ihn mit beidhändigem Kopfgriff. Nach 1 Länge mit Wasserball-Crawl zurückschwimmen. Wiederholen!		72
Anschwimmen eines Ertrin-kenden üben.	Schnelles An-schwimmen des Wasserballes mit hohem Kopf trai-nieren.	Jeder wirft sich den Ball - nach korrektem, einhändigen Aufnehmen - einige Meter vor. Spurt zum Ball (hoher Kopf!). Sofort mit beiden Händen (im Wasserball zwar nicht erlaubt!) zupacken und, mit Rettungsgriff in die ent-gegengesetzte Richtung schwimmen. Wiederholen!	Spurt!	73
Trotz Zusatz-belastung richtig reagieren, bzw. befreien.	"Angst" vor dem Verfolgt-werden bei Ballbesitz abbauen, sich daran ge-wöhnen.	Zu zweit: A schwimmt Wasserball-Crawl mit dem Ball. B verfolgt A und packt plötzlich mit einem Griff zu. A versucht, sich sofort wieder zu befreien. Ist es gelungen, behält A den Ball, andernfalls bekommt ihn B. Das "Spiel" beginnt von neuem.	A B	74
Beinschlag für die Brusttech-nik, bzw. für das Ziehen und Stossen trainieren.	Durch Jonglie-ren mit dem Ball die spe-zielle Ball-geschicklich-keit schulen.	Jonglieren mit dem Ball. Versuche, immer mit den Ellbogen über Wasser zu bleiben. Wie lange schaffst du es? Erleichterung (je nach Trainings- und Könnens-stand) durch aufblasbare Bälle oder Ballone. Bedingung: Korrektes Wassertreten!	Korrektes Wassertreten!	75

Ziele in der Schwerpunkt-Sportart	Ziele in der Ergänzungs-Sportart	Beschreibung	Hinweise / Organisation	Nummer
Auf eine unvorhergesehene Situation richtig reagieren.	Technik von Werfen und Fangen verbessern.	Zu dritt: A und B spielen sich einen Ball in hohem Bogen zu. Bedingung: Korrektes Aufnehmen und sauberes Fangen. C schwimmt hinter A oder B und greift irgendwann mit einem Griff von hinten zu. Befreit sich A, bzw. B richtig, bleibt C "Spielverderber", andernfalls erfolgt ein entsprechender Rollenwechsel.		76
Eine besondere Art des Transportschwimmens ausprobieren.	Wassertreten unter zusätzlicher Belastung trainieren.	Zu zweit: A lässt sich von B ziehen, indem er sich an den Schultern von B festhält. B versucht, wenn möglich nur mit Wassertreten A über eine gewisse Distanz zu ziehen. A kann, falls B genügend stark ist, B auch leicht (!) auf die Schultern drücken.		77
Abtauchen gegen grossen Auftrieb (des Wasserballes).	Sofort auf den hochspringenden Ball reagieren. Aufnehmen mit einer Hand üben.	Ein Gruppenmitglied taucht mit dem Ball möglichst tief ab, lässt ihn los, sodass der Ball aus dem Wasser schnellt. Wer von den anderen kann den hochspringenden Ball fangen oder nach dem Aufspringen korrekt aufnehmen? Der "Ballaufnehmer" taucht ab.		78
Transportschwimmen unter Zusatzbelastung trainieren.	Dosierung des Krafteinsatzes und Lagegefühl üben.	Zu zweit: A wird von B im Schulterstützgriff gestossen. B leistet leichten Widerstand durch Wassertreten. B darf Brustschwimmen; A muss Wassertreten ausführen!	Brustbeinschlag Wassertreten	79
Schnelle Orientierung nach dem Tauchen, bzw. Auftauchen.	Sich schnell zum Ball orientieren.	Zu zweit: A taucht ab, B hält einen Ball in der Hand. Kurz bevor A auftaucht, wirft B den Ball in die unmittelbare Nähe des Auftauchenden. A versucht, den Ball so schnell wie möglich aufzunehmen. Sofort Rollenwechsel. Unterschiedliche Distanzen vorgeben.		80

Ziele in der Schwerpunkt-Sportart	Ziele in der Ergänzungs-Sportart	Beschreibung	Hinweise / Organisation	Nummer
Gewöhnung an das Atmen mit dem Schnorchel, auch nach einer Belastung.	Intervalltraining mit "erschwerter" Erholung.	Zu zweit: A schwimmt hin und zurück. Technik (-anforderung) und Tempo je nach Könnens- und Trainingszustand der Gruppe. B atmet während dieser Zeit mit dem Schnorchel. Sobald A wieder am Ausgangspunkt ist, bekommt er von A den Schnorchel. A startet, B "schnorchelt".	B A Erholung: Durch Schnorchel atmen!	81
Sich unter Wasser in allen Lagen orientieren lernen.	Technik bewusst üben und sofort Rückmeldung erhalten.	Zu zweit: A schwimmt am Schwimmbrett Brustbeinschlag. B verfolgt A, ausgerüstet mit Flossen, Brille und Schnorchel, und beobachtet die Beinschlagtechnik von A. Anschliessend vergleicht A seine Vorstellung mit der Aussage von B.	B A	82
Einsehen, dass es sich lohnt, nach Start und Wende einen guten Tauchzug zu machen.	Brustgleichschlag-Technik trainieren.	Zu zweit oder in Gruppen: Beide stossen gleichzeitig von der Wand ab. A schwimmt Brust, so schnell er kann, B führt langsame, kräftige Tauchzüge aus. B sollte in jedem Fall schneller sein. Warum?	A B	83
Schulung des Dauerleistungsvermögens mit der ABC-Ausrüstung.	Intervalltraining; Taucher als Schrittmacher einsetzen.	Zu dritt: A schwimmt mit Flossen, Brille und Schnorchel nur mit Beinschlag hin und her. B und C versuchen, A anzuhängen. A darf höchsten 1(2,3)x leer, bzw. alleine schwimmen.		84
Training des sauberen Ab- und Auftauchens.	Intervall- und Sprinttraining.	Zu zweit oder in der Gruppe: Der Taucher (A) taucht ab, schwimmt einige Meter unter Wasser, taucht sauber (= ohne zu spritzen) auf. Sobald A aufgetaucht ist, spurtet der (die) Verfolger bis zur Auftauchstelle. Dann taucht A wieder ab. Nach einigen Sprints Rollenwechsel.		85

Ziele in der Schwerpunkt-Sportart	Ziele in der Ergänzungs-Sportart	Beschreibung	Hinweise / Organisation	Nummer
Verschiedene Tauchtechniken üben.	Delphin-Bewegung richtig erleben.	Sauber abtauchen. Anschliessend ohne Armbewegung (Arme in Vorhalte oder am Körper) Delphin-Rumpfbewegungen mit hoher Geschwindigkeit ausführen. Oft Rhythmuswechsel.		86
Schulung des Orientierungssinnes.	Bessere Orientierung bei den Wenden.	Führe die Roll- bzw. Kipp-Dreh-Wende aus (mit Taucherbrille). Versuche, dich genau zu orientieren. Führe die Bewegung langsam aus und lasse dich von einem Kameraden (ebenfalls mit Brille) beobachten.		87
Krafteinsatz mit den Flossen spüren und dosieren lernen.	Schulung des Wassergefühls im Fussgelenk.	Schwimme Crawl, Delphin und Rücken. Dabei hast du nur eine Flosse angezogen; wechsle mal links, mal rechts. In welchem Fuss hast du das bessere Gefühl; mehr Kraft?	Ohne Flosse Mit Flosse	88
Training der Kraftausdauer mit den Flossen.	Verlagerung des Krafteinsatzes auf die Beine (lokales Stehvermögen).	Normales (hartes) Schwimmtraining. Alle Strecken mit grossem Krafteinsatz schwimmen. Vergleich der Schwimmzeiten (Trainingszeiten): - Mit den persönlichen Bestzeiten; - mit absoluten Zeiten (Olympia-Rekorde, etc.).	Flosse	89
Flossen als Trainingsgerät einsetzen.	Den schwächeren Schwimmern eine Chance bieten.	Die ganze Trainingsgruppe (gute und schwächere Schwimmer) trainieren mit und ohne Flossen. Alle absolvieren das gleiche Trainingsprogramm.	Gute Schwimmer Schwache Schwimmer Jeder darf selber entscheiden!	90

Ziele in der Schwerpunkt-Sportart	Ziele in der Ergänzungs-Sportart	Beschreibung	Hinweise / Organisation	Nummer
Orientierung "nur von unten her" üben. Sauberes Abtauchen.	Paddeltechnik trainieren.	Die Hälfte der Gruppe ist in regelmässigen (oder unregelmässigen) Abständen in Rückenlage und paddelt an Ort. Die Taucher, mit Flossen, Brille und Schnorchel, tauchen zwischen den Synchronschwimmern auf, bzw. ab, ohne auch nur ein bisschen zu spritzen.	Paddeln an Ort. Weg der Taucher.	91
Flossen als Antriebsmittel der Arme einsetzen.	Paddelbewegung für das zügige Vorwärtskommen im Wasser erleben.	Versuche, durch die Verlängerung der Hand (anfänglich) erschwert, die optimale Paddeltechnik zu entdecken. Nach aussen - nach innen ..... Suche immer den Wasserwiderstand!	Paddeltechnik	92
Sauberes Abtauchen mit Druckausgleich üben.	Abtauchen, ohne zu spritzen.	Paddeln an Ort in Bauchlage; atmen mit dem Schnorchel. Oberkörper nach unten neigen, gleichzeitig mit einem kräftigen Tauchzug nach unten ziehen und die Beine - völlig gestreckt - nach oben führen. Abtauchen, Druckausgleich und wieder auftauchen.	1 2 3 4 Druckausgleich!	93
Schulung des Lagegefühls.	Senkrechte Körperhaltung unter erleichterten Bedingungen üben können.	Abtauchen wie oben; im Handstand am Boden abstossen und wieder, mit ganz gestreckten Beinen und Fussgelenken, auftauchen. Wer kann sich gleichzeitig noch um die eigene Achse drehen?	1 2 3 4	94
Längeren Aufenthalt unter Wasser üben.	Einzelne Unterwasserelemente unter Beobachtung ausführen.	Zu zweit: A taucht mit einem Tauchring (o.ä.) ab. Dann führt B eine, dem Könnensstand angepasste, Unterwasserkombination aus. A beobachtet, taucht auf und gibt B die entsprechenden Rückmeldungen.	A B	95

Ziele in der Schwerpunkt-Sportart	Ziele in der Ergänzungs-Sportart	Beschreibung	Hinweise / Organisation	Nummer
Sich unter Wasser einem Partner unterordnen können.	Bewegungs-abläufe des Partners sofort kopieren können.	A und B, ausgerüstet mit Flossen, Brille und Schnorchel. Gleichzeitiges Abtauchen. A führt irgendwelche (nicht) abgesprochenen Orientierungsübungen aus (Anpassung an Könnensstand!). B versucht, diese Orientierungsfolgen sogleich zu kopieren und nachzuvollziehen.		96
Abtauchen rw trainieren, ohne dass Wasser in die Nase gelangt.	Ein schwieriges Element unter einfacheren Bedingungen kennenlernen.	Lege dich, ausgerüstet mit Flossen und Brille, auf den Rücken. Versuche nun, langsam rückwärts abzutauchen (ohne zu spritzen), einen grossen Kreis unter Wasser zu beschreiben und anschliessend wieder spritzerlos aufzutauchen.		97
Sich unter Wasser einem über Wasser schwimmenden Partner anpassen.	Gut antizipieren und sofort anpassen lernen.	Zu zweit: A paddelt an Ort, vw und/oder rw. B, ausgerüstet mit Flossen und Brille, versucht, sich unter Wasser wie der Schatten von A zu verhalten (= genaues Kopieren der Bewegungen von A). Nach einigen Versuchen Rollenwechsel.		98
Unter Wasser beobachten. Längeren Aufenthalt unter Wasser üben.	Zusammenfügen einer einfachen Unterwasserkür.	Zu zweit oder in Gruppen: Die Taucher tauchen ab und beobachten, bzw. verfolgen die von jemandem gezeigte, einfache Unterwasserkür (1-3 Elemente). Anschliessend Rollenwechsel. Wer kann die genau gleiche Kür nachvollziehen?		99
Tarieren üben. (d.h.: Möglichst gleich hoch, bzw. tief bleiben)	Gespannte Lage auch unter Wasser halten können.	Lege dich in Rückenlage aufs Wasser und paddle am Ort. Presse alle Luft aus der Lunge und versuche nun, langsam abzutauchen, ohne die horizontale Lage zu verlieren. Kannst du so ca. 5 Sekunden einen Meter unter Wasser verharren?		100

37

Ziele in der Schwerpunkt-Sportart	Ziele in der Ergänzungs-Sportart	Beschreibung	Hinweise / Organisation	Nummer
Aktive Erholung mit dem Ball nach einem Sprint.	Beidhändiger Kopfgriff als aktive Erholung ausführen.	Sprint mit dem Ball (Kopf über Wasser). Nach einer Länge sofort zurückschwimmen: Rückenlage, Arme gestreckt, beidhändiger Kopfgriff am Ball. Mehrere Wiederholungen mit verschiedenen Aufgaben (mit dem Ball), Rückweg immer wie beschrieben.		101
Intervalltraining mit Wasserball-Crawl.	Transportschwimmen als Erholungsphase. Wassertreten trainieren.	A und B schwimmen nebeneinander (und behindern sich leicht). Nach 1 Länge legt sich A auf den Rücken und spreizt die Beine. B schiebt A (Transportschwimmen), schwimmt mit den Armen Brust und übt mit den Beinen gleichzeitig Wassertreten.		102
Jonglieren und Wasserballcrawl üben. Reagieren.	Alle bekannten Rettungsgriffe trainieren.	Zu zweit: A mit Wassertreten am einen Ende des Beckens. Beginnt A zu jonglieren, sprintet B gegen A. Lässt A den Ball auf das Wasser fallen, muss B wieder warten. Ist B bei A angelangt, zieht er A eine Länge zurück. Rollenwechsel.		103
Nach kurzer Erholungszeit wieder eine hohe Belastung ertragen.	Befreiungsgriffe in der Erholungszeit üben.	Zu dritt: A und B üben Befreiungsgriffe. C schwimmt unterdessen (mit oder ohne Ball) hin und zurück. Rollenwechsel. Verschiedene Uebungen im Schwimmen vorgeben, evtl. kombiniert mit Ballübungen.		104
Wasserballcrawl als Orientierungshilfe erleben.	Sich (schnell) schwimmend über Wasser orientieren.	Auf dem Wasser liegen beliebig viele Schwimmkörper. Auf Kommando versucht jeder, möglichst schnell auf die andere Seite zu gelangen (crawlen), ohne die Gegenstände zu berühren. Der Kopf bleibt immer über Wasser.		105

Ziele in der Schwerpunkt-Sportart	Ziele in der Ergänzungs-Sportart	Beschreibung	Hinweise / Organisation	Nummer
Schnelleres Starten trainieren. Sich vom "Gegner" lösen.	Sofort reagieren und starten lernen.	Zu zweit: A zieht B in einem (gelernten) Rettungsgriff. B darf sich plötzlich ruckartig befreien und versucht, bis zu einer vorher abgemachten Marke zu schwimmen. A reagiert sofort und schwimmt B nach. Hat A den "Flüchtling" B vor der Marke berührt, ist er der Sieger.		106
Schulung des allgemeinen Dauerleistungs-vermögens.	Wasserball als Rettungs-, bzw. Auftriebs-gerät benützen.	Zu zweit: A schwimmt mit dem Ball: gestreckte Arme, nur Wassertreten. B schwimmt mit Crawl so lange, bis er A wieder eingeholt hat. Wechsel. Auch Wechsel der Schwimmarten.		107
Für gutes Zusammenspiel belohnt werden.	Trotz Nieder-lage helfen. Rettungsgriffe automatisieren.	Zwei Mannschaften spielen gegeneinander. Erzielt eine Mannschaft ein Tor, so muss jede(r) der Gegenpartei ein Mitglied der siegreichen Partei über eine vorher bestimmte Strecke ziehen oder stossen. Anschliessend beginnt das Spiel von neuem.	Spielfeld	108
Treffsicherheit im Bogenball üben.	Rettungs-schwimmen als Spiel erleben.	½ der Gruppe: Rettungsschwimmer, ½ Wasser-baller. A zieht B im beidhändigen Kopfgriff, B schleppt einen Reifen mit, der als Ziel dient. Die Werfer bleiben hinter einer bestimm-ten Abschrankung und holen die Bälle selber. Treffer zählen. Wechsel nach 1/2/3 Minuten.	Rettungs-schwimmer / Wasser-baller	109
Sprint gegen einen "unge-wohnten" Gegner.	Retten unter "Zeitdruck" trainieren.	Wer ist schneller? A und B gegen C. A zieht B in einem Rettungsgriff über eine Länge. Ge-lingt es C, mit einem Wasserball schwimmend, die doppelte Strecke zurückzulegen? Sucht eigene Handicap-Formen: Wasserball "gegen" Rettungsschwimmen!		110

Ziele in der Schwerpunkt-Sportart	Ziele in der Ergänzungs-Sportart	Beschreibung	Hinweise / Organisation	Nummer
Nach totaler Spannung mit Wasserball-Crawl entspannen.	Spannung, vor allem in den Armen, beim Eintauchen vw halten können.	Wer kann einen Ball mit gestreckten Armen in der Neigehaltung haltend, bis zum Boden durchtauchen, ohne den Ball zu verlieren? Nach dem Auftauchen mit Wasserballcrawl auf die andere Seite schwimmen, drehen, Pass zum nächsten Schüler und zurückmarschieren.		111
Sich nach dem Auftauchen sofort orientieren.	Spannung im Oberkörper bei Fusssprüngen halten können.	Fussprung aus Stand, ohne den in Hochhalte gehaltenen Ball zu verlieren. Den Ball unten loslassen, auftauchen und möglichst schnell den Ball mit Schöpfgriff aufnehmen, auf die andere Seite schwimmen, Pass zurück und wieder zurückmarschieren.	Organisation wie oben.	112
Genauen Pass zum Partner üben.	Anlauf und Fusssprung vom 1m-Brett trainieren.	In der Kolonne: A nimmt Anlauf, springt, taucht auf. Der Lehrer/Trainer wirft ihm einen Ball zu. Der Springer sprintet auf die andere Seite, nimmt den Ball auf, dreht sich und wirft den Ball dem nächsten Springer zu, sobald dieser auftaucht.		113
Genauen Pass zum Partner üben.	Geschicklichkeit in der Luft.	In der Kolonne: Gleiche Organisation wie oben. Der Pass wird jedoch so gespielt, dass der Springer den Ball in der Luft fangen kann. Bei Wartezeiten: Wassertreten an Ort mit Ball in Hochhalte.		114
Ballgeschicklichkeit verbessern.	Blick auf Eintauchstelle richten. Körperspannung halten.	Den Ball unweit vom Bassinrand ins Wasser werfen. Wer kann einen "kleinen Kopfsprung" ausführen und dabei den Ball "mitnehmen"? Auf die andere Seite schwimmen, Ball aufnehmen und einen genauen Pass zum nächsten der Gruppe ausführen.		115

Synchron-Schwimmen ... eine Art Kunstturnen im Wasser!
Zuerst etwas belächelt; Heute (bald) olympische Disziplin!

Kapitel 2   Tennis

**Benedikt Beutler
Walter Bucher**

Einleitung

Der Begriff „Tennis" erweckt bei (fast) allen Leuten gewisse Vorstellungen: Weiße Kleider, Sand- oder sogar Rasenplätze, Tennishallen, verschiedene Tennisschläger, Tennislehrer, Turniere um riesige Geldbeträge, Tennisstars, teurer Sport usw. Viele Bemühungen ließen jedoch in letzter Zeit Tennis zum Volkssport werden. Sogar in den Schulen hält Tennis als möglicher Sport-Bereich Einzug (siehe BUCHER, 1984). Vor über 100 Jahren, im Jahre 1880, kam jemand — vielleicht im Moment als „Spinner" bezeichnet — auf die Idee, Tennis mit Schlittschuhen auf dem Eis zu spielen. Die Idee wurde dann für eine Zeit vergessen. In der Schweiz war 1945 in St. Moritz und 1977 in Pontresina von Eis-Tennis-Turnieren die Rede. Sogar an Sporthochschulen in der Tschechoslowakei wird diese Tennis-Abart gespielt.

1980 wagten WALTER BUCHER (Hrsg.) und HANS-PETER THOMMEN in Zug den Versuch einer ersten inoffiziellen Eistennis-Schweizer-Meisterschaft. 16 ehemalige und aktive Spitzen-Tennis-Spieler waren schnell gefunden. So war auch der beste Schweizer Tennis-Spieler und Doppelweltmeister HEINZ GÜNTHARDT mit dabei. Mitten in der Weltcup-Saison ließ sich sogar ANDY WENZEL (Weltcupsieger) für dieses Spiel motivieren. Nicht weniger als 2000 Zuschauer (für Schweizer Verhältnisse sehr viele Besucher!) erfreuten sich während Stunden an dieser Idee. Da wurde wirklich gespielt!

Links: Zeitweise versuchte man auf dem Eis auch Tennis zu spielen, wie dieses Bild aus dem Jahre 1888 zeigt.
(Aus: Heinz Poledink, „Sport und Spiel auf dem Eis", Verlag Welsermühl 1979)

Es wurden also einfach 2 Sportarten miteinander kombiniert, und schon gelang es, Spitzensportler zu diesem Anlaß zu motivieren.

Vielleicht ist sogar in diesem Anlaß der zündende Funke zu diesem Band zu suchen.

Im folgenden Kapitel soll nun aufgezeigt werden, wie die „Idee" Tennis, ein Hin und Her mit Ball und Schläger, mit Elementen aus verschiedensten anderen Sportarten kombiniert bzw. ergänzt werden kann. Obwohl immer von Tennis als Schwerpunktsportart ausgegangen wird, bleiben die technischen Anforderungen sehr bescheiden. Es wurde bei der Auswahl daran gedacht, daß diese Ideen vor allem in Schulen und Sportvereinen angewendet werden können, wo eben die Tennisspezialisten fehlen. Tennisspieler wollen (und sollen!) Tennis spielen, das ist klar. Aber es gibt viele, die nicht (nur) Tennis spielen wollen oder können. Durch solche Kombinationsformen wird u. a. auch die spezielle Geschicklichkeit im Umgang mit Ball und Schläger — oft sogar unter erschwerten Verhältnissen — geübt. Eine wichtige Basisarbeit für jene, die später vielleicht richtig Tennis spielen lernen wollen. Aber was die Hauptsache ist: Es macht Spaß!

Die Auswahl der folgenden Kombinationen ist zufällig und soll anregen, nach weiteren Möglichkeiten zu suchen.

Heinz Günthardt, Doppelweltmeister, beim Eistennis
ATP Nr. 23 (Men's Singels)
ATP Nr. 11 (Men's Doubles)
Stand 8. März 1986

BENEDIKT BEUTLER und WALTER BUCHER

Ziele in der Schwerpunkt-Sportart	Ziele in der Ergänzungs-Sportart	Beschreibung	Hinweise / Organisation	Nummer
In den freien Raum spielen; Bälle gut timen.	Immer in Bewegung bleiben.	Während des Tennisspielens immer in Bewegung bleiben und dabei aber darauf achten, dass der Ball unbedingt im Spiel bleibt. Welches Team schafft die längsten Ballwechsel?		116
Geschicklichkeit fördern; Schlagarm kräftigen.	Rhythmus finden.	Im Feld stehen einige farbige Pfosten. Jeder läuft mit seinem Ball und Schläger während einiger Minuten kreuz und quer um die Pfosten. Dazu kann jeder den Ball jonglieren oder auf den Boden prellen. Als Wettbewerb: Wer behält die Kontrolle über seinen Ball und verliert so kein "Leben"?		117
Peripheres Sehen beachten.	Spielend laufen.	Während zwei miteinander über ein Netz oder eine Leine spielen, muss jeder einen zusätzlichen Ball am Spielfeldrand immer wieder etwas aufspielen, damit er in Bewegung, d.h. am Leben bleibt. Wessen Ball bleibt zehn Min. am Leben?		118
Sicherheitsspiel.	Dauerlaufen bei bestimmter Pulsfrequenz.	Während A seinen Ball 6-10 Minuten gegen die Wand spielt und versucht, den Ball möglichst oft in ein best. Feld zu treffen, absolviert B einen Dauerlauf. Pulsfrequenz 180 minus Alter. Liegt bei der Messung der Puls zu tief, wird A die Differenz in Punkten gutgeschrieben.		119
Kontrollierte Bogenbälle zuspielen.	Immer Laufen.	Zu dritt: 2 dies- und 1 jenseits des Netzes oder der hohen Leine. Der Ball wird von B zu A gespielt; unmittelbar nach dem Zuspiel läuft B auf die andere Seite, damit der Ball ständig in Bewegung bleibt. Welche Gruppe schafft so in 6 Minuten am meisten Läufe bzw. Ballwechsel?		120

Ziele in der Schwerpunkt-Sportart	Ziele in der Ergänzungs-Sportart	Beschreibung	Hinweise / Organisation	Nummer
Regelmässig und fehlerlos spielen.	Regelmässig laufen.	**Tennis-Marathon-Spiel:** Während A mit dem Ball gegen die Wand spielt und seine Punkte zählt, läuft B seine Runden (dafür erhält er auch Laufpunkte). Macht A einen Fehler, legt er Ball und Schläger ab und B übernimmt. Rollenwechsel bei jedem Fehler. Welche Gruppe macht die meisten Läufe/Schläge/Kombipunkte?		121
Zuspielen so gut es geht.	Laufen nach Lust und Laune.	Kombi-Spiel für mehrere Mannschaften und beliebige Dauer: Jedes Team besteht aus drei oder mehr Spielern, wovon zwei miteinander übers Netz spielen. Sie versuchen, den Ball im Spiel zu halten und addieren die Punkte Bei Auswechslungen weiterzählen und pro Runde 5 P. dazuzählen.		122
Sicherheit fördern; Spiel unter Belastung üben.	Locker laufen z.B. Armhaltung, Atmung oder Abrollen der Füsse beachten.	Spielen zu zweit. Jeder Schüler hat 2 Bälle in der Hand. Wenn alle Bälle verschlagen sind, im Laufschritt einsammeln und einige Zusatzrunden laufen. Beginn mit 2, 3, 4.... Runden.		123
Antizipieren.	Die allgemeine Ausdauer schulen.	5 Min. lang abwechslungsweise weichere und härtere Bälle schlagen und sich dabei zum Netz hin oder vom Netz weg bewegen (Handorgelprinzip). Distanz und Schlaghärte je nach Könnensstand. Evtl. auch mit Schaumstoffbällen.		124
Geschicklichkeit fördern. Ein sich bewegendes Ziel treffen.	Intervallmässig trainieren.	**3-Mattenlauf:** Ein Team mit Softbällen und Schlägern versucht, die Läufer zwischen den Matten beim Laufen zu treffen. Das andere Team teilt sich auf die 4 Randmatten auf und versucht, in der Spielzeit möglichst oft Punkte zu holen, indem jeder für sich versucht, 3 Matten anzulaufen, ohne getroffen zu werden.	Für einen gültigen Lauf muss dabei mindestens eine Matte der Gegenseite angelaufen werden.	125

Ziele in der Schwerpunkt-Sportart	Ziele in der Ergänzungs-Sportart	Beschreibung	Hinweise / Organisation	Nummer
Kontrolle über Lobs schulen.	Startschnellig-keit üben.	Den Tennisball mit einem hohen Lob fort-spielen. Nachlaufen und versuchen, ihn ein-zuholen, bevor er auf den Boden fällt. Wer schafft die grösste Distanz und kann den Ball noch stoppen?		126
Spielen aus dem Laufen.	Startschnellig-keit trainieren.	Den Ball gegen die Wand spielen, entgegenlau-fen und versuchen, ihn möglichst früh noch ein-mal zu spielen (Halbvolley/Volleyabnahme). Wei-terspielen und sich langsam wieder von der Wand entfernen. Wieder neu beginnen. Distanz und Schlagstärke allmählich steigern.		127
Plazieren schulen.	Starten und stoppen trainieren	Zu zweit: A spielt den Ball im Bogen seitwärts. Sein Partner B erläuft den Ball und spielt wie-der zurück. A macht einen Kontrollschlag, wäh-rend B zur anderen Seite läuft, um das nächste Zuspiel wieder zu erreichen. Wer kann so einen ganzen Platz mit vielen Zuspielen überqueren?		128
Sicherheit üben.	Schnelligkeits-ausdauer trai-nieren.	Menschliche Uhr: Während B möglichst schnell einige Feldbreiten läuft und dabei mit seinem Schläger die Seitenlinien berühren muss, spielt A seinen Ball gegen die Wand und ver-sucht, möglichst viele Trefferpunkte zu sammeln. Nach X Läufen wechseln. Wer läuft/ spielt mehr Punkte?	Spiel gegeneinander.	129
Ball gut an-laufen und ge-nau schlagen.	Wendigkeit schulen.	Spiel über eine hohe Leine: Nach jedem Zuspiel muss die Seitenwand oder eine Linie berührt werden. Welche 2er-Gruppe macht so am meisten Ball-wechsel ohne Fehler?	Spiel miteinander, später evtl. gegeneinander.	130

Ziele in der Schwerpunkt-Sportart	Ziele in der Ergänzungs-Sportart	Beschreibung	Hinweise / Organisation	Nummer
Taktisches Verhalten üben.	Start- und Reaktionsfähig-keit spiel-erisch trai-nieren.	Je 2 Spieler bestreiten in einer Platzhälfte ein Einzelspiel. Einer der beiden Spieler spielt aber ohne Schläger; er fängt und wirft die Bälle. Wer gewinnt?		131
Ball gut plazieren.	Wendigkeit beim Starten und Stoppen schulen.	2 Spieler spielen auf einem Feld mit- oder gegeneinander. Durch Berühren des Netzes oder der Grundlinie im Spiel können Zusatzpunkte erzielt werden. In der Halle Wand berühren. Eigene Spielregeln entwickeln! Volleys und Smashes nicht erlaubt.		132
Uebersicht bewahren lernen.	Starten und Stoppen in spielerischer Form trainie-ren.	Wir spielen ein Doppel, aber nur mit einem Schläger, wobei die Partner abwechslungsweise den Ball spielen müssen. Zählweise und Regeln wie beim Tischtennis-Spiel.		133
Auf ein Signal sofort reagie-ren lernen.	Antrittsschnel-ligkeit verbessern.	Auf 3 numerieren. Die Spieler verteilen sich auf einer Feldhälfte und spielen sich den Ball fortlaufend zu. Der Lehrer ruft eine Zahl zwischen 1-3. Die betreffenden Schüler führen eine Zusatzaufgabe aus und kehren anschliessend zu ihrer Gruppe zurück. Wer ist jeweils zuerst zurück?		134
Kurzen Ball noch erlaufen können.	Mit kurzen Schritten starten.	<u>Hühner füttern:</u> Die Spieler stehen an der Grundlinie. Sie versuchen, den zugeworfenen Ball zu erlaufen. Der Start erfolgt mit Ballwurf. Variante: Der Spieler darf seine eigene Distanz wählen.		135

Ziele in der Schwerpunkt-Sportart	Ziele in der Ergänzungs-Sportart	Beschreibung	Hinweise / Organisation	Nummer
Armkraft und Geschicklichkeit fördern.	Koordinationsvermögen schulen.	Stafette: Die ganze Gruppe mit Ball und Schläger ausrüsten. Einen Parcours absolvieren, den Ball auf dem Schläger mittragen oder laufend hochtippen. Alle sollen gleichzeitig unterwegs sein. Welche Gruppe ist zuerst wieder zurück? Variante: Die Schüler bauen eigene Parcours.		136
Peripheres Sehen üben.	Koordinationsfähigkeit verbessern.	Begegnungsstafette: Den Ball übergeben, umkehren und den Nächsten losschicken. Variante: Auf dem Hin- und Rückweg sind Hindernisse eingebaut.		137
Sicherheit beim Volley verbessern, das Ballgefühl schulen.	Allgemeine Geschicklichkeit verbessern.	A und B überwinden einen Parcours etappenweise miteinander: Einer der beiden jongliert jeweils am Ort, während sein Partner auf dem Parcours ist. Dann übergeben und die Bahn selber durchlaufen. Als Wettbewerb: Wer kann, während der Partner unterwegs ist, öfter jonglieren?	Nur 1 Ball und 1 Schläger pro 2er-Gruppe.	138
Sicher und schön zuspielen.	Fangen und Balance koordinieren.	B versucht, seinen Partner auf jedem Hindernis einmal anzuspielen. A fängt den Ball mit der Hand und wirft ihn wieder zurück.	Als Hindernisse: Langbank, Kasten..	139
Allgemeines Dauerleistungsvermögen trainieren.	Gewandtheit.	Halbklassenunterricht: Während A gegen die Wand spielt, übt B auf der Hindernisbahn. Nach 5 Min. wechseln.	Spiel an die Wand! Parcours	140

Ziele in der Schwerpunkt-Sportart	Ziele in der Ergänzungs-Sportart	Beschreibung	Hinweise / Organisation	Nummer
Schlagrepertoire verbessern und erweitern.	Zu selbständigem Suchen und Finden von Bewegungsaufgaben anregen.	Verschiedene Geräte stehen im Feld. Die Spieler lösen Trainingsaufgaben und absolvieren zwischendurch einen eigenen Hindernislauf über 4-6 Geräte (ohne Schläger).		141
Spezielle Ballgeschicklichkeit fördern.	Allgemeine Geschicklichkeit verbessern.	Je zwei 2er-Gruppen kämpfen gegeneinander: Während eine Gruppe z.B. 3x die Bahn absolviert, löst die andere Trainingsaufgaben. Z.B.: Ziel an der Wand treffen, Halbvolleys gegen die Wand spielen, usw.		142
Interesse für beidhändiges Tennis wecken.	Allgemeine Geschicklichkeit mit Handicap schulen.	Ein einfacher Hindernisparcours ist so zu absolvieren, dass der Ball nach jedem Schlag in die Höhe höchstens 1x (ev. 2x) den Boden berührt, bevor der nächste Schlag in die Höhe erfolgt. Dabei muss der Schläger immer mit beiden Händen gehalten werden.		143
Interesse für beidseitiges Tennis wecken.	Geschicklichkeit beider Arme, bzw. Hände schulen.	Wie oft gelingt es, abwechslungsweise Vorhand-Bälle an die Wand zu schlagen? Dabei muss der Schläger immer von der einen Hand in die andere Hand gewechselt werden.	Evt. mit Schaumstoffbällen. Vorhand links Vorhand rechts	144
Genaues, dosiertes Spiel mit Ball und Schläger üben.	Sich sofort geschickt dem "neuen" Ball anpassen.	Wie oft kannst du den (Schaumstoff-) Ball ohne Fehler an die Wand spielen? Du darfst aber nur schlagen, wenn du in einem Reifen (evtl. auf einem Hindernis) stehst. Anfänglich sind Kontrollschläge gestattet.	z.B. alte Fahrradreifen	145

Ziele in der Schwerpunkt-Sportart	Ziele in der Ergänzungs-Sportart	Beschreibung	Hinweise / Organisation	Nummer
Die spezielle Tennisge-schicklich-keit verbessern.	Einfache Grundformen neben-, nach- und miteinan-der in Raum, Kraft und Zeit kombinie-ren und koordinieren. Dabei soll jeder Schüler die, seinem Könnensstand angepasste, Kombinations-form selber erarbeiten und ausprobieren.	IDEE: Abstimmen von Tennisgeschicklichkeits-stufen mit verschieden schwierigen Bodenelementen oder Einführungsreihen. Tennis 1: Jonglieren. Boden 1: Rolle vw zum Strecksprung.		146
		Tennis 2: Aufspielen hoch/tief, Ball auf dem Schläger zum Liegen bringen. Boden 2: Rolle vw zum Strecksprung mit 1/2 Drehung.		147
		Tennis 3: Ball aufspielen/Ball abfangen. Mit Schläger und Fuss Ball vom Boden aufnehmen. Boden 3: Rolle rw zum Strecksprung.		148
		Tennis 4: Ball jonglieren abwechselnd VH/RH durch Unterarmdrehung. Boden 4: Rolle rw zum Strecksprung, an-schliessend Rolle vw zum Strecksprung.		149
		Tennis 5: Scheibenwischer: Volley VH/RH, Ellbogen bleibt tief. Sich selbst den Ball von VH auf RH hin und her zuspielen, ohne den Ball fallen zu lassen.	Boden 5: Rolle vw zum Strecksprung, 4 Schr. sw - Galopp z. Stand - Rolle rw zum Strecksprung - 4 Schr. sw (andere Seite) - Galopp zur Ausgangsposition.	150

Ziele in der Schwerpunkt-Sportart	Ziele in der Ergänzungs-Sportart	Beschreibung	Hinweise / Organisation	Nummer
Die spezielle Tennis-geschicklich-keit ver-bessern.	Einfache Grund-formen neben-, nach- und mit-einander in Raum, Kraft und Zeit kom-binieren und koordinieren. Jeder Schüler erarbeitet seine Kombi-nationsform selbst!	Tennis 6: Ball aufspielen, ganze Drehung ma-chen und Ball auffangen - Kontroll-schläge - weiterüben ... Boden 6: Sprungrolle aus dem Stand, anschliessend Rolle rw zum Stand auf einem Bein.		151
		Tennis 7: Ball mit Kontrollschlägen über Linie hin- und herspielen. Boden 7: Standwaage - Abrollen vw ohne Auf-stützen der Hände.		152
		Tennis 8: Fortgesetzt an die Wand spielen. Boden 8: Aufschwingen in den Handstand, Ab-schwingen und Sprungrolle zum Strecksprung.		153
		Tennis 9: Gegen Wand spielen - Variieren von Distanz und Schlagstärke. Boden 9: Handstand abrollen zum Streck-sprung mit 1/2 Drehung.		154
		Tennis 10: Service gegen Wand - selber ab-nehmen mit Kontrollschlägen. Boden 10: Rolle rw zum Handstand, senken in den Stand.		155

Ziele in der Schwerpunkt-Sportart	Ziele in der Ergänzungs-Sportart	Beschreibung	Hinweise / Organisation	Nummer
Geschickt und kontrolliert zuspielen lernen.	Einzelelemente üben und gut timen lernen.	Während zwei miteinander auf der Matte turnen (z.B. Standwaage, Radschlagen, Handstand abrollen üben) spielen die anderen beiden Spieler sich gegenseitig den Softball mit dem Schläger hin und her, ohne die Partner zu berühren. Findet ihr sogar einen gemeinsamen Rhythmus?		156
Geschickt und kontrolliert zuspielen lernen.	Qualität der gelernten Bodenelemente verbessern.	Die Klasse ist in 2 Hälften aufgeteilt. A spielt Tennis, B übt die Bodenelemente. 2 Schüler versuchen, dieselbe Bewegungsfolge über eine Mattenbahn zu turnen (parallel). Diese Mattenbahn dient gleichzeitig als lebendiges Tennisnetz. Nach X Durchgängen wird gewechselt.		157
Technik verbessern.	Partnerbezug üben.	1 Mattenbahn mit Partnerbezug = Uebungen mit Unterstützung des Partners kreieren. Z.B. mit Rolle sw über den Partner/Partner stützen. Nach 10 Min. zeigt die Gruppe B, was sie erarbeitet hat. Dann Gruppenwechsel. Halle längs geteilt (je nach Spielwand).		158
Höhe des Netzes bewusst machen.	Balancieren, Stehen, Schreiten, Hüpfen, Drehen üben.	Halbklassenunterricht: Tennis: Sich den Ball zu zweit oder in Gruppen über den Kasten zuspielen. Wer den Ball gespielt hat, muss sofort anschliessend mit dem Schläger eine Wand berühren. Eigene Spielregeln erarbeiten.		159
Wettkampf erleben.	Bewegungsform und -fluss verbessern.	Halbklassenweise: Minitennis-Turnier spielen. Gleichzeitig werden 3 verschieden schwierige Uebungsfolgen auf 3 Mattenbahnen einstudiert. Verschiedene Felder und Mattenbahnen möglich.		160

Ziele in der Schwerpunkt-Sportart	Ziele in der Ergänzungs-Sportart	Beschreibung	Hinweise / Organisation	Nummer
Sorgfältiges Hochspielen; genaues Treffen üben.	Rückwärtsfahren unter erschwerten Bedingungen üben.	Jeder mit einem Schläger und Ball. Spiele dir selber den Ball so zu, dass er dir immer näher kommt und versuche, dies mit Rückwärtsfahren auszukorrigieren. Wer braucht möglichst wenige Schläge für eine Feldbreite?		161
Trotz Behinderung den Ball gut treffen. Beidhändig schlagen.	Distanz genau abschätzen lernen. Ohne Hilfe der Arme das Gleichgewicht schulen.	Spielt euch zu zweit einen Softball hin und her zu. Dabei fassen immer beide Hände den Griff (Rechtshänder: Rechte vor linker Hand).		162
Exakt plazieren.	Starten, stoppen üben.	Gelingt es auch, wenn sich beide verschieben? A spielt immer schräg (cross), B immer gerade (longline). Am Anfang ohne Hindernis.	A ◁◀- - - - -○ B A' ◁·· - - - - ○· B'	163
Geschicktes sich-den-Ball-Zuspielen üben.	Schlittschuhlaufen, Peripheres Sehen, Ausweichen unter erschwerten Bedingungen üben.	"Schwarze Maa": Ein Fänger ohne Schläger steht einer mit Schläger und Ball ausgerüsteten Gruppe gegenüber. Diese versucht, ihn zu kreuzen, ohne von ihm am Schlagarm berührt zu werden. Gefangene Spieler legen ihre Schläger und Bälle weg und werden zu Fängern. Der Fänger darf nie rw laufen.		164
Richtig reagieren; behutsam spielen.	Schlittschuhlaufen in alle Richtungen schulen.	Zu zweit Tennisspielen und den Ball im Spiel halten. Variante: Einer spielt nach links zu, nach rechts, lang, kurz. Sein Partner spielt zurück, so dass A weiter spielen kann.		165

Ziele in der Schwerpunkt-Sportart	Ziele in der Ergänzungs-Sportart	Beschreibung	Hinweise / Organisation	Nummer
Ballgefühl der linken Hand schulen.	Auf visuelles Signal schnell reagieren lernen.	B steht mit gegrätschten Beinen zum Starten bereit, A dahinter mit dem Tennisball in der Hand. Er rollt den Ball zwischen den Beinen von B nach vorn. Sobald B den Ball erblickt, startet er und versucht, den Ball möglichst zu stoppen. Variante: A spielt einen Bogenball über B. Stoppen vor 3. Kontakt.		166
Dosierte Volleyschläge üben.	Uebersetzen und rw-Uebersetzen automatisieren.	A steht im Zentrum. B übersetzt um ihn auf dem Kreisbogen und spielt den Softball, den ihm A zuspielt, immer wieder schön zurück.		167
Allgemeine Geschicklichkeit im Umgang mit Ball und Schläger verbessern.	Den Hockeybogen und das Stoppen trainieren.	Starten, an der Wendemarke einen Ball auf den Schläger aufnehmen, ohne Zuhilfenahme der Hände, indem man einen Hockeybogen fährt: Innenbein vorne, Knie tief gebeugt, Ball zurückbringen, stoppen auf der Linie 5m vor Gruppe, Ball zuspielen, der nächste kann mit dem Ball starten, vorne deponieren usw.		168
Peripheres Sehen üben. Unter erschwerten Bedingungen Volley spielen.	Schlittschuhlaufen in alle Richtungen verbessern.	B dirigiert mit Zurufen, später mit Handzeichen worauf A richtig reagieren muss und dabei den Tennissoftball in der Luft als Volley gespielt halten soll. Dirigieren: Seitwärts nach links, rechts. Vorwärts. Rückwärts.		169
Bogenbälle spielen.	Kantenspiel und Einbeinfahren üben.	Jeder spielt mit seinem eigenen Ball. Jeder spielt mit dem Tennisschläger seinen Ball im Bogen vorwärts, sodass er mehrmals auf dem Eis aufspringt. Sofort wird auf einem Bein gestartet und versucht, den Ball wieder aufzufangen, ohne das zweite Bein vorher abzustellen. Wer schafft das ganze Feld am sparsamsten?		170

Ziele in der Schwerpunkt-Sportart	Ziele in der Ergänzungs-Sportart	Beschreibung	Hinweise / Organisation	Nummer
Spez. Ballgeschicklichkeit fördern.	Angewöhnung. Balance unter erschwerten Bedingungen.	Auf den Rollschuhen mit Ball und Schläger alle Ecken des Spielfeldes, des Platzes, der Halle erkunden und den Ball in Bewegung halten. Auch Hindernisse umfahren, stehende Partner umkreisen usw.		171
Umgang mit Ball und Schläger unter erschwerten Bedingungen.	Richtungswechsel, das Anhalten und Starten üben.	In der Mitte des Feldes sind viele Bälle deponiert. Alle Gruppen versuchen, in ihre Feldecke möglichst viele Bälle zu bringen, wobei auf jeder Fahrt nur ein Ball mitgenommen werden soll. Der Ball soll auf dem Schläger balanciert werden. Variante: Prellen, Jonglieren, zu zweit einander zuspielen usw.		172
Genaues Zuspielen fördern. Miteinander spielen.	Gewandtheit und Koordinationsfähigkeit verbessern.	Zu zweit einander einen Ball möglichst lange hin und her zuspielen. Welche Gruppe schafft es gleich 10x? Welche Gruppe kann sich zuspielen und immer in Bewegung sein?		173
Gut zum Ball stellen lernen und genau spielen.	Spezielle Rollschuh-Geschicklichkeit verbessern.	2 Spieler stehen mit einem Abstand von etwa 6-10 Metern auseinander. In der Mitte werden 2 Reifen oder 2 Schachteln abgelegt, die getroffen werden sollten. Einer spielt aus der Hand zu, der andere versucht zu treffen. Später können beide gleichzeitig zu treffen versuchen. Distanz dem Können anpassen.		174
Koordinationsvermögen verbessern.	Allgemeine Geschicklichkeit verbessern.	Ein Parcours wird mit Stäben, Bällen oder anderen Dingen markiert. Aufgabe: Den Parcours zuerst durchfahren. Später Erschwernisse einbauen, z.B. gleichzeitig einen Tennisball prellen, mit dem Schläger den Ball tragen, den Ball aufspielen, rw fahren usw.		175

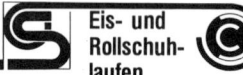
Ziele in der Schwerpunkt-Sportart	Ziele in der Ergänzungs-Sportart	Beschreibung	Hinweise / Organisation	Nummer
Schläger als Hilfsgerät einsetzen.	Gewandtheit und Partnerbezug fördern.	Mehrere Spieler stellen sich in einer Reihe auf mit einem Abstand von ca. 4m. Jeder hat einen Schläger in der Hand. Nun durchfährt ein weiterer Läufer die ganze Reihe im Slalom, wobei er sich an den entgegengestreckten Schlägern halten und um den Partner in einem Bogen herum zum nächsten ziehen lassen kann.		176
Dosiertes Volleyspiel üben.	Vor- und Rückwärtsfahren zu zweit erleben.	A und B halten sich an den Händen und bilden bewegliche Tennisnetze. C und D spielen sich einen Schaumstoffball volley zu. Zuerst bleiben A und B stehen. Dann beginnen diese, sich langsam zu verschieben.		177
Aus der Bewegung dosiert zuspielen.	Uebersetzen auf beide Seiten üben.	Zu dritt: Zwei stellen sich mit grossem Abstand voneinander auf. Ca. 10-15m. Der 3. Spieler fährt in einer grossen Acht um seine Partner herum und spielt ihnen den Ball sorgfältig zu und bekommt ihn anschliessend wieder zugespielt. Nach mehreren Runden untereinander wechseln. Zuspiel evtl. von Hand.		178
Plazierungsvermögen üben.	Bewegen in alle Richtungen, auf andere Mitspieler Rücksicht nehmen.	Zwei Mannschaften versuchen gleichzeitig, den Ball mit dem Schläger im Spiel zu halten. Sie erhalten jedesmal 1 Punkt, wenn es ihnen gelingt, den Ball in ein bezeichnetes Feld der Gegenseite zu spielen. Nach jedem Versuch wird wieder das Mal der Gegenseite als Ziel gewählt.		179
Wettkampf.	Spielend fahren.	2 Mannschaften stehen sich gegenüber. Spiel 1: Wie Faustball, aber mit Schlägern und Softball übers Netz. Der Ball muss je 1x auf den Boden fallen. Spiel 2: Wie Landhockey auf Tore mit Softball und Schläger.		180

Ziele in der Schwerpunkt-Sportart	Ziele in der Ergänzungs-Sportart	Beschreibung	Hinweise / Organisation	Nummer
Peripheres Sehen fördern; Antizipationsvermögen fördern.	Schlagstärke dosieren lernen.	Badminton- und Tennisspieler stehen sich gegenüber. Gespielt wird mit Shuttles oder leichten Softbällen. Alle Spieler versuchen, im gleichen Rhythmus den Ball über das Netz zu spielen. Nach einer gewissen Zeit wird der Ball, bzw. Shuttle gewechselt.		181
Sicherheitsspiel und Geschicklichkeit fördern.	Umstellung an versch. Schlagarten und Ballflugverhalten gewöhnen.	Im Feld wird Badminton oder Tennis gespielt. Jede Netzüberquerung ergibt für die Spieler einen Punkt. Die gegnerische Mannschaft spielt gegen die Wand und versucht, möglichst ihren Shuttle oder Tennisball nicht fallen zu lassen. Wechsel jeweils nach 3 Fehlern. Tennis: Gegen Matte spielen, Badminton gegen Wand.		182
Taktisches Verständnis fördern.	Flugverhalten von Ball und Shuttle unterscheiden lernen.	Tennisspieler gegen Badmintonspieler am hohen Netz mit Shuttle- am tiefen Netz mit Softball. Jeder Spieler versucht, seine Vorteile zur Geltung zu bringen. Zählweise dem Tischtennis entlehnen. Spielplätze häufig wechseln.	Hohes Netz (ev. Leine) Tiefes Netz (ev. Leine)	183
Taktik entwerfen. Partnerbezug ins Spiel bringen.	Anpassungsfähigkeit an verschiedene Bälle.	Mixed spielen. Jede Mannschaft besteht aus einem Tennis- und einem Badmintonspieler, die abwechselnd den Softball schlagen müssen. Gespielt wird am tiefen Netz. Zählweise wie beim Tischtennis Mixed oder Badminton Mixed.		184
Den Tennisschläger als "anderes" Spielgerät einsetzen lernen.	Badmintonschläger als beliebiges Spielgerät erleben.	Badmintonbrennball: Ein Tennisspieler schlägt den Softball (oder den Shuttle) ins Feld und läuft (von Matte zu Matte). Im Feld ist die gegnerische Mannschaft mit Badmintonschlägern ausgerüstet und versucht, den Ball zurück in den Reifen zu spielen, ohne jedoch den Ball in die Hand zu nehmen. Eigene Regeln entwickeln!		185

Ziele in der Schwerpunkt-Sportart	Ziele in der Ergänzungs-Sportart	Beschreibung	Hinweise / Organisation	Nummer
Bewegungs-abläufe mit verschiedenen Schlägertypen erleben und vergleichen.	Spez. Ballgefühl für Tennis bzw. Badminton verbessern.	Spiel zu zweit: A spielt zu, B hat je einen Badminton- und einen Tennisschläger in den Händen. Kommt der Ball rechts, dann wird mit der rechten Hand (Tennisschläger) zurückgespielt. Kommt der Ball links, dann wird mit der linken Hand (Badmintonschläger) zurückgespielt.	B O ← → O A Nach gewisser Uebungszeit Rollen und Schläger wechseln.	186
Anpassung an neues Spielobjekt; Antizipationsfähigkeit entwickeln.	Gleiches Ziel wie in der Schwerpunkt-sportart.	Kombinationsspiel: Miteinander mit ungewohntem Ball spielen; Für Tennis Shuttles oder Softball für Badminton Softball verwenden. Kombispiel: Tennis- und Badmintonspieler spielen gegeneinander mit Softball. Eigene, neue Spielregeln entwickeln lassen.		187
Peripheres Sehen fördern; Geschicklichkeit, Gewandtheit, Spielwitz fördern.	Einander im gemeinsamen Spiel unterstützen lernen.	Es sind während des Tennisspiels dauernd einige Shuttles in der Luft zu halten. Beide Parteien versuchen, wenn möglich, ihre Shuttles nicht zu Boden fallen zu lassen. Es spielen z.B. 3:3 mit einem Ball und Shuttles. Welche Gruppe schafft es mit 2 oder sogar 3 Shuttles?		188
Peripheres Sehen, Geschicklichkeit, Gewandtheit und Spielwitz fördern.	Gleiches Ziel wie in der Schwerpunkt-sportart.	In beiden Feldern stehen sowohl Badminton- als auch Tennisspieler, Z.B. 3:3. Jede Seite bringt von Beginn weg etwa 5 Shuttles ins Spiel und 2 Tennissoftbälle. Während einer gewissen Zeit versucht jeder möglichst sein Feld zu säubern und die Spielobjekte ins gegnerische Feld zu spielen. Wem gelingt es besser?		189
Den Lobball plazieren lernen.	Timing beim Badminton- bzw. Tennis-schläger erproben.	Spiel zu zweit am hohen Netz oder an der hohen Leine. Es wird nur mit hohen Bällen gespielt. Shuttles ab und zu vertauschen mit Schaumstoffbällen.		190

Ziele in der Schwerpunkt-Sportart	Ziele in der Ergänzungs-Sportart	Beschreibung	Hinweise / Organisation	Nummer
Spez. Ballgeschicklichkeit verbessern.	Beinarbeit verbessern, sofort reagieren, Handwechsel je nach Bewegungsrichtung üben.	Während der Tennisspieler mit dem Ball jongliert und sich dabei in alle Richtungen bewegt, versucht der Basketballspieler gegenüber seinen Bewegungsrichtungen zu folgen, ohne die Ballkontrolle zu verlieren. Der Tennisspieler kann aber auch mit der freien Hand Zahlen zeigen, die sein Partner laufend nennen muss.		191
Sicher jonglieren, peripheres Sehen schulen.	Sicheres Prellen und peripheres Sehen schulen.	"Schwarzer Mann" Der Fänger muss beim Verfolgen ständig den Basketball prellen und unter Kontrolle halten. Die ihn kreuzenden Tennisspieler versuchen, ihren Tennisball auf dem Schläger oder dem Boden zu prellen und nicht gefangen zu werden. Wer gefangen wird, holt einen Ball und wird zum "Schwarzen Mann".		192
Sichere Grundschläge spielen und vorwiegend laufen.	Korbwurf üben.	Zwei Gruppen kämpfen gegeneinander: A spielt sich untereinander den Tennisball über eine Leine zu (Schlagart dem Können anpassen). Gleichzeitig versucht die Partnergruppe B, in kurzer Zeit möglichst viele Körbe zu werfen, und zwar mit Sprungwurf, Freiwurf, Hakenwurf.	Welche Gruppe spielt am besten Tennis? Wer wird Sieger im Korbleger von links?	193
Zeitdruck trainieren.	Sprungkraft fördern, Timing erfassen und Antizipationsvermögen schulen.	2 Gruppen im Wettstreit untereinander. Thema: Rebound/Volley. Die Tennisspieler stehen hintereinander vor der Spielwand und spielen fortgesetzt Volleys gegen die Wand, ohne den Ball fallen zu lassen. Nach jedem Schlag hinten wieder anschliessen. Die Basketballgruppe versucht dasselbe am Basketbrett.	Distanz zur Wand, bzw. zum Korb, je nach Könnensstand der Schüler.	194
Ballgeschicklichkeit und Laufen im Spiel kombinieren.	Genaues Passen üben. Der Ball ist schneller als der Spieler. Mehr Uebersicht erfahren.	Laufen mit Tennisschläger gegen Basketball: Eine Gruppe mit Schläger und Tennisball versucht, durch Umlaufen von Stangen Punkte zu sammeln. Wer den Ball verliert, muss frisch beginnen. Die Basketballgruppe passt einander den Ball zu. Wer den Basketball in der Hand hält (oder prellt), darf mit der anderen Hand den "Tennisläufer" abtupfen. Wie oft ist dies in 3/5 Minuten möglich? Es dürfen höchstens 2 Tennisspieler im Feld sein; abgetupfte Spieler kehren ohne Punkte zurück. Wechsel: Anzahl **getupfte** Spieler vergleichen.		195

Ziele in der Schwerpunkt-Sportart	Ziele in der Ergänzungs-Sportart	Beschreibung	Hinweise / Organisation	Nummer
Allgemeine Koordinationsfähigkeit verbessern.	"Blindes" Prellen üben, vor allem mit der schwächeren Hand.	Mit der einen Hand am Ort Tennis spielen oder gegen die Wand und gleichzeitig mit der anderen Hand den Basketball prellen, ohne ihn zu verlieren. Welcher Fortgeschrittene kann sogar die Spielhand wechseln?		196
Kontrolle über den Ball im Laufen behalten; den Kontrollschlag üben.	Sicheres Prellen mit beiden Händen im Laufen trainieren.	Einen Slalomparcours durchlaufen und dazu den Basketball prellen, den Tennisball mit der anderen Hand oder dem Schläger fortlaufend aufspielen. Welcher Ballkünstler bringt das fertig?		197
Hohes, genaues Zuspiel gegen die Wand trainieren; Kooperatives Zuspiel üben.	Reaktionsfähigkeit mittels der Idee des Rebounds verbessern.	Der Basketballspieler steht mit dem Gesicht zur Wand, Abstand etwa 3m. Der Tennisspieler steht hinter ihm und spielt oder wirft den Ball in einem hohen Bogen gegen die Wand. Der Basketballspieler versucht nun, den hohen Ball im Sprung beidhändig über Kopf zu fangen und sicher mit gegrätschten Beinen zu landen.		198
Genaues Zuspielen, Antizipationsvermögen ausbilden.	Werfen unter Wettbewerbsbedingungen üben.	Während der Tennisspieler gegen die Wand spielt und möglichst viele Treffer in einem bestimmten Kreis erzielt, übt sein Partner Korbwürfe mit dem Basketball. Statt gegen die Wand auch zu zweit in Reifen treffen, welche auf dem Boden liegen.		199
Ueberkopf-Service auf ein Ziel üben.	Korbleger aus der Bewegung üben, Zweitakt anwenden.	In einem begrenzten Feld liegen Basketbälle. Von einer Seite versuchen alle Spieler, mit einem vereinfachten Ueberkopf-Aufschlag einen Ball aus dem Feld zu treiben. Gelingt dies, darf der Spieler sich einen Basketball holen und auf bestimmte Körbe je 2 Korblegerversuche ausführen. Pro Treffer 1 Punkt.		200

Ziele in der Schwerpunkt-Sportart	Ziele in der Ergänzungs-Sportart	Beschreibung	Hinweise / Organisation	Nummer
Rückenmuskulatur langsam dehnen.	(Ent-)Spannung in der Rückenmuskulatur spüren.	A und B sitzen sich im Langsitz gegenüber. Beide halten sich an einem Tennisschläger. Während A gefühlvoll zieht, lässt B sich langsam ohne Widerstand beugen. In der gerade noch bequemen Stellung einige Sekunden verharren.		201
Unter schwierigsten Bedingungen noch spielen können.	Gelenkigkeit im Bereich der Hüft- und Fussgelenke verbessern.	Kannst du in der tiefen Hocke stehen ohne die Fersen anzuheben? Kannst du in dieser Stellung sogar einen Ball Volley hochspielen? Wie oft?

Wichtig: Fersen bleiben auf dem Boden!!! | | 202 |
Gelenkigkeit im Bereich der Rumpf- und Schulterpartie verbessern.	Bewusstes Lösen von Spannungen in der Muskulatur üben.	Klemme den Tennisschläger so unter den Arm, dass die Schlagflächen nach vorne unten und der Griff nach hinten oben zeigt. Greife nun mit der freien Hand über den Kopf zum Schlägergriff und drücke langsam die Schlägerfläche zur Körpermitte.	Passiv dehnen lassen. Schlägerkopf gegen die Körpermitte ziehen	203
Spezielle Hand-Ball-Geschicklichkeit fördern.	Koordinationsfähigkeit verbessern.	Versuche einmal, mit 2-3 Bällen zu jonglieren. Tip: Wenn du einmal mit 3 Bällen "wirbeln" willst, dann hälst du 2 Bälle in der rechten und einen in der linken Hand. Beginne nun zu zählen: Rechts hoch-links hoch-fangen-fangen. Schaffst du das problemlos, so kannst du versuchen, einen Ball mehr hinzuzunehmen.		204
Spezielle Hand-Ball-Geschicklichkeit fördern.	Gelenkigkeit der Wirbelsäule verbessern.	Halte 2 Tennisbälle mit ausgestreckten Armen vor dich. Drehe dich mit dem Oberkörper so weit es geht (langsam). Bleibe beim "Anschlag" 10 Sekunden, wirf beide Bälle gleichzeitig hoch, drehe dich blitzschnell um und versuche, beide Bälle - wenn möglich ohne die Füsse zu verschieben- wieder zu fangen. Gegengleich!		205

Ziele in der Schwerpunkt-Sportart	Ziele in der Ergänzungs-Sportart	Beschreibung	Hinweise / Organisation	Nummer
Spezielle Ballge-schicklich-keit im Spiel anwenden.	Zusammenarbeit in der Gruppe erleben.	Ball über die Schnur mit Tennisball und Tennis-schläger: Die Partei, welche den Ball nicht in der Luft halten kann, verliert ein "Leben". Mehrmaliges Berühren des Balles vom gleichen Spieler und auch Kontrollschläge auf dem Schlä-ger sind erlaubt. Geeignete Form als Vorberei-tung fürs schwierigere Tennisvolley.	Am Anfang mit Softbällen.	206
Vorwiegend Schlagen aus dem Lauf; Spielwitz und -übersicht trainieren.	Versuchen, das Zentrum des Spielfeldes zu beherrschen und nur kurze Wege laufen zu müssen.	Spiel zu zweit gegen die Wand: Tennis-Squash. Der Ball muss in einem begrenzten Sektor an Wand gespielt werden. Der Partner muss den Ball jedesmal erlaufen und ihn wieder gegen die Wand spielen, aber so, dass er noch in ein be-grenztes Spielfeld zurückfällt. Zählweise: Wer Aufschlag hat, kann punkten.		207
Spiel erleben; Geschicklich-keitsaufgabe zwischendurch lösen.	Gewandtheit, Kraftausdauer, Reaktionsver-mögen, Schnel-ligkeit im Spiel trainie-ren.	"Dschungeljagd": In einer Turnhalle werden sämtliche Gräte zu einem Dschungel-parcours benützt. Möglichst viele Fluchtwege sollen gelegt werden, damit die Fänger Schwierigkeiten haben, jemanden mit dem Band zu berühren(=Uebergabe der Fangpflicht). Wer auf der Flucht irgendwo den Hallenboden berühren muss, löst eine Tennisgeschicklichkeitsaufgabe abseits in einer freien Hallenecke. Anschlies-send wieder an der grossen Dschungeljagd teilnehmen.		208
Sich von der Konzentration auf den Ball zeitweise lö-sen.	Ausdauernd lau-fen, ständig Tempo und Route neu wählen.	3-Mattenlauf Die Fängerpartei ist pro Spieler mit je einem Schläger und Ball aus-gerüstet. Die Fänger jonglieren ihren Ball auf dem Schläger und versuchen dabei, die Läufer zwischen den Matten zu berühren. Ge-lingt dies, muss der Läufer wieder auf seine Startmatte mit erhobener Hand zurückkeh-ren. Ein Lauf ist gültig, wenn 3 verschie-dene Matten angelaufen werden können, ohne von einem Tennisspieler berührt zu werden.	Startlinie	209 / 210

Ziele in der Schwerpunkt-Sportart	Ziele in der Ergänzungs-Sportart	Beschreibung	Hinweise / Organisation	Nummer
Geschicktes Zuspiel, sorgfältig gezielter Gewinnschlag. Richtig zum Ball laufen.	Vorwiegend laufen; gute Raumaufteilung anstreben.	Tchoukball mit Tennis- oder Softball: Wesentliches Merkmal des Spieles ist, dass die angreifende Mannschaft nicht gestört werden darf. Sie überquert mit Pässen das Spielfeld (nicht mit dem Ball auf dem Schläger laufen). Zum Abschluss von ausserhalb der Torzone Spiel gegen Tchouknetz und den zurückprallenden Ball im eigenen Team wieder auffangen, ohne dass der Ball zuvor auf dem Boden fällt. Gelingt dies, erhält die Mannschaft einen Punkt. Es folgt der Gegenangriff. Fällt dabei der Ball zu Boden, ist wieder die erste Mannschaft am Zug.		211
Sicherheitsspiel; gute Schlagvorbereitung; richtig reagieren lernen.	Unter Belastung ruhig spielen.	Am Netz stehen sich beliebig viele Spieler hintereinander gegenüber. Der Ball wird dauernd hin und her gespielt, wobei auf Smashes und Volleys verzichtet werden soll. Nach jedem Schlag wechselt der Spieler auf die andere Seite. Wer einen Fehler macht, scheidet aus. Im Final: Spiel auf 3 Punkte. Spielfeld begrenzen! Variante: Statt auszuscheiden ist eine Zusatzaufgabe zu lösen mit Schläger und Reserveball.		212
Aufschlag gut plazieren.	Spielidee auf eine andere Sportart übertragen.	Boccia auf der Wiese, im Sand oder sonstwo. Ein farbiger Ball wird fortgeschlagen und liegt nun gut sichtbar im Spielfeld. Beide Parteien versuchen nun mittels Aufschlag, möglichst nahe an den Ball heran zu spielen. Wer seine Bälle näher am Ziel hat als der Gegner, erhält entsprechend viele Punkte.		213
Geschicktes Volleyspielen; immer in den freien Raum spielen.	Gute Raumaufteilung anstreben. Deutlich rufen, wer den Ball "abfängt".	Tennis-Volley: Volleyballspiel mit Tennisschläger und Soft- oder Tennisball. Keine Sprungsmashes gestattet. Evtl. Anzahl der erlaubten Pässe vorschreiben.		214
Partnerschaft erleben.	Spielangst, Spielfreude erleben; Werfen, Fangen, Reagieren trainieren.	Völkerball mit weichem Ball (grosser Softball): Jede Mannschaft mit 3 Schlägern im Hauptfeld, muss ihren Tennisball am Leben halten, indem sie ihn immer hochspielt. Ist der Ball tot, muss sofort 1 Spieler zusätzlich in die "Hölle". Welche Mannschaft lebt länger?		215

Kapitel 3   Leichtathletik

Kurt Murer

Einleitung

Das Kapitel Leichtathletik ist in 3 Bereiche eingeteilt:
Teil 1: Leichtathletik wird mit anderen Sportarten kombiniert.
Teil 2: Leichtathletische Disziplinen werden miteinander kombiniert.
Teil 3: Leichtathletische Disziplinen — Parcours

Teil 1:

Inhalt: Die Sportart *Leichtathletik* wird mit einer *anderen Sportart* (Gerätturnen, Gymnastik etc.) in Verbindung gebracht. Es wurde dabei eine Auswahl getroffen. Es ist also ohne weiteres möglich, Kombinationsformen mit weiteren Sportarten zu bilden.

Ziel: Einerseits soll mit diesen Übungsformen dem engen Sportart-Denken ein Riegel vorgeschoben werden. Andererseits geht es um das Aufzeigen von Querverbindungen innerhalb verschiedener Disziplinen. So wird als Beispiel in den Kapiteln 3.1–3.5 auf *bewegungsverwandtschaftliche Zusammenhänge* verwiesen (Rhythmusverwandtschaft: jeweils die erste Übung der Unterkapitel 3.1–3.5). Ein gleichzeitiges Behandeln solcher Bewegungen in den verschiedenen Sportarten ermöglicht zweifellos einen größeren und länger andauernden Lernerfolg.

Teil 2:

Inhalt: Kombinationen *verschiedener leichtathletischer Disziplinen.* Die Formen sind weder vollständig, noch ist damit irgendeiner Disziplin-Verbindung eine Vorzugsstellung gegeben. Vielmehr sollen es Anregungen zu weiteren Ideen sein!

Ziel: Erleben und Bewußtmachen von Folgewirkungen der Grundtätigkeiten: Laufen, Werfen, Springen. Was hat z. B. ein schneller/langsamer Anlauf für einen Einfluß auf die Flugweite?

Teil 3:

Inhalt: *Disziplinen-Parcours:* Zeitlauf auf einer Rundstrecke mit disziplinspezifischen Stationen. Es sind Zeitgutschriften zu gewinnen, nach Weite, Treffer usw. (Beispiele im Freien und in der Halle).

Ziel: Verbesserung motorischer Grundfähigkeiten (Konditionsfaktoren). Daneben sollen auch wesentliche technische Elemente (Fertigkeiten) einer leichtathletischen Disziplin geübt und unter erschwerten Bedingungen (Zeitlauf) gefestigt werden.

KURT MURER

Ziele in der Schwerpunkt-Sportart	Ziele in der Ergänzungs-Sportart	Beschreibung	Hinweise / Organisation	Nummer
Rhythmusgefühl für den Impulsschritt im Werfen schulen.	Anlaufgestaltung für Rad sw, Handstandüberschlag anders erleben.	Tam - ta, tam und Wurf, tam - ta, tam und Rad, tam - ta, tam und Handstand.		216
Sprunggewandtheit: Körper- und Lagegefühl in der Luft erleben.	Angewöhnung an Minitrampolin: Grundsprünge variieren.	Sprünge vom Minitrampolin auf den Mattenberg. Wer kann die Beine grätschen, anhocken, in der Luft laufen...?		217
Laufen unter erschwerten Bedingungen üben.	Erfahrungen an verschiedenen Geräten sammeln.	- Stafetten; - Hindernisläufe; - Hindernisparcours; - Gerätebahnen.		218
Vorbereitungs- und Gewöhnungsübungen für den Stabhochsprung erproben.	Schwingen, Einrollen, Unterschwungbewegung erleben.	- Schwingen von Tau zu Tau; - Schwingen von Kasten zu Kasten; - Schwingen auf Kasten, auf Mattenberg; - Unterschwünge mit und ohne Drehung; an verschiedenen Geräten.		219
Aktive Erholung durch Laufen erleben.	Kleine Uebungsverbindung mehrmals hintereinander durchturnen.	Nach der geturnten Uebungsverbindung wird um die Turnhalle gelaufen (mittleres Tempo). Wenn der Schüler sich erholt hat, beginnt er wieder mit der Uebung.		220

Ziele in der Schwerpunkt-Sportart	Ziele in der Ergänzungs-Sportart	Beschreibung	Hinweise / Organisation	Nummer
Rhythmusgefühl für den Impulsschritt im Werfen schulen.	Schrittkombinationen zu gegebenem Rhythmus suchen.	♪. ♪ ♩ Tam - ta - tam - Wechselschritt; - Chassé; - usw.	- Musik im 3/4- oder 3/8-Takt, - Eine Gruppe klatscht den Rhythmus; - Andere Bewegungsbegleitungs-möglichkeiten ausprobieren.	221
Rhythmusgefühl für das Hürdenlaufen üben.	Einfache Lauf-Sprung-kombination zu gegebenem Rhythmus ausführen.	3 3 ♩ ♩ ♩ ♩ ♩ ♩ ♩ ♩ 1 2 3 Sprung 1 2 3 Sprung ... 1 2 3 Kauern 1 2 3 Kauern ... 1 2 3 ...... 1 2 3		222
Bewegungsübertragung im Hinblick auf die Drehwürfe erleben.	Bewegungsführung durch die Körpermitte erleben.	- Tiefschlagen; - Tiefschwingen; - Seitschwingen; - Drehschwingen; - Drehsprung.	- Vor allem Schwingen in der Horizontalebene; - Die Hüfte geht der Bewegung voraus (Hüfte als Bewegungs-auslöser).	223
Erleben, Erfahren, Erkennen verschiedener Sprungarten und Bewegungsausführungen.	Allgemeine Bewegungs- und Körperformung schulen.	- Hopserhüpfen in die Weite; - " in die Höhe; - " mit Drehungen; - Laufsprünge in die Weite; - Laufsprünge in die Höhe.	- Vergleich der verschiedenen Sprungarten; - Veränderung von Lauf- und Sprungrhythmus; - Schnelle und langsame Bewegungs-ausführung.	224
Spannen und Entspannen im Zusammenhang mit der Absprunggestaltung erfahren.	Erleben von Spannen und Entspannen.	- Sprünge aus dem Laufen in die Luft; - Sprünge aus verschiedenen Schrittkombinationen in die Luft; - Springen - Laufen mit Musik; - Erleben von Phasenlängen (4 oder 8 Takte) mit Musik: z. B. 4 Takte laufen, 4 Takte klatschen.	- Beim Absprung sofort Körperspannung ("Blockieren"). Nach der Hangphase allmählich entspannen, landen und weiterlaufen.	225

Ziele in der Schwerpunkt-Sportart	Ziele in der Ergänzungs-Sportart	Beschreibung	Hinweise / Organisation	Nummer
Rhythmusgefühl für den Impulsschritt im Werfen trainieren.	Grobform: Stoppschritt in der Vor-schritt-stellung (Zwei-kontakt) üben.	Tam - ta - tam - Aus dem Dribbling stoppen; - Stoppen - Sternschritt.	Tam-ta-tam l r l Gewicht auf dem hinteren Bein.	226
Kurvenlauf im Hinblick auf das Flop-springen üben.	Komplexe Fer-tigkeit von Kreuzen und Platzwechsel trainieren.	Fortlaufender Dreierwechsel, d.h.: Nach dem Zuspiel erfolgt ein Platz-wechsel. Der Laufweg entspricht einer langge-zogenen Schlaufe.	---▶Ballweg ⟶Laufweg	227
Gefühl für die Drehung um die Körperlängs-achse (Flop) schulen.	Abpraller im höchsten Punkt fangen und Gegenstoss einleiten.	Rebound (Abpraller)-Uebungen: In der 3er-Gruppe wird ein Ball unter dem Korb zugespielt. Sobald A gegen den Korb geworfen hat, versuchen B und C, den Ball zu fangen. A läuft sofort zum andern Korb und bietet sich als Anspielstation an.	A B C A' Laufend Rollenwechsel.	228
Absprungge-staltung für den Flop trainieren.	Korbleger aus dem Zweitakt und Treff-sicherheit in ermüdetem Zustand üben.	Während einer vorgegebenen Zeit werden Korb-leger auf verschiedene Körbe ausgeführt. Aus Dribbling: Zweitakt - Korbleger - Rebound und Dribbling zum nächsten Korb. Wer erzielt so am meisten Treffer?		229
Startübung: Auf visuellen Reiz reagieren.	Tempogegenstoss einleiten.	Gegenangriff: In der 3er-Gruppe wird ein Ball unter dem Korb zugespielt. Sobald A auf den Korb wirft, sprinten B und C den Seiten-linien entlang zum anderen Korb. A holt den Ball (Rebound) und spielt diagonal über das Feld einen Mitspieler an.	B A A' C C'	230

Ziele in der Schwerpunkt-Sportart	Ziele in der Ergänzungs-Sportart	Beschreibung	Hinweise / Organisation	Nummer
Rhythmusgefühl für den Impulsschritt im Werfen mit dem Handball üben.	Dreischritt-rhythmus aus der Bewegung erleben und anwenden.	♪. ♪ ♩ Tam - ta - tam Sprungwurf: Aus Stand, aus Dribbling, über Leine.	Tam-ta-tam, Wurf r l r l Laufsprung Sprung über Kasten.	231
Hangsprung: Erleben der Hangphase und das Verzögern der Bewegung.	Zuwerfen und Torschuss aus verzögerter Ballabgabe.	Zuwerfen eines Handballes aus der Position der Hangphase vom Sprungbrett auf ein bestimmtes Ziel. (Tor, Matte, Büchse, usw.).		232
Reaktionsvermögen und Beschleunigen trainieren.	Decken des Gegners beim Dribbling schulen.	Schattenlaufen mit Ball A dribbelt mit Tempowechsel und Richtungsänderungen durch die Halle. B versucht dauernd, auf der rechten Seite von A zu sein. Wechsel.	A B	233
Zielwerfen (Grobform des geraden Wurfes) üben.	Torschuss (Grobform des Kernwurfes) vorbereiten.	Rummelplatz Werfen aus Stand auf verschiedene Ziele, als Einzel- oder Gruppenwettkampf.		234
Starten und Beschleunigen erleben.	Freilaufen und genaues Zuspiel trainieren.	"Tschechen-Viereck" Zwei Bälle werden im Uhrzeigersinn zugespielt. Gestartet wird in zwei gegenüberliegenden Ecken. Nach jedem Wurf wird mit dem Spieler gegenüber der Platz gewechselt.		235

Ziele in der Schwerpunkt-Sportart	Ziele in der Ergänzungs-Sportart	Beschreibung	Hinweise / Organisation	Nummer
Rhythmusgefühl für den Impulsschritt im Werfen schulen.	Anlaufgestaltung für den Schmetterschlag trainieren.	Tam - ta - tam Smashanlauf: 2 Schritte zum Schlusssprung (Füsse zeitlich und räumlich leicht versetzt) - Sprung (beidbeinig).	r l l/r Gegen einen in einem Netz aufgehängten Volleyball schlagen.	236
Startübungen einmal anders erleben.	Verteidigungspositionen nach erfolgtem Angriff einnehmen.	Spiel 3:3: Wenn der letzte Spieler der eigenen Mannschaft den Ball ins gegnerische Feld gespielt hat, muss sich die ganze Mannschaft auf der Grundlinie hinlegen. In der Zwischenzeit spielt der "Gegner" (3 Berührungen). Zuspiel - zurücklaufen - hinlegen ...		237
Hangphase im Weitsprung (Hangsprung) anwenden.	Verzögerte Smashbewegung schulen.	Welche Mannschaft kann einen Medizinball mit Volleyballtreffern schneller hinter die Grundlinie treiben? - Beidhändiger Wurf über das Netz, - Dito, jedoch mit Schmetterschlagbewegung.	Auf Zeit oder Anzahl Würfe.	238
Schnelligkeitstraining ausführen.	Service in ermüdetem Zustand und trotzdem sicher ins Feld schlagen.	Serviceschlacht: Wer seinen Aufschlag (über dem Kopf) nicht ins gegnerische Feld bringt, läuft einmal ums Volleyballfeld.		239
Ausdauertraining als Zusatzaufgabe absolvieren.	Volleyball unter erschwerten Bedingungen spielen.	Volleyball-Marathon: 2 Mannschaften spielen gegeneinander. Ueberzählige Spieler laufen 10 Runden um das Feld. Auswechseln. Der Dauerlauf kann auch ausserhalb des Feldes ausgeführt werden.	Das Spiel kann ohne weiteres länger als eine Stunde durchgeführt werden!	240

Ziele in der Schwerpunkt-Sportart	Ziele in der Ergänzungs-Sportart	Beschreibung	Hinweise / Organisation	Nummer
Kurvenlaufen (Sprint: Rundbahn) und Bogenlaufen (Flop) unbewusst anwenden.	Dribbling und Richtungsänderungen als Schulung der Uebersicht.	Ballführen im Stangenwald: Malstäbe umkreisen, umspielen.		241
Zum Dauerlauf motivieren.	Genaues Zuspiel und Spielübersicht üben.	<u>Spiel auf "offene Tore":</u> Ueber das ganze Spielfeld sind mehrere Tore (1-2 m breit) verteilt. Wenn der Ball das Tor (kein Torwart) passiert, muss er von einem Spieler der eigenen Partei nochmals berührt werden. Berührt der Gegner den Ball zuerst, ist der Treffer ungültig.		242
Verschiedene Hindernisse überqueren.	Ballführung und Geschicklichkeit mit dem Ball üben.	<u>Hindernisparcours:</u> Ein Parcour wird wie folgt absolviert: Der Spieler überquert das Hindernis, der Ball wird unter dem Hindernis durchgespielt. Andere Varianten je nach Hindernis; der Spieler kann auch selber entscheiden.		243
Zielwerfen anwenden.	Zielpass üben.	<u>Rollmops:</u> Zwei Mannschaften versuchen, speziell gekennzeichnete Bälle in die gegnerische Platzhälfte zu treiben. Während 3 Minuten wird geworfen, anschliessend mit dem Fuss gespielt.		244
Schnelligkeitstraining gegen einen imaginären Gegner.	Jonglieren mit dem Ball unter Belastung üben.	A jongliert mit dem Ball so oft, bis B seine Laufstrecke zurückgelegt hat. Wechsel und mehrere Durchgänge. Wer kann mehr jonglieren?		245

Ziele in der Schwerpunkt-Sportart	Ziele in der Ergänzungs-Sportart	Beschreibung	Hinweise / Organisation	Nummer
Dauerlauf mit Rhythmuswechsel trainieren.	Orientierung im Gelände und auf der Karte üben.	Die Läufer haben eine auf der OL-Karte einge-zeichnete Strecke abzulaufen, die ausschliess-lich dem Wegnetz folgt. An Gabelungen und anderen markanten Punkten werden Posten ge-setzt. Die Läufer übertragen diese Punkte auf auf die Laufkarte.		246
Dauerlauf-training mit Zeit- und Distanzläufen variieren.	Das Zeit- und Distanzgefühl schulen.	Strecken im Gelände werden gemeinsam durchlau-fen (auf Wegen, im flachen Gelände, in Stei-gungen). Wer schätzt die Laufstrecke, bzw. die Lauf-distanz am genauesten?		247
Dauerlauf mit Tempo-wechsel als Fahrtspiel erleben.	Kartengedächt-nis schulen.	Im Zentrum sind alle Aufgabenkarten aufgehängt. Der Läufer prägt sich jeweils die Route zu einem Posten ein und läuft dann ohne Karte diesen Posten an. Der Rückweg wird möglichst schnell zurückgelegt. Wer hat zuerst alle Posten angelaufen?		248
Tempolauf-training mit Pausenarbeit auflockern.	Kompass als Hilfsmittel anwenden.	<u>Kompass-Sternlauf:</u> Vom Zentrum aus werden mit Hilfe von Kartenpause und Kompass Posten angelaufen. Für jeden Posten muss eine Be-schreibung (Grube, Loch, Stein,...) abgegeben werden. Nach jedem Posten kehrt der Läufer im Tempolauf zum Ausgangspunkt zurück.		249
Intervall-mässiges Tempolaufen mit aktiver Erholung ergänzen.	Postensuchar-beit nach schnellem und langsamem Laufen be-wusst erleben.	Zwei Läufer arbeiten zusammen. Läufer A ver-sucht, möglichst schnell von P1 zu P2 zu ge-langen, während Läufer B direkt zu P2 bummelt. Anschliessend läuft B über P3 zu P4. A geht direkt nach P4.		250

Ziele in der Schwerpunkt-Sportart	Ziele in der Ergänzungs-Sportart	Beschreibung	Hinweise / Organisation	Nummer
Körpererfahrung: Erfahren, was bei Laufarten im Körper geschieht.	Erfahren, was bei verschiedenen Schwimmrhythmen im Körper passiert.	Laufen (Schwimmen) von Runden (Bassinlängen) mit verschiedenen Bewegungsaufgaben: - Im mittleren Tempo; - Schnelle und langsame Bewegungsausführungen; - Zwischensputs; - Ueberholen.	- Der Schüler beschreibt, was er bei welcher Belastung spürt, erfährt... - Vergleich der beiden Sportarten, der beiden Belastungsarten.	251
Erkennen des Zusammenhanges der Pulsfrequenz in Abhängigkeit zur Laufintensität.	Erkennen des Zusammenhanges zwischen Pulsfrequenz und Schwimmintensität.	Pulsmessung nach folgenden Trainingsformen: - Dauermethoden (gleichmässiges Tempo); - Fahrtspiel (Tempowechsel nach Lust und Laune); - Intervallmethoden.	- Vergleich in der gleichen Sportart; - Vergleich von Sportart zu Sportart.	252
Dauerlaufen kombiniert mit Radfahren (= aktive Erholung) abwechseln.	Radfahren kombiniert mit Dauerlaufen (= aktive Erholung) abwechseln.	A und B haben ein Fahrrad zur Verfügung. Sie legen zusammen eine Rundstrecke zurück, wobei Wechsel zwischen Radfahren und Laufen stattfinden. Die Wechsel werden selbständig bestimmt.		253
Zeit- und Distanzgefühl schulen.	Zeit- und Distanzgefühl schulen.	Laufend oder mit dem Rad wird eine bestimmte Strecke zurückgelegt. Fragen an den Schüler: - Wie lang ist die zurückgelegte Strecke? - Wie lange (zeitl.) haben wir gebraucht? - Abschätzen der vorgegebenen Distanz.		254
Ausdauerbelastung in drei Sportarten nacheinander erleben und vergleichen.	Ausdauerbelastung in drei Sportarten nacheinander erleben und vergleichen.	Triathlon: Schwimmen - Radfahren - Laufen (Strecken dem Alter, dem Trainingszustand anpassen). Auch andere Sportarten miteinander kombinieren!		255

 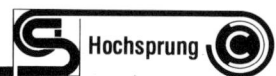

Ziele in der Schwerpunkt-Sportart	Ziele in der Ergänzungs-Sportart	Beschreibung	Hinweise / Organisation	Nummer
Kurvenlaufen mit Tempo-wechsel.	Schwerpunkt-verlagerung und Kurvenin-nenneigung für den Flop spüren.	In Einerkolonne verschiedene Kurven laufen (Schlängellauf, Slalom, Achterlauf, Kreis). Auf Kommando sprintet der Hinterste an die Spitze. Tempo variieren.	Im Freien: Markierungen und Geräte ausnützen.	256
Beschleunigung aus der Ruhe-stellung er-leben.	Finden der optimalen Ab-sprungstelle. Verbesserung der Sprung-kraft.	Wer berührt in einer bestimmten Zeit am meisten hängende Gegenstände? Variante: Wer sammelt am meisten Punkte?	Schräge Leine	257
Bedeutung der Geschwindig-keitsverände-ung für den (Ab-)Sprung erleben.	Sprungkraft und Gewandt-heit trainie-ren.	Fangspiele im Sprunggarten. Zauberschnüre und Leinen sind kreuz und quer in der Halle gespannt (Unterschiedliche Höhen, auch schräg gespannte Leinen).	Sprossen-wand Haken an der Wand Reck Malstab	258
Verbesserung von Schnellig-keit und Steh-vermögen.	Optimale Ab-sprunggestal-tung unter Zeitdruck. Sprunggewandt-heit.	Ueberspringen von verschiedenen Hindernissen als Stafette (Umkehrstafette). Variante: Zu zweit Sprungkombinationen aus-wendig lernen (wie beim Slalom).	Reifen Kiste Jacke	259
Verschiedene Laufrhythmen und Anlauf-längen erpro-ben.	Bedeutung der Anlaufgeschwin-digkeit für die Sprunghöhe er-fahren.	Wie hoch springst du mit den verschiedenen Hochsprungtechniken bei: - Kurzem - mittlerem - langem Anlauf? - Langsamem - mittlerem - schnellem Tempo?	Aufzeigen der Bedeutung von: Anlaufgeschwindigkeit und Anlauf-länge.	260

Ziele in der Schwerpunkt-Sportart	Ziele in der Ergänzungs-Sportart	Beschreibung	Hinweise / Organisation	Nummer
Lockeres Laufen mit verschiedenen Laufrhythmen und Anflauflängen.	Erfahren, was die Anlaufgeschwindigkeit für die Sprungweite bedeutet.	Wie weit springst du mit den verschiedenen Techniken bei: - Kurzem - mittlerem - langem Anlauf? - Langsamem - mittlerem - schnellem Tempo?	Aufzeigen der Bedeutung von Anlaufgeschwindigkeit und Anlauflänge.	261
Rhythmusgefühl für den Hürdenlauf erproben.	Anlauf und Absprung koordinieren.	Weite Sprünge über Matten mit Hindernissen. Zwischenräume im Drei-Schritt-Rhythmus durchlaufen.	Auf den Matten liegen Kastenoberteile mit einem Medizinball.	262
Rhythmus im Laufen schulen.	Anlauf und Absprung koordinieren.	Springen im Kreis über Matten und Medizinbälle - Alleine; - Zu zweit; - Innen, aussen.	Auf jeder zweiten Matte sind zwei Medizinbälle.	263
Schnelles Laufen üben.	Verbesserung der Sprungkraft.	Verfolgungslauf: Zwei Schüler starten gleichzeitig (gegenüberliegender Start). Wer holt den anderen ein, wer macht einen Hindernisfehler?	Aufstellung siehe oben.	264
Regelmässiges, schnelles Laufen üben.	Absprungzone treffen.	- Nach Zuruf darf der Schüler nicht mehr auf die Zone schauen. - Wer trifft die Absprungzone mit geschlossenen Augen? - Wer trifft den Balken? - Wer kann über den kauernden Partner springen, ohne den Rhythmus zu ändern?	Schneller Anlauf — Zone	265

Ziele in der Schwerpunkt-Sportart	Ziele in der Ergänzungs-Sportart	Beschreibung	Hinweise / Organisation	Nummer
Aus der Hoch-startstellung beschleunigen.	In die Weite stossen.	- Wer kann mit Anlauf den Medizinball am weitesten an die Wand stossen und den Abpraller fangen? - Wer kann den, vom Partner hinter einem Zaun zugeworfenen Ball fangen?		266
Aus der Bauch-lage beschleu-nigen.	In die Weite stossen.	Sprint aus der Bauchlage zum 10m entfernten Medizinball. Stoss an die Wand, auffangen, Sprint zurück zur Ausgangsposition.		267
Intervallmäs-siges Starten.	In ermüdetem Zustand stos-sen. Stosskraft verbessern.	A stösst B den Medizinball zu. B legt den Ball auf eine Linie. A und B wechseln den Platz. Nach 10 Versuchen wird gewechselt. Welche Gruppe hat zuerst 20 Durchgänge?		268
Kraftvolles Durchstrecken der Beine.	Genaues, wei-tes Zuspiel üben.	Ballstafette: Mit dem Ball den Hügel hinauf-laufen, anschliessend den Ball von oben dem nächsten Läufer unten zuwerfen. Welche Mann-schaft ist zuerst auf dem Hügel?	Werfen Laufen	269
Mit hoher Schrittfrequenz laufen.	In die Weite werfen, bzw. stossen.	Von einem Hügel wird ein Ball von A abwärts geworfen. B versucht, den rollenden Ball in-nerhalb einer bestimmten Zone aufzunehmen. Wechsel.	A B Zone	270

Ziele in der Schwerpunkt-Sportart	Ziele in der Ergänzungs-Sportart	Beschreibung	Hinweise / Organisation	Nummer
Laufsprünge (Vielfachspr.) als Vorbereitung des Dreisprungs ausführen.	In die Weite stossen.	Vom Aufprallort des Medizinballs muss eine vorgegebene Strecke durch Laufsprünge zurückgelegt werden. Wer braucht am wenigsten Sprünge?		271
Blockieren des Körpers nach dem Absprung und somit die Hangphase erleben.	Rhythmische Abwurfgestaltung in Verbindung mit dem geraden Wurf erproben.	Zwei Schüler spielen sich den Ball beidhändig (evtl. Medizinball) über eine Leine zu (Höhe ca. 2m). Der Ball muss in der Luft gefangen und sofort (vor Bodenberührung) wieder zurückgespielt werden.		272
Blockieren des Körpers nach dem Absprung und somit die Hangphase erleben.	Kraftübertragung Beine - Arme für den Stoss erleben.	Eine Gruppe (4-6 Schüler) steht 3-4m mit einem Ball vor einer Wand. Der zweite Spieler fängt den Ball in der Luft und wirft den Ball, vor Bodenkontakt, zurück an die Wand, Nr. 3 übernimmt... Nr. 1 und 2, schliessen hinten an.		273
Explosiven, beidbeinigen Abstoss unter erschwerten Bedingungen üben.	In die Weite stossen.	Die Kugel wird eine Böschung hinaufgestossen. Der Auftreffpunkt am Hang gibt die Strecke an, die durch Froschhüpfen zurückzulegen ist. <u>Varianten</u>: Stossen mit Steinen, Holzstücken usw.	Hüpfstrecke	274
Möglichst wenig Sprünge für eine gegebene Strecke gebrauchen.	Möglichst wenig Stösse für eine gegebene Strecke gebrauchen.	<u>Wanderspringen - Wanderstossen</u> A springt aus Stand. B springt vom Landepunkt von A weiter, B vom Landepunkt von A ... usw. Sobald eine Markierung übersprungen wird, geht es zurück mit Stossen (Medizinball). Welche 2er-Gruppe braucht insgesamt am wenigsten Versuche?	Start Ziel A B A B A	275

Ziele in der Schwerpunkt-Sportart	Ziele in der Ergänzungs-Sportart	Beschreibung	Hinweise / Organisation	Nummer

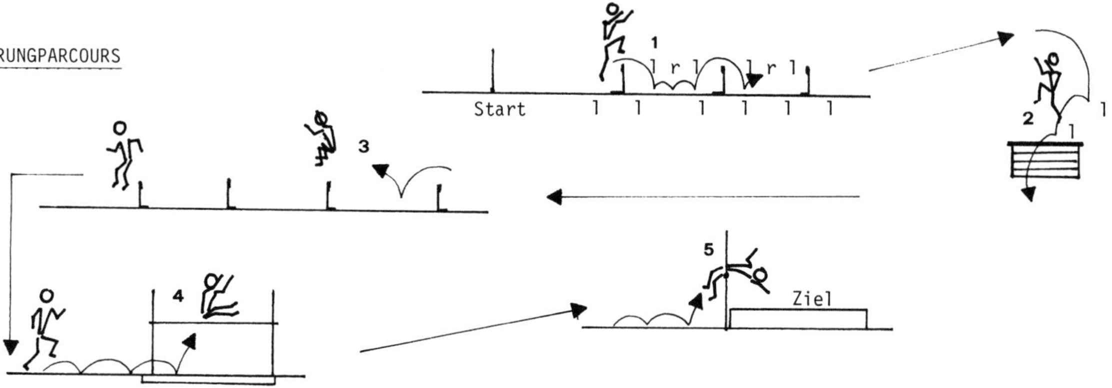

HOCHSPRUNGPARCOURS

Start

Ziel

276

277

278

| Anlaufgestaltung, Absprung und Koordination (Schwungbein) verbessern.

Verschiedene Sprünge in die Höhe ausführen. | Kraft- und Schnelligkeitsausdauer verbessern. | 1 Absprungrhythmus. ♫ ♩
   Kurvenlauf.
2 Sprung ab Geländehilfe.
3 Doppelhüpfen.
4 Scherensprung.
5 Flop oder Straddle (Latte auf mittlerer Höhe). | Durchführungsvorschläge:

- Einzeln oder in Gruppen;
- Mehrere Wiederholungen;
- Eigene Ideen!

Stationen 4 und 5: Fällt die Latte herunter, wird ein Zeitzuschlag verbucht. | 279 |
| | | | | 280 |

Ziele in der Schwerpunkt-Sportart	Ziele in der Ergänzungs-Sportart	Beschreibung	Hinweise / Organisation	Nummer

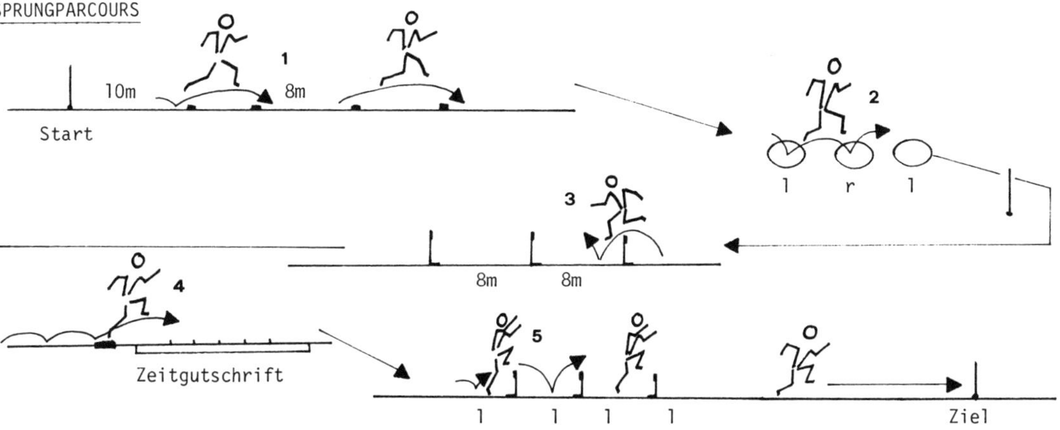

WEITSPRUNGPARCOURS

1   10m   8m

Start

2   l   r   l

3   8m   8m

4   Zeitgutschrift

5   l   l   l   l   Ziel

281

282

283

| Anlauf- und Absprung-variationen anwenden. | Verschiedene Konditions-faktoren verbessern. | **1** Schrittsprung.   ♪♪ ♩
 2 Absprungrhythmus.
 3 Sprung über Hindernis.
 4 Zonenweitsprung.
 5 Einbeinsprünge. | Station 2: Für Rechtsspringer:
     r l r

 Station 4: Zeitgutschrift je
     nach Landeort. | 284 |

285

Ziele in der Schwerpunkt-Sportart	Ziele in der Ergänzungs-Sportart	Beschreibung	Hinweise / Organisation	Nummer
				286
		DREISPRUNGPARCOURS		287
				288
Elemente des Dreisprunges variiert anwenden.	Kraftausdauer der Beine testen.	1 Rhythmusübung für den Dreisprung. 2 Einbeinsprünge. 3 Abspringen und landen auf demselben Fuss. 4 Laufsprünge (Vielfachsprünge). 5 Dreisprung.	Zeitgutschrift bei Station 5!	289
				290

Start
10m
l l r

1
2
r r r r

3
r r

4
r

5
Zeitgutschrift

l (r) l (r) r (l)

Ziele in der Schwerpunkt-Sportart	Ziele in der Ergänzungs-Sportart	Beschreibung	Hinweise / Organisation	Nummer

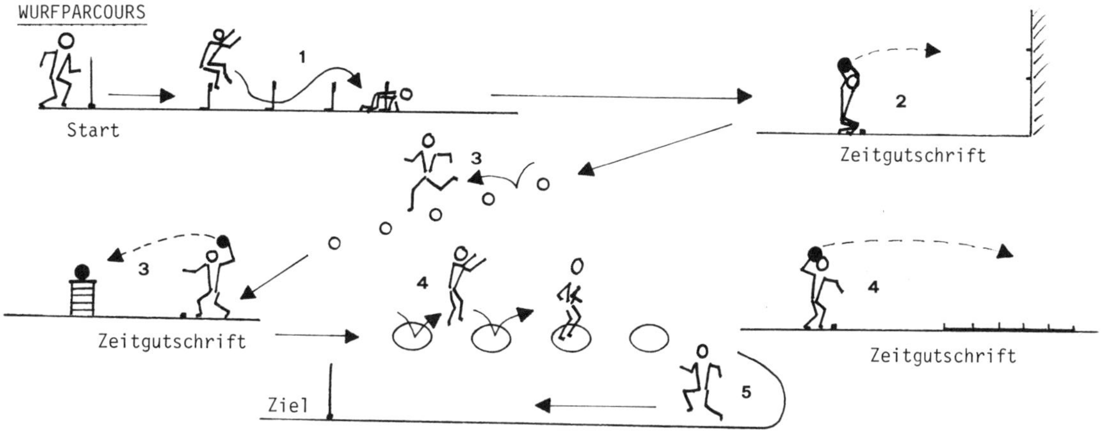

WURFPARCOURS

Start

Zeitgutschrift

Zeitgutschrift

Ziel

Zeitgutschrift

| Trotz Ermüdung noch genau treffen. | Verschiedene Konditionsfaktoren verbessern. | **1** Laufen über/unter Hindernissen.
2 Beidarmiger Medizinballwurf aus kniender Stellung.
3 Laufsprünge - Zielwurf.
4 Doppelhüpfen - Weitwurf.
5 Schnellauf in einer engen Kurve. | Zielwerfen Stationen 2 und 3:
Bei Treffer: Weiterlaufen.
Kein Treffer: Wiederholen bis Treffer oder nach 3 Versuchen weiterlaufen.

Variante: Treffer ergeben Zeitgutschriften. | |

Nummer: 291, 292, 293, 294, 295

Ziele in der Schwerpunkt-Sportart	Ziele in der Ergänzungs-Sportart	Beschreibung	Hinweise / Organisation	Nummer
		SPEERWURFPARCOURS		296
		1 Zeitgutschrift Start		
		2 Kegel umwerfen und wieder zurücklaufen.	Speere 3 Zeitgutschrift	297
		4		
		Speere 5 Ziel Zeitgutschrift		298
Trotz Ermüdung noch mit guter Technik werfen	Verschiedene Konditions-faktoren trainieren.	**1** Start im Kniestand: Beidhändiger Medizinballwurf auf ein Ziel. **2** Schnellauf: Zu den Kegeln laufen, einen davon umwerfen, zurück, zweiten Kegel umwerfen, zurück, dritten Kegel umwerfen. **3** Zielweitwurf. **4** Doppelhüpfen - Laufsprünge. **5** Zielwurf.	Bei den Stationen 1, 3 und 5 können Zeitgutschriften erobert werden. GUTE ORGANISATION WEGEN UNFALLGEFAHR!!!	299
				300

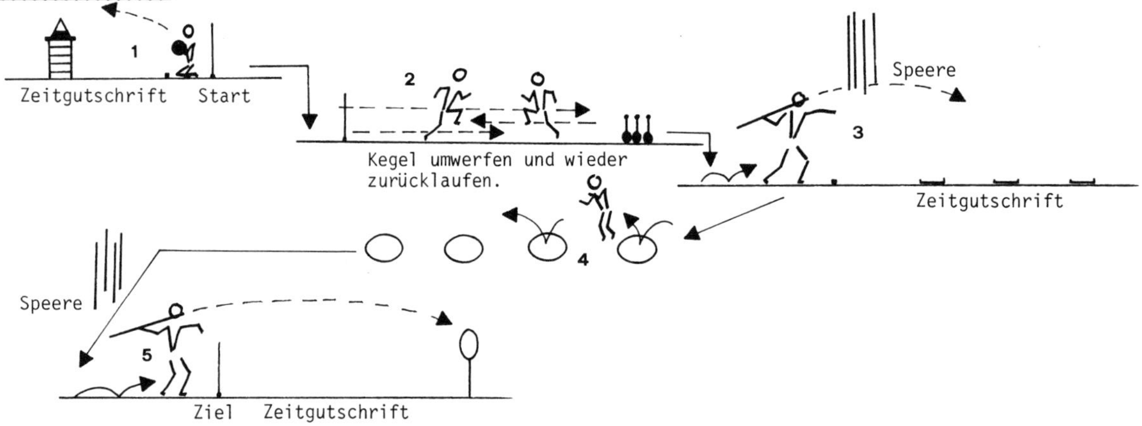

 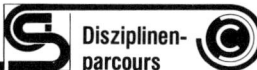
Ziele in der Schwerpunkt-Sportart	Ziele in der Ergänzungs-Sportart	Beschreibung	Hinweise / Organisation	Nummer

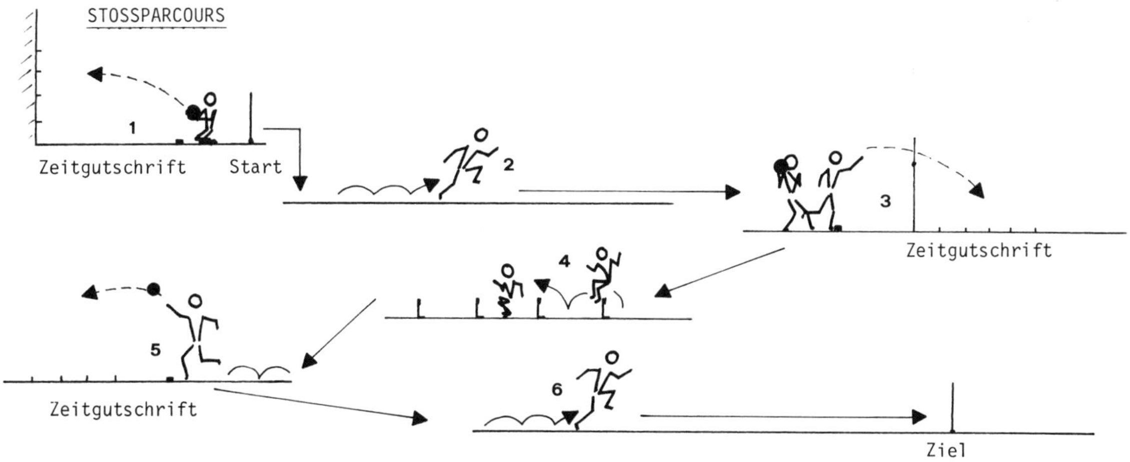

STOSSPARCOURS

Zeitgutschrift   Start

1

2

3

Zeitgutschrift

4

5

Zeitgutschrift

6

Ziel

301
302
303

Kraftübertragung Arme-Beine. Aus Stand (beidarmig, einarmig) und aus der Bewegung stossen.	Verschiedene Konditions-faktoren verbessern.	**1** Beidarmiger Medizinballstoss aus dem Kniestand an die Wand. **2** Sprint. **3** Einarmiger Standstoss. **4** Froschhüpfen **5** Kugelstoss mit Anlauf (Wechselschritt-technik) auf Weite. **6** Sprint ins Ziel.	Bei den Stationen 1, 3 und 5 können Zeitgutschriften erobert werden. ACHTE AUF GUTE ORGANISATION!!!	304 305

Ziele in der Schwerpunkt-Sportart	Ziele in der Ergänzungs-Sportart	Beschreibung	Hinweise / Organisation	Nummer

Start

DISKUSPARCOURS

Zeitreduktion je nach Weite.

Zeitreduktion je nach Weite.

Ziel

				306
				307
				308

| Zielwurf, Weit-wurf, Werfen aus Stand und aus der Bewegung variieren lernen. | Verschiedene Konditions-faktoren trainieren. | 1 Laufsprünge mit Ueberkreuzen in die Reifen,
 2 Standwurf mit Fahrradreifen auf Ziel,
 3 Hindernisüberquerung (Hürden - Technik),
 4 Standwürfe mit Ball (500 g):Schleuderwurf
 5 Wurf mit Drehung in die Weite. | Material:
 Reifen oder Fahrradreifen.
 Station 4: Der beste Versuch ergibt eine Zeitreduktion.
 Station 5: Zeitgutschrift je nach Trainingsstand der Gruppen. | 309 |
| | | | | 310 |

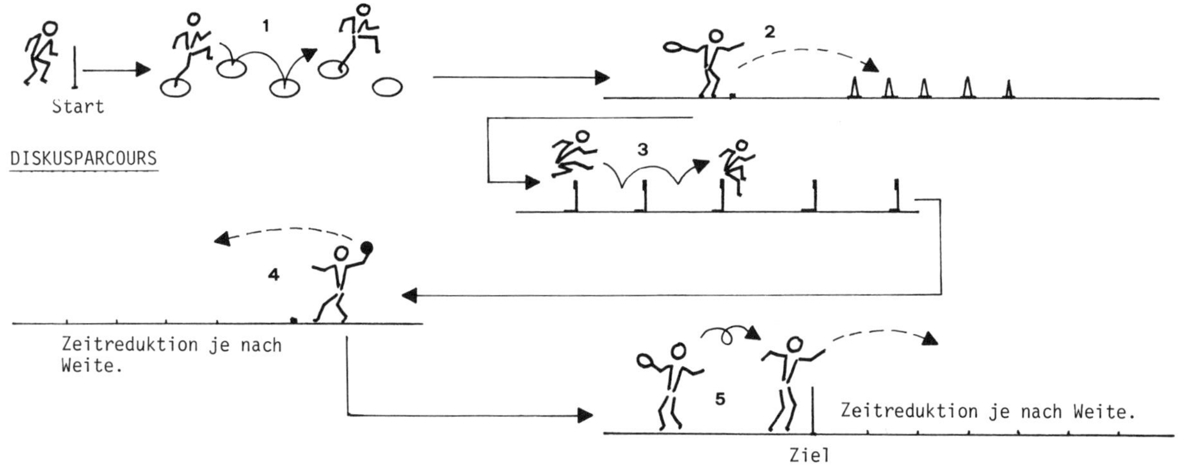

Ziele in der Schwerpunkt-Sportart	Ziele in der Ergänzungs-Sportart	Beschreibung	Hinweise / Organisation	Nummer

MEHRKAMPFPARCOURS

Immer mit dem gleichen Bein.

Stäbe

| Verschiedene Leichtathletik disziplinen (hinterein-ander) trainieren. | Verschiedene Konditionsfaktoren, insbesondere die Kraftausdauer verbessern. | 1 Hindernislaufen,
 2 Weitsprung (über Graben),
 3 Slalomlauf,
 4 Weitwerfen oder in die Weite stossen,
 5 Hochsprung (Technik frei),
 6 Laufsprünge (Zonen),
 7 Stab(weit)sprung (Zone, kleines Hindernis),
 8 Einbeinsprünge. | | |

(Nummern: 311, 312, 313, 314, 315)

Kapitel 4   Handball

René Kissling

Einleitung

Die Idee des Herausgebers hat mich als Handballer sofort begeistert, ist doch meine Schwerpunktsportart nichts anderes als **angewandte Leichtathletik!** Die Grundbewegungsmuster **Laufen, Springen, Werfen** werden durch ein Regelwerk zu einem Mannschaftsspiel, dessen Zielsetzung nicht mehr „schneller, höher, weiter", sondern „Mit der Hand mehr Tore als der Gegner erzielen" lautet.

Es liegt also auf der Hand, die Patenschaft der beiden Sportarten mittels geeigneter Übungsformen wieder aufleben zu lassen. Die enge Verwandtschaft Handball/Leichtathletik kommt vor allem in der konditionellen Grundausbildung des Handballers zum Tragen, wobei Ballsportler im allgemeinen lieber die Kondition integriert (d. h. in Spiel-, Wettbewerbs- und Stafettenform) verbessern als ergänzend (Lauftraining, Kraftraum, Gymnastik).

Wie ist eine Verknüpfung mit der Ergänzungssportart Gerätturnen denkbar?

Ich habe mir als Turnlehrer oft überlegt, wie denn das Turnen an Geräten sowohl intensiviert als auch lustvoller gestaltet werden könne. Ich glaube, die Antwort ist durch die 20 vorliegenden Bewegungsaufgaben mit Gerätturnen als Ergänzungssportart zumindest vorgezeichnet:

1. Spielformen wählen, die an den Hauptteil der Lektion anschließen, sei es thematisch oder vom Material her.

Beispiel: Einführung Minitrampolin: Strecksprünge

Jägerball mit Spielgarten
(getroffene Hasen befreien sich,
indem sie einmal den ganzen Mini-
trampolin-Parcours durchlaufen).

Amerikanisches Völkerball
(die zuvor übersprungenen Kasten
dienen jetzt den Hasen als Schutz-
wall gegen den Abwurf).

2. Einbinden der Bewegungsfertigkeiten in Wettbewerbe und Stafetten, wobei die einzelnen Elemente viel häufiger geturnt werden als bei der herkömmlichen Methode (Riegenwechsel).

Als 3. und 4. Ergänzungssportart habe ich **Volley- und Basketball** gewählt. Die in den Fachbüchern zur Intensivierung des Torhütertrainings vorgeschlagenen Ballmaschinen stehen wahrscheinlich nur wenigen Vereinen, geschweige denn Schulklassen zur Verfügung; wohl finden sich aber immer Spieler, die gerne ein Tor mit voller Wucht erzielen wollen.

Durch den **wechselnden Einsatz verschieden großer und schwerer Bälle** wird das für den Ballsportler so wichtige **Ballgefühl** bedeutend verbessert. Man lernt dabei feinmotorisch, sich den verschiedenen Prelleigenschaften von Hand- und Basketbällen anzupassen. So wird die Ballgeschicklichkeit variabel, denn einerseits ist **Automation,** andererseits aber auch **Variation** von Bewegungsmustern gefragt.

Die Auseinandersetzung mit der vorliegenden Thematik der Verknüpfung von Schwerpunkt- und Ergänzungssportarten ist somit — über die ursprüngliche Spielerei hinaus — ein nicht zu unterschätzendes methodisches Mittel zur qualitativen Verbesserung unseres Sportunterrichtes:

— intensitätssteigernd durch raumausnützende Organisationsformen;

— lernunterstützend durch gegensätzliche Bewegungserfahrungen im Übungsverbund;

— motivationsbildend durch neue — auf den ersten Blick oft skurrile — Herausforderungen.

RENÉ KISSLING

Ziele in der Schwerpunkt-Sportart	Ziele in der Ergänzungs-Sportart	Beschreibung	Hinweise / Organisation	Nummer
Sicheres Zuspiel in der Zweiergruppe festigen.	Schulung der Reaktion: Start auf optisches Zeichen.	Werfer gegen Läufer: In der Dreiergruppe spielen sich A und B den Ball zu. C startet, wenn der neben ihm stehende Spieler den Ball vor dem Pass zu Boden prellt. Verhältnis von Ball- und Laufweg dem technischen Stand der Spieler anpassen. Wer ist schneller, der Ball oder der Läufer?		316
Passen im Quadrat, unter Berücksichtigung verschiedener Pass-arten.	Rennmässiges Training: Einschalten von Zwischenspurts, Halten der Folge.	Stressball 1 Vier Spieler bilden ein Quadrat, in dem ein Ball von Station zu Station gepasst wird. Ein Läufer soll, das Quadrat umlaufend, stets auf Ballhöhe sein. Variante: Berührt der Läufer den Ballträger, so wechseln sie ihre Rollen.		317
Folge der Pässe erhöhen, nur zupassen nach erfolgter Blickverbindung.	Spurtschnelligkeit verbessern durch interne Wertung (3-2-1) der Läufer.	Stressball 2 Die Werfer sind frei verteilt in der Halle, wobei alle bis auf einen Zuspieler Z einen Ball haben. Irgend ein Werfer A spielt zum Zuspieler und erhält von ihm einen Rückpass. Sodann gelangen alle Bälle über Z zu A. Die Läufer starten beim 1. Pass von A um das Freimal und bilden eine Kolonne hinter A.		318
Uebersicht bewahren, freilaufen und zuspielen an den richtigen Ort.	Schneller Antritt (evtl. mit Richtungswechsel).	Eine Dreiergruppe passt sich den Ball zu und versucht, durch Abklatschen (max. 1 Schritt) des durch eines der beiden Tore laufenden Läufers zu verhindern, dass dieser einen der 4 Malstäbe in den Ecken des Volleyballfeldes berührt und damit einen Punkt erobert.		319
Genauen Pass durch die Gasse spielen.	Vertikale Sprungkraft durch Steigsprünge fördern.	Zwei quer durch die Halle gespannte Seile bilden die Gasse, durch die sich 2 Partner A und B den Ball zuspielen. C versucht, den Ball zu blocken, 5x gegen A, 5x gegen B.		320

Ziele in der Schwerpunkt-Sportart	Ziele in der Ergänzungs-Sportart	Beschreibung	Hinweise / Organisation	Nummer
Geschicklichkeit des Prellens unter erschwerenden Uebungsumständen erhöhen.	Sprintbeschleunigung durch Ziehen des Partners verbessern.	A und B binden sich einen Fahrradschlauch um die Taille. A zieht B längs über das Volleyballfeld, wobei B versucht, möglichst oft zu prellen. Tip: Zum Start marschieren, sonst gelingt es B, den Lauf zu blockieren!		321
Aus dem Prellen auf Sprungwurf umschalten.	Schulung von Steigsprüngen mit wechselndem Anlauf.	<u>Sozialprellen</u> Freies Prellen in der Halle. Auf Zeichen Sprungwurf auf eines der beiden Tore und nacheinander mit 3 verschiedenen Partnern zum Block hochsteigen (Hände klatschen gegeneinander).		322
Anlaufen zum Ball und vom Ball weg unter Zeitdruck schulen.	Verbesserung des Stehvermögens durch Wettbewerbssituation.	A spielt B den Ball zu, der abwechselnd vom Ball weg und zum Ball läuft, bis C das vom Zuspieler und den 3 Malstäben gebildete Dreieck fünfmal umlaufen hat.		323
Anlaufen in den von der Wand zurückprallenden Ball.	Spielerisches Lauftraining in Intervallform als Gruppenwettkampf in Dreiergruppen.	Ein Spieler der Gruppe umläuft während einer bestimmten Zeit (z.B. 2 Serien zu 2 Min.) die Malstäbe, während seine beiden Partner zählen, wie oft sie den Ball fangen können. Gruppenwertung: Anzahl der Fänge + fünfmal die Anzahl der Läufe.		324
Ballgefühl durch schnellen Wechsel von Torwurf und Zuspiel schulen.	Kräftigung der Beinstrecker durch Hoch- und Tiefsprünge.	<u>Paarwettkampf</u> A1 steht vor einem Kasten, bestehend aus 3 Elementen. Nach jedem Aufsprung erhält er von A2 einen Pass, der - falls gefangen - 1 Punkt zählt. Während des Niedersprunges von A1 wirft A2 an den Kasten zum Rückpass.		325

Ziele in der Schwerpunkt-Sportart	Ziele in der Ergänzungs-Sportart	Beschreibung	Hinweise / Organisation	Nummer
Schnelles, genaues Passen als Voraussetzung zum Zielwurf schulen.	Fahrtspiel: Tempo wird reguliert durch An-/Abwesenheit des Balles.	Während 40-90 Sekunden läuft ein Hase quer durch die Halle und zählt die Läufe, während denen er vom Softball, den sich seine beiden Partner zuwerfen, nicht getroffen wird.		326
Ueberblick beim Passen bewahren: Wer ist frei?	Spielerisches Sprungkrafttraining mit eingestreuten Koordinationsaufgaben.	Bola-Springen mit Passen In einem Kreis werden die Pässe gezählt, während die Bola kreist. Ein Hängenbleiben ergibt 5 Minuspunkte. Ende: Wenn jeder Spieler im gegnerischen Kreis, z.B. 30 Sekunden, Dreher gewesen ist.	(Bola=Schwungseil mit Holzgriff)	327
Fangsicherheit unter psychischer Belastung erhöhen.	Reaktionsschulung unter leichtem Stress.	Zahlenpassen Jeder Spieler im Kreis passt den Ball unter gleichzeitiger Nennung einer Zahl zu. Ist sie durch 3 teilbar, muss der Ball gefangen werden, ansonsten nicht. Bei Fehler werden 2 Steigerungsläufe um den Kreis durchgeführt.	"12"	328
Augenmerk auf den Ball richten, antizipieren.	Verkürzung der Reaktionszeit und Verbesserung des Antrittes.	Leintuchschnurball Ein an der Leine aufgehängtes Tuch oder eine dicke Schaumstoffmatte verhindert, dass die Abflugphase des Balles beobachtet werden kann. Dadurch wird die Reaktionszeit verkürzt. Gelingt es, den Ball im gegnerischen Feld auf den Boden zu werfen?	Viele kleine Felder: 2:2	329
Bereitschaft, sich zum Ball zu bewegen schulen: "In den Ball laufen!"	Schulung des Standstosses.	Stösser-Schnurball 2:2 spielen Schnurball mit einem Medizinball. Zusätzlich befindet sich ein Handball im Spiel, mit dem auf den Medizinball geworfen wird (Treffer = 2 Punkte).		330

Ziele in der Schwerpunkt-Sportart	Ziele in der Ergänzungs-Sportart	Beschreibung	Hinweise / Organisation	Nummer
Schnelles Zu-spiel und Er-fassen der Situation zum Abwurf.	Schnelligkeit, gepaart mit Ge-wandtheit; Stabübergabe einüben.	Es spielen 2 gegen 2. Die Läufer umlaufen 10x das Volleyballfeld mit jeweiliger Stabüber-gabe nach 1 Runde. Die Werfer dürfen sich den Ball zuspielen, müssen aber von innerhalb des Feldes die Läufer abwerfen. Welche Partei erzielt mehr Treffer?		331
Umsetzen des Anlaufes in den Wurf.	Anlaufschulung mit variabler Rhythmusgestal-tung.	Start, (Distanz 13-15m): In den Pass anlaufen. Anfänger: Ballannahme auf li-re-li (Wurf) Könner: Ballannahme auf re-li (Wurf); auch An-laufweg und damit das Tempo erhöhen. (Beschreibungen gelten für Rechtshänder).		332
Gelegenheit zum Training der unbelieb-ten, aber er-folgreichen Aufsetzerwürfe schaffen.	Gewöhnung an die Kugel; Ge-fühl für die Weite ver-mitteln.	<u>Werfer gegen Stosser</u> Die Halle wird längs in Sektoren eingeteilt, in die Reifen oder Zei-tungen ausgelegt werden. Der Werfer zielt mit dem Ball auf das ausgelegte Ziel, der Stosser visiert die Zone an. ➔ Rollenwechsel.		333
Zielwürfe mittels Auf-setzer auf rollende Kugel üben.	Technik Stossen: Sich auf eine Schwäche kon-zentrieren, um diese auszu-merzen.	<u>Boccia</u> Der Stosser gibt 10x einen Stoss vor; der Werfer versucht, die gestossene Kugel (Medizinball) zu treffen.		334
Sprungwurf mit Zweischritt-anlauf und Wurfkraft ver-bessern.	Wurftraining mit dem Hand-ball als Grund-schulung für Werfer.	<u>Sprungwurf gegen Kernwurf</u> Wer treibt den Partner an die Längswand (oder Spielfeldlinie) zurück?		335

Ziele in der Schwerpunkt-Sportart	Ziele in der Ergänzungs-Sportart	Beschreibung	Hinweise / Organisation	Nummer
Erfassen des Gefühles der Flugphase im Sprungwurf.	Anlaufen auf ein Hindernis (li/re im Wechsel).	Die Spieler laufen Endlosgegenstösse in der Umlaufbahn. Sie erhalten den Ball beim Auftreten auf den Kasten zugespielt und bemühen sich, mittels hohem Absprung genügend Zeit für eine optimale Wurfgestaltung zu finden.		336
A: Block mit Absprunghilfe überwerfen. Vt: Als Einheit in den Zweierblock steigen.	A: Betont hoher Absprung Vt: Rhythmus des Angreifers übernehmen.	Zwei Vt (Verteidiger) stehen im Kreis auf der 4m-Marke, der Angreifer auf 12m. Zum Rhythmusklatschen des Lehrers (tam-ta-tam) rückt der Block auf 6m vor, springt hoch, um den von einem Kastendeckel abgegebenen Wurf zu blocken.	Angreifer Verteidiger(Vt)	337
Wurf über den Block: Kein Stürmerfoul, Wurf verzögern.	Absprung und Landung auf derselben Stelle; Kraftübertragung nur vertikal erwünscht.	Ueberwerfen einer Weichmatte mit Sprungwurf; Für den Anfänger können als Lernhilfen Bodenmarken (li-re-li) aufgeklebt werden. Für Fortgeschrittene: Kastenteile in den unteren Torecken als Ziele.	li re li	338
Sprung- oder Kernwurf auf bewegliches Ziel verbessern.	Ausdauertraining in der Intervallmethode.	Eine 3er-Gruppe teilt sich in 2 Werfer und 1 Läufer auf. Pro Durchgang ist eine gerade Strecke bezeichnet, die der Läufer durchsprinten soll, wobei die Werfer versuchen, ihn zu treffen. (Nicht ausweichen!).	Treffer	339
Sprungwurf mit Zielwurf auf Weichmatte.	Spielerisches Lauftraining in Form einer Pyramiden-"Americaine".	Jeder der 3 Läufer einer Gruppe soll in Ablösung 5-4-3-2-1 Runden laufen. In der Zwischenzeit versuchen seine Partner, den Kreidekreis auf der Matte möglichst oft zu treffen. Die Mannschaft, welche zuerst die Läufe beendet hat, erhält zusätzlich 10 Trefferpunkte.		340

Ziele in der Schwerpunkt-Sportart	Ziele in der Ergänzungs-Sportart	Beschreibung	Hinweise / Organisation	Nummer
Günstige Torwurfgelegenheit erfassen.	Ausdauertraining in der Dauermethode.	Ein Kastendeckel soll mit Sprungwurf getroffen werden. Würfe dürfen nur erfolgen, wenn sich kein Läufer im Torraum befindet. Wer absolviert mehr Laufrunden, bevor sein Partner 15 Treffer erzielt hat?		341
Entscheidungstraining für Wurfgestaltung.	Sprinttraining: Start- und Beschleunigungsphase werden mehrmals durchgespielt.	Kombiniertes Wurf-/Lauftraining. Der Zuspieler Z sagt dem Schützen an, in welche tiefe Ecke er werfen soll. Sieht er aber im peripheren Blickfeld einen Läufer auf Aussenbahn, wirft er rechts hoch (Innenbahn ⟶ Schlenzwurf). A = Aussenbahn I = Innenbahn		342
Gegenstosstraining unter zwischenzeitlicher, ungewohnter Belastung.	Schulung des handballtypischen Dreierrhythmus' über Hürden.	Die Spieler laufen Gegenstösse auf ein Tor. Auf dem Rückweg überqueren sie die Hürdenbahn (2 Bahnen mit unterschiedlichen Abständen!), wobei sie nur auf einen perfekten Rhythmus achten.		343
Komplexe Form: Flügellauf und Gegenstoss.	Erhöhung der Sprint- und Sprungfähigkeit.	Komplexübung 1 Der Flügel läuft hinter seinem Aufbauer ein und wirft nach Pass des diagonalen Aufbauers auf das Tor (1). Sofort startet er in den Gegenstoss, den er auf Pass des 2. TH abschliesst (2). Auf dem Rückweg zur Gegenflügelposition springt er 20x sw über die Langbank (3).		344
Komplexe Form: Kreuzen, Blocken, Gegenstoss.	Schulung der Sprungkraft und der Schnelligkeit.	Komplexübung 2 Nach Abschluss aus dem Zweierkreuzen (1) geht das Paar auf 6m zum Block (2) und startet sodann in einen Zweiergegenstoss (3).		345

Ziele in der Schwerpunkt-Sportart	Ziele in der Ergänzungs-Sportart	Beschreibung	Hinweise / Organisation	Nummer
Blocken des Balles nach schlechter Vorbereitung.	Einschleifen der Bewegungs- folge Rolle vw- Strecksprung.	A und B spielen sich Pässe so zu, dass C nach einer Rolle vw mittels Strecksprung blocken kann.	A C B	346
Schnelle und sichere Ball- annahme in un- gewohnter Körperlage.	Einschleifen der Bewegungs- folge Rolle rw- Strecksprung mit ½-Drehung.	Diese Uebung ist vor allem für Kreisläufer gedacht. Nach Pass und Rückpass mit A führt C die geforderte Bewegungsfolge möglichst schnell aus, um von B den nächsten Pass ent- gegenzunehmen.	A B C	347
Angst vor dem Fallen ab- bauen.	Sprungrolle über ein Hindernis üben.	Nach Pass und Rückpass mit A führt C eine Sprungrolle über einen Kastendeckel aus und erhält sogleich von B den nächsten Pass.	A C B	348
Zielwürfe auf sich bewegende Objekte schulen.	Sprungrollen bei variablem Anlauf perfek- tionieren.	Eine Mannschaft muss ein Volleyballfeld längs durchqueren. Dabei führt jeder Läufer auf 3 der ausgelegten Matten eine Rolle aus. Ist die ganze Mannschaft durch, beginnt der Rücklauf. Wer abgeworfen wird, beginnt von neuem (mit Softball).		349
Würfe im Ziel plazieren und gegnerische Würfe fangen.	Schulung zweier Grundelemente des Bodentur- nens (z.B. Rad/ Rolle vw).	Intensivsitzball. Jeder gegen jeden. Wer getroffen wird, macht ein Rad. Wer daneben wirft, macht eine Rolle vw.		350

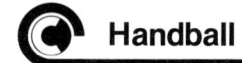
Ziele in der Schwerpunkt-Sportart	Ziele in der Ergänzungs-Sportart	Beschreibung	Hinweise / Organisation	Nummer
Slalomprellen unter Zeitdruck; genaue, lange Pässe spielen.	Einfache Uebungsfolge am Reck nach vorhergehender Belastung ausführen.	Nach dem Slalomprellen durch die Malstäbe wird der Ball bei Matte 1 deponiert, eine Uebung absolviert (z.B. Knieaufschwung - Felge rw), der Ball sofort aufgenommen und zum nächsten in der Gruppe gespielt. Auch als Stafette!		351
Schnelles Passen auf lange Distanz verbessern.	Einfaches bewegungstechnisches Element einschleifen.	<u>Zuspieler gegen Turner</u> Wieviele ... (Knieaufschwünge, Felgaufzüge, Sitzumschwünge etc.) machst Du, bis deine Partner 50 lange Pässe gespielt haben?		352
Passen, Fangen und Abwerfen schulen.	Festigen der im vorhergehenden Hauptteil eingeübten Sprünge.	<u>Jägerball im Spielgarten</u> Im Volleyballfeld stehen 3 Minitrampolinanlagen; die mittlere mit einem Kasten. Um das Feld herum wird Jägerball als Mannschaftspiel gespielt. Wer springt, wer spielt? a) Den Schülern überlassen; b) Getroffene 2 Runden, Erfolgreiche 3 Runden; c) Getroffene zählen ihre Runden.		353
Wurf so dosieren, dass der Partner den Abpraller fangen kann.	Einfache Sprünge vom Minitrampolin üben.	Der vorderste der Kolonne wirft den Ball gegen die Wand/ins Minitrampolin (Distanz ausprobieren), so dass ihn der 2. der Kolonne fangen kann. Darauf übt er einen vorgegebenen Sprung. Welche Gruppe schafft am meisten Sprünge, ohne dass der Ball verloren geht?		354
Schnelles Zuspiel; Uebersicht des Ballträgers.	Schulung von Grundelementen, z.B. Handstand-abrollen.	<u>Eierlegen auf einer Matte</u> Die Klasse wird in Handballer und Turner halbiert. Es werden Matten ausgelegt. Die Handballer versuchen, den Ball auf eine freie Matte zu legen (max. 1 Schritt mit Ball); die Turner verhindern dies durch Besetzen der Matte. Jeder Besetzer muss hernach eine Uebung ausführen.	Beginn: 3 Matten weniger als die Anzahl Schüler Nach Treffer: 1 Matte weg, 1 Turner wird Handballer usw.	355

Ziele in der Schwerpunkt-Sportart	Ziele in der Ergänzungs-Sportart	Beschreibung	Hinweise / Organisation	Nummer
Präzision des Torwurfes verbessern. Ecken tief: Höchste Punktzahl.	Verschiedene Uebungen an verschiedenen Geräten üben.	<u>Leiterlispiel</u> Das Tor wird in Sektoren mit unterschiedlicher Punktzahl eingeteilt. Mit Sprungwürfen müssen zuerst 10 Punkte gesammelt werden, ehe man auf den Parcours geht: Der Würfel (z.B. 4 ⟶ Bodenbahn) besagt, an welcher Station man übt. Nach beendigter Uebung wechselt man wieder zum Werfen. Der nächste Einstieg erfolgt ab vorangehender Station.		356
	Schwerpunkttraining, z.B. Rollen oder Kippen an verschiedenen Geräten.	<u>Variante: Eile mit Weile</u> Zusätzlich werden Bestimmungen eingebaut, wie z.B.: - Die gewürfelte Zahl zählt doppelt; - Um die gewürfelte Zahl zurück; - Auf die Runde darf nur, wer genau 10 Punkte erreicht hat.		357
Flügelwürfe gegen TH, der sich bewusst auf die nähere/entferntere Ecke konzentriert.	Schwächen ausmerzen durch Training der eigenen "Problemübung".	Wer 3 Tore vom linken Flügel gegen TH A geworfen hat, macht 10x eine der angebotenen Uebungen und geht dann 10x vom linken Flügel gegen TH B.		358
Wechsel von direktem und indirektem Pass schulen.	Einflanken in den Barren mit Wende als Ausgang.	A1 spielt einen direkten Hin- und Rückpass mit A2, worauf dieser seine Uebung absolviert! Unterdessen spielt A1 einen Aufsetzer durch die Holmengasse zu B1, der zu B2 weiterpasst.		359
Torwurf aus Sprungwurf auf Barrentor.	Aufzug am hohen Holm trainieren.	Je 4 Spieler üben mit 1 Ball und 1 Barren. Auf Sprungwurf von A1 spielt A2 Torhüter. Nach seiner Abwehr vollführt er einen Aufzug am Barren. Unterdessen spielt A1 zu B1. Gleiche Uebungsfolge von der anderen Seite!		360

Ziele in der Schwerpunkt-Sportart	Ziele in der Ergänzungs-Sportart	Beschreibung	Hinweise / Organisation	Nummer
Pass durch die Holmengasse als Zielwurf üben.	Unterschwung über den niederen Holm des Stufenbarrens trainieren.	A und B spielen sich Pässe direkt und indirekt (als Aufsetzer) durch die Holmengasse zu, während C Unterschwünge über den niederen Holm ausführt. Rollenwechsel nach 5 (10) Unterschwüngen.		361
Erfolg durch schnelle Pass-folge anstreben.	Gelegenheit, z. B. die Semesterübung mehrmals durchzuturnen.	<u>Barrenball</u> An jedem Barren (kreuz und quer im Volleyballfeld verteilt) steht 1 Torhüter. Die Werfer verteilen sich rings im Feld und probieren, möglichst viele Treffer zu erzielen. Wurde auf ein Tor geworfen, absolviert dessen TH 2x die ganze Uebung. In dieser Zeit wird auf dieses Tor nicht geschossen!		362
Ballflug berechnen; Schnelle Pässe spielen; Genaue Würfe ausführen.	Verschiedene Elemente in Gerätebahn üben.	<u>Brennball mit Hindernissen:</u> Vor jedem Hindernis liegt eine Matte, die vor dem Verbrennen erreicht werden muss. Die Uebung wird geturnt, während sich der nächste Werfer vorbereitet. (Flanke über Kasten quer; Sprungrolle über Bock; Rolle rw an den Ringen).		363
Wurfpräzision schulen.	Festigen des "Glockenabsprunges" (kleiner Napoleon) vom Reck.	An jeder Reckstange hängen 2 Bälle in einem Netz o. ä.. Wer trifft, erhält einen Punkt und vollführt vor dem nächsten Wurf einen "Glockenabsprung" vom Reck.		364
Genaue Pässe spielen mit zwischenzeitlicher Belastung.	Hechtrolle perfektionieren: "Wir achten auf...".	Im Paar: Die Partner versuchen, einander den Ball durch die Reifen zuzuspielen. Gelingt dies, vollführen sie einen Platzwechsel mit Hechtrolle über die Langbank.		365

Ziele in der Schwerpunkt-Sportart	Ziele in der Ergänzungs-Sportart	Beschreibung	Hinweise / Organisation	Nummer
Torhüter: Abwehr von Aufsetzern.	Smashtraining mit Selbst-vorlage: Fla-chen Aufsetz-winkel auf Bo-den anstreben.	Statt wie üblich gegen die Wand zu "smashen", wird in Serien auf das Tor "gesmasht". Für gute Spieler zu zweit: A spielt den Ball hoch. B nimmt Anlauf und schmettert an der 6m-Linie, ohne zu übertreten.		366
Abwehr von Ab-prallern; Beobachtungs-lernen: Antizipieren.	Smashtraining: Kasten nach Selbstvorlage anvisieren.	Neben dem Tor stehen 2 Kolonnen Spieler mit Volleybällen. Diese smashen auf die auf der 4m-Marke stehenden Schwedenkästen. Der Tor-hüter fängt die Abpraller. Wer kann so ein Tor erzielen?		367
Torhüter: Abwehr von Bogenlampen; Stellungsspiel verbessern.	Tennisanschlag über Netz (=TH) hinweg auf die Torlinie.	Der Torhüter befindet sich 4m vor dem Tor (Kreis ziehen) und versucht, die als Bogen-bälle ankommenden Tennisanschläge abzuwehren.		368
Wahlreaktion des Torhüters; Abwehr von Lob/Aufsetzer.	Feinmotorische Schulung: Handgelenks-winkel beach-ten.	<u>Kombination: Bogenlampe/Tennisanschlag</u>, bzw. Lob. Der Spieler wirft den Ball hoch und ent-scheidet dann, ob er flach auf das Tor smasht, oder über den Torhüter hinweg (=Finte) lobt.		369
Torhüter: Reaktionsschu-lung durch schnelle Ball-folge.	Komplexübung: Hoher Pass - Abnahme mit 1/2 Dr.-Smash.	In beiden Spielfeldecken steht eine Spieler-kolonne, jeder mit einem Volleyball. Sie spie-len mit hohem Pass zum Zuspieler, welcher nach Selbstvorlage mit 1/2 Dr. auf das Tor smasht.		370

Ziele in der Schwerpunkt-Sportart	Ziele in der Ergänzungs-Sportart	Beschreibung	Hinweise / Organisation	Nummer
Reaktionsschulung für den TH: Wahlreaktion mit verschiedenen Bällen.	Konzentrationsbereitschaft für Kombination: Unteres Zuspiel - Rückpass.	Der Torhüter wehrt die von der Wand abprallenden Handbälle ab. Die in die Serie eingestreuten Volleybälle stellt er mittels unterem Zuspiel zum hohen Rückpass.		371
Reaktionsschulung für den Torhüter: Wahlreaktion mit verschiedenen Bällen.	Ueben des unteren Zuspieles im Langsitz; Korrekte Armhaltung.	Der Torhüter sitzt im Grätschsitz und reagiert auf die vom Partner fallengelassenen Bälle: Der Handball wird gefangen, der Volleyball mittels unterem Zuspiel (Bagger) hochgespielt.		372
Komplexübung für den TH: Abwehr von Schlenzwürfen und Smashes.	Smash spielgerecht trainieren: Mit Pass über Netz.	Die Spieler werden in 2 Gruppen eingeteilt. Eine Hälfte smasht aus dem Anlauf auf das Tor. Die Handballer versuchen mit Schlenzwürfen ein Tor zu erzielen. Fortgeschrittene können nach jedem "Torwurf" die Gruppe wechseln. (Oder auch Wechsel nach Torerfolg.).		373
Dribbling auf Schnelligkeit verbessern. Dem Gegner ausweichen.	Komplexübung an der Wand: Bagger - Pass - etc.	Startball Auf ein Zeichen dribbeln die Läufer zur Gegenseite. Der Fänger startet gleichzeitig zum Balldepot und versucht, möglichst viele Läufer abzuwerfen. Getroffene Läufer spielen 20x die Komplexübung durch. Vorsicht beim Gegeneinanderlaufen. Der Fänger hat Vortritt!		374
Integriertes Ausdauertraining mit Prellen.	Schulung des Dreieck-Zuspiels mit Richtungswechsel.	Americaine in 4er-Gruppen Der Volleyball wird im Dreieck gespielt, während der 4. Spieler der Gruppe 3 Runden dribbelt. Beim Spielerwechsel erfolgt auch ein Passrichtungswechsel. Wertung: Anzahl Dreiecks-Umgänge + 3x Anzahl Runden in einer gegebenen Zeit. Wer hat zuerst x Punkte?		375

105

Ziele in der Schwerpunkt-Sportart	Ziele in der Ergänzungs-Sportart	Beschreibung	Hinweise / Organisation	Nummer
Geschicklich-keit des Dribblings verbessern.	Hohes Zuspiel in der vw-Bewegung: Unter den Ball laufen.	2 markierte Fänger versuchen, alle Mitspieler durch Ballberührung (Abtupfen) aus dem Feld zu verweisen. Wer gefangen wird, tauscht seinen Hand- gegen einen Volleyball aus und umläuft 2 Malstäbe unter fortwährendem hohem Zuspiel. (Selbstvorlage). Dann darf wieder im Feld gespielt werden.		376
Peripheres Sehen verbessern: Beim Dribbling dem Smash ausweichen.	Hohe Pässe spielen, um dem Partner genug Zeit zum Smash zu bieten.	In einem Kreis dribbeln Spieler mit einem Handball. Die Kreisaussenspieler passen sich einen Volleyball zu und versuchen, mittels Smash einen Handballer abzuschiessen. (Auf die Füsse smashen, evtl. mit Softbällen).		377
Geschicklich-keit des Dribblings verbessern.	Spielge-rechtes Trai-ning unter Zeitdruck.	Volleybrennball Nach Service der Werfer über eine Leine (Netz) prellen 2 Werfer zur Feldumkreisung los, wobei eine ganze Runde 2 Punkte, bis zum Ende des Slaloms 1 Punkt ergeben. Die Feldpartei muss den Ball möglichst schnell ins Mal (über das Netz) spielen (nach Volleyballregeln). Fällt der Ball auf den Boden, spielt der Spieler, der den Fehler begangen hat, den Ball einmal hoch. Welche Partei schafft mit 20 Versuchen am meisten Punkte? Rollenwechsel.		378
Anlaufen in den Ball: Schulung der Stossbewegung.	Zum Ball laufen und entscheiden, ob Pass oder Bagger zweck-mässig ist.	Die Spitze der Kolonne läuft gegen den von der Wand zurückprallenden Handball an, während der Schwanz der Kolonne mit hohem Pass oder Bagger zum Zuspieler zurückspielt. Nach erfolgreichem Anlaufen hinten an die Kolonne anschliessen.		379
Zielwurf ver-bessern. Kernwurf auf 10m.	Unteren Ser-vice auf Präzision schulen.	Ab- und einräumen Mit den Handbällen werden die Medizinbälle von des Gegners Langbank geworfen. Die Volleybälle werden mittels Service in den Ballwagen gespielt. Anzahl Volleybälle im Wagen plus Anzahl getroffene Medizinbälle nach einer bestimmten Zeit zählen. Wer hat mehr Treffer?		380

Ziele in der Schwerpunkt-Sportart	Ziele in der Ergänzungs-Sportart	Beschreibung	Hinweise / Organisation	Nummer
Zielwürfe auf 18-m-Distanz: Flach und kräftig werfen.	Länge des Service trainieren; Anvisieren der Grundlinie.	**Rollmops mit Joker** Mit Handbällen wird auf Medizinbälle geschossen, bis diese hinter die gegnerische Grundlinie rollen. In den 4 Ecken des Volleyballfeldes liegt je ein Reif. Wird er von einem Volleyball getroffen, darf - bei kurzer Spielunterbrechung - ein Freiwurf ausgeführt werden: 1m vom Medizinball. Weiterspielen.		381
Erfassen der Situation zum Abwurf; Präzision durch kleine Trefferfläche.	Hohes, genaues Zuspiel üben. Distanzgefühl schulen.	**Burgball: Handball gegen Volleyball** Jede Mannschaft verteilt sich um einen Kreis, in dessen Mitte ein Schwedenkasten steht. Gegen 2 Verteidiger versuchen die Handballer, den Medizinball vom Kasten zu schiessen, während die Volleyballer versuchen, ihren Ball in den oben offenen Kasten zu spielen.	2 Seile unter den Medizinball.	382
Zielwurf verbessern. Hohe Stufe: Kleines, sich bewegendes Ziel.	Variieren der Flughöhe und des Tempos des Baggers.	A spielt für sich Endlos-Bagger. Er verändert dabei stets die Flughöhe des Balles, ohne sich selbst von der Stelle zu bewegen. B versucht, den Volleyball mit einem Handball abzuwerfen. A stellt sich mit dem Gesicht zur Wand (Abpraller!). Trifft B, werden die Rollen getauscht.	A B	383
Schnelle Passfolge mit Zielwurf auf kleines, sich bewegendes Ziel.	Zuspiel im Team mit Raumgewinn vorwärts.	**Volleywandball** Jedes Team hat einen Volleyball, den es mittels Pässen und Bagger an die gegnerische Wand befördern soll. Zur Abwehr haben beide Teams einen Handball, mit dem sie versuchen, den sich am Ball befindenden Volleyballer zu berühren.		384
Gezielter Abwurf aus Stand und Umsetzen aus Anlauf.	Abnahme schwieriger Bälle mittels Bagger.	**"Bataille"** Abwurfspiel mit Softbällen. Alle Spieler bewegen sich mit oder ohne Ball im ganzen Feld (ohne gegnerisches Haus). Getroffene sitzen an die Wand ihres Hauses, werden jedoch erlöst, wenn ein eigener Spieler im Haus einen gegnerischen Abwurf mittels Bagger zum Fangen stellen kann.	Haus A Haus B	385

Ziele in der Schwerpunkt-Sportart	Ziele in der Ergänzungs-Sportart	Beschreibung	Hinweise / Organisation	Nummer
Schulung des Schlenzwurfes mit maximal 2-Schritt-Anlauf.	Präzision des hohen Passes durch Variieren der Distanz verbessern.	"Haltet das Feld frei" Die Handbälle sollen auf der Seite unter dem Netz hindurch ins gegnerische Tor (nur 1m hoch, kein TH) geschlenzt werden. Die Volleybälle sollen mit hohem Pass über das Netz auf eine Matte gespielt werden. Nach jedem Pass mit Volleyball muss ein Schlenzwurf ausgeführt werden.		386
Schulung des Sprungwurfes über Verteidiger (=Netz) als Aufsetzer.	Vorform des Volleyballspiels: Hoher Pass und Bagger werden bereits vorausgesetzt.	Kombi-Ball-über-die-Schnur Service: Mit hohem Pass zum Partner, der ebenso ins Gegenfeld spielt. Abnahme: Entweder Ball fangen - mit hohem Pass weiter oder Bagger zur Selbstvorlage - Joker-Sprungwurf mit Handball. Bei Fehler muss die Gegenpartei servieren. Regeln selber erweitern oder einengen!		387
Ballannahme und Sprungwurf in der Luft.	Smashtraining ohne Behinderung durch Netz.	Fliegertraining von den Flügeln Wer einen Handball hat, wirft im Sprungwurf auf das Tor, diejenigen mit Volleyball spielen dem Zuspieler einen Pass auf 4m zu, den er aufs Tor schlägt. Laufend Rollenwechsel.	Zuspieler	388
Schnelles Passen in der 2er-Gruppe.	Schnelles Passen in der 2er-Gruppe.	Wer hat zuerst eine bestimmte Anzahl Pässe, die Hand- oder die Volleyballer? Distanz und Passarten (z. B. Sprungwurf bzw. hoher Pass nach Selbstvorlage) dem Könnensstand anpassen. Eigene Regeln bezüglich Zählweise und Distanz bestimmen. Wer hat zuerst x Pässe?		389
Schnelle Pässe aus dem Handgelenk, kein Ausholen des ganzen Armes.	Pass und Bagger auf Tempo üben.	Königsballstafette Volleyball: Vorderspieler: Hoher Pass. Kolonne: Bagger. Handball: Vorderspieler: Nach jedem Pass 1/2-Drehung und Pass an Wand. Nach einem Durchgang Rollenwechsel.	1/2 Dr.	390

Ziele in der Schwerpunkt-Sportart	Ziele in der Ergänzungs-Sportart	Beschreibung	Hinweise / Organisation	Nummer
Schulung des schnellen, genauen Passes.	Verbesserung des hohen oberen Zuspiels durch Verkürzen der Vorbereitungsphase.	Die beiden Partner stehen sich mit 6-12m Abstand gegenüber. A spielt seinen Volleyball in der Senkrechten so hoch als möglich. Dazwischen spielt er mit B einen Hin- und Rückpass mit dem Handball. Auch mit Bodenpass.		391
Schulung des Ballgefühls durch Kombinationsformen.	Pass timen, um einen flüssigen Uebungsablauf zu ermöglichen.	<u>Kreisel</u> Der Mittelspieler dreht sich fortlaufend um 1/4 und erhält abwechselnd einen Hand-und einen Volleyball zugespielt. "Entsprechend" zurückspielen!		392
Spielerische Schulung von Passen, Freilaufen, Decken.	Volleyballkonformer Balltransport zum hohen Pass in den Korb.	Der Handball soll hinter der gegnerischen Linie deponiert werden, ohne dass er den Boden berührt oder getragen wird. Zusätzlich hat jede Mannschaft einen Volleyball, der, ohne gegnerische Behinderung, in den Basketballkorb gespielt werden soll. Neubeginn hinter der eigenen Linie bei Bodenkontakt oder bei Korb-Treffer.		393
Verteidigungsschulung: Schnelles, seitliches Verschieben und Bildung eines Doppelblocks.	Smashtraining mit dem Ziel, den Ball auf die Grundlinie zu schmettern.	<u>Linienball mit Hand- und Volleyball</u> Am Netz stehen 4 Verteidiger, die sich stets zu einem Doppelblock formieren. Sie springen rückwärts (!) ab (Verkleinerung des Wurfwinkels) und klappen das Handgelenk leicht nach hinten. (Keine Fingerverletzungen). Rollenwechsel.		394
Schnelles Passen, Freilaufen, Uebersicht, Decken in Intensivform.	Spielnahes Training unter speziellen Umständen: Störung durch Handballer.	<u>Störspiel</u> In Grossklassen: 6:6-Volleyball im Volleyballfeld, während der Rest, in 2 Mannschaften aufgeteilt, um das Volleyballfeld herum Schnappball spielt. Gegenseitig Rücksicht nehmen!		395

Ziele in der Schwerpunkt-Sportart	Ziele in der Ergänzungs-Sportart	Beschreibung	Hinweise / Organisation	Nummer
Verbesserung des Dribblings. Dem Gegner ausweichen.	Einüben des Sternschrittes aus dem Stand.	<u>Schwarzer Mann</u> Gefangene Spieler bleiben stehen und dürfen im nächsten Durchgang mittels Sternschritt mit dem Ball weitere Spieler fangen. (Ballberührung). Beachte: Es ist stets ein Fänger mit einem Basketball unterwegs.		396
Sicherheit bei langen Pässen erwerben. Sprungwurf mit zwei Schritten.	Korbleger/ Druckwurf in Wettbewerbs-situation festigen.	<u>Zuspieler gegen Werfer</u> Spieler in 4er-Gruppen einteilen, welche sich zu 2 Paaren gliedern. Handballer: Pass (Halle längs): Sprungwurf auf Kreis an Wand. Basketballer: Druckwurfpass (Halle quer): Prellen von Korb zu Korb.		397
Komplexe Schulung hand-ballerischer Fertigkeiten.	Präzision (Auf-treffwinkel) und Härte des Druckwurfpas-ses variieren. Rebound.	<u>Linienball 1</u> Mit dem Ball darf weder geprellt noch gelaufen werden. Ein Tor ist erzielt, wenn ein Angrei-fer einen Druckwurfpass so an der gegnerischen Wand plaziert hat, dass ein Teamkamerad den Abpraller fängt.		398
Komplexe Schulung hand-ballerischer Fertigkeiten.	Schulung des Standwurfes aus verschie-denen Distan-zen.	<u>Linienball 2</u> Gelingt es, den Ball hinter der gegnerischen Linie zu fangen (kein Dribbling, kein Ball zu Boden,) darf blitzschnell mittels Rückpass ein eigener Spieler angespielt werden, der ohne Behinderung auf den Korb werfen darf.		399
Handballeri-sche Komplex-form ohne Torwurf.	Korbwurftrai-ning im Wechsel mit Hand- und Basketball.	<u>Basket - Turmball</u> Auf einem Schwedenkasten steht ein Spieler, der beidhändig einen Reifen parallel zum Boden hält. Nach Handballregeln (evtl. ohne Prellen) wird mit dem Ball eine günstige Position zum erfolgreichen Korbwurf erspielt. Nach jedem Korb wird der Ball ge-wechselt.		400

Ziele in der Schwerpunkt-Sportart	Ziele in der Ergänzungs-Sportart	Beschreibung	Hinweise / Organisation	Nummer
Prellen durch fortlaufenden Ballwechsel festigen: Basket-/Handball.	Gekoppeltes Training von Freiwurf und Rebound.	<u>Eile mit Weile</u> Wer mittels Korbwurf 5 Punkte erreicht, dribbelt soviele Runden, wie er Korbwürfe gebraucht hat. Punkte: Freiwurf direkt = 2 P., Rebound = 1 P. Welches Quartett macht mit dieser Regel in einer gegebenen Zeit am meisten Runden?		401
Im Spiel integrierte Reaktionsschulung (=schneller Start) kombiniert mit erfolgreichem Wurf unter Zeitdruck.		<u>Nummernwettlauf</u> Die geraden Nummern haben einen Basketball, die ungeraden einen Handball. Wird die eigene Nummer aufgerufen, prellen die Spieler um die Kolonne und erfüllen unterwegs - dabei kann zwischen 2 Toren, resp. Körben gewählt werden - die Zusatzaufgabe: Torwurf/Korbwurf.		402
Prellen und Torwurf unter physischer Belastung.	Prellen und Korbwurf unter physischer Belastung.	<u>Endlosgegenstoss als Anhängestaffel</u> Man spielt in 4er- oder 6er-Gruppen. Ist ein Handballer zuvorderst, erfolgt ein Torwurf auf das Kastentor. Der Basketballer läuft zum Korbwurf an. Sieger ist, wer nach x Minuten am meisten Treffer erzielt hat.		403
Der stetige Ballwechsel erhöht die Belastung zusätzlich. Diese Form - eine Gegenstoss-Schulung für Hand- und Basketballer - eignet sich hervorragend zur Verbesserung des Stehvermögens!		<u>Anhängestaffel mit Ballwechsel</u> Wie oben, zusätzlich wechselt jeder Spieler nach jeder Runde den Hand- gegen einen Basketball aus und umgekehrt.		404
Reaktionsschulung: Die Auslösung kann akustisch oder, für Ballsportler besser und spielgerechter, optisch erfolgen.		<u>Tag und Nacht</u> Die Spieler liegen sich paarweise gegenüber (in Bauchlage). A hat einen Basket-, B einen Handball. Die aufgerufene Gruppe rennt los und erzielt - je nach Ball - einen Korb oder ein Tor, ohne vom verfolgenden Spieler, der auch dribbelt, mit dem Ball gefangen zu werden.		405

Ziele in der Schwerpunkt-Sportart	Ziele in der Ergänzungs-Sportart	Beschreibung	Hinweise / Organisation	Nummer
Spezielles Wurftraining von der Flügelposition.	Automatisieren des Zweitaktes aus dem Prellen.	**Punktejagd 1** Wer 5 Tore erzielt hat (evtl. Ziele im Tor) darf zum Basket wechseln, wo er 12 Körbe zu erzielen hat. Anschliessend wechselt er zum Gegenflügel auf das andere Tor. Wer erzielt zuerst 50 Punkte?		406
Wurftraining für Aufbauer von den Positionen HR/HL.	Freiwurftraining/Standwurftraining: Einüben von Standardsituationen.	**Punktejagd 2** Wieder werden im Wechsel der beiden Sportarten Punkte erzielt: 1 Sprungwurf von HL→5 Tore/ 2 Freiwürfe→5 direkte Körbe/ 3 Sprungwurf von HR→5 Tore/ 4 Standwürfe aus 5 verschiedenen Positionen (Markierungen aufkleben) → 5 Körbe.		407
Spezialform, in der von beiden Partnern in beiden Sportarten Helfer- und Vollstreckerrollen übernommen werden: Ziel: Auf den Partner eingehen, zusammen erfolgreich sein, einander korrigieren.		**Punktejagd im Paar** Welches Paar hat zuerst 50 Punkte bei folgenden Aufgaben? 1 Sprungwurf aus Kreuzen/ 2 Korbwurf nach Schneiden zum Korb/ 3 Sperren - lösen/ 4 direkter Block. Wichtig: Vorerst Taktik automatisieren!		408
Es müssen unmittelbar nacheinander 2 Gegenstösse gelaufen werden. Die hohe physische Belastung wird noch erhöht durch den Umstand, dass der "Gegenverkehr" beachtet werden muss.		**Endlosgegenstoss 1** Nach dem Handballtempogegenstoss macht der Spieler einen Basketballgegenstoss in die entgegengesetzte Richtung.		409
Wieder liegt das Hauptgewicht auf der erhöhten Intensität. Eine weitere Schwierigkeit ist das Passen durch den Gegenstoss.		**Endlosgegenstoss im Paar** , Nach einem in der Breite geführten Handballgegenstoss erfolgt die "Retourkutsche" mit dem Basketball. Verfehlt der werfende Spieler, wirft der 2. mittels Rebound ein. Welche 2er-Gruppe erzielt am meisten Treffer ohne Unterbruch?		410

Ziele in der Schwerpunkt-Sportart	Ziele in der Ergänzungs-Sportart	Beschreibung	Hinweise / Organisation	Nummer
In dieser Form können beliebige balltechnische und spieltaktische Elemente unter konditioneller Belastung abgerufen werden.		**Komplexer Endlosgegenstoss** BB: 5 Druckwurfpässe gegen Wand - Dribbling zur Hallenmitte-Sternschritt-Zuspieler anspielen-Rückpass-Zweitakt-Korbwurf. HB: Flügelwurf-Slalomprellen-Pass-Durchbruch nach Täuschung zum Sprungwurf.		411
Das Kombispiel verbessert die Spielübersicht des Ballträgers. Durch schnellen Ballwechsel kommt es zu überraschenden Spielsituationen.		**Kombispiel 1** Das Spiel wird mit einem Handball eröffnet, wobei Kastenelemente auf der Torlinie ein unbehütetes Tor darstellen. Jedes Team hat einen Joker mit Basketball im Basketkreis kniend. Gelingt es, ihn per Bodenpass anzuspielen, darf in Ueberzahl (Joker nur statisch!) Basketball gespielt werden.		412
Die Spielmöglichkeiten werden um einen Freiheitsgrad erhöht, d. h. es kann Basketball vw und rw gespielt werden.		**Kombispiel 2** (mit Jokers an den Outlinien) Wie Kombispiel 1 jedoch mit folgender Zusatzregel: Gelingt im Basket ein Offensivrebound, darf die ballbesitzende Mannschaft bis zum nächsten Korbwurf auf beide Körbe spielen. Dabei muss einer der beiden Joker angespielt werden. Die vom Gegenjoker gedeckten Joker dürfen nach erfolgreichem Fang als frei beweglicher Ueberzahlspieler mit angreifen. Ein erfolgreicher Korbwerfer ersetzt den mitspielenden Joker.		413
Spiel und Tor können je nach Situation gewählt werden. Im Defensivbereich lässt sich ohne Manndeckung wohl kaum etwas Gescheites anfangen.		**Multikombispiel** Zur Verfügung stehen 4 Körbe und 4 Kastenelemente in den 4 Hallenecken als Handballtore (Wurfkreise markieren). Wie beim Kombispiel 1 kann beim Joker - jetzt im Mittelkreis stehend - der Ball ausgetauscht werden. Neu: Die Joker haben auch einen Handball.		414
Schnelles spielen des Balles und Abschluss mit erfolgreichem Torwurf.	Tempogegenstoss zu dritt mit Abschätzung der Chance: Wurf od. Freiwurf abwarten.	**Brennball** Ein Spieler wirft einen Handball ins begrenzte Feld. Die Feldpartei muss ihn möglichst schnell fangen und durch Torwurf ausserhalb der 9m-Linie die Läufer abstoppen. Die Läuferpartei dribbelt bis in die Zone, wobei je nach Möglichkeit unterwegs ein Korbwurf versucht werden kann. (Treffer = 2 Punkte). Wer vor dem Torwurf bis in die Zone gedribbelt hat, darf einen Freiwurf ausführen (1 Punkt). Wechsel nach Zeit!		415

Kapitel 5   Volleyball

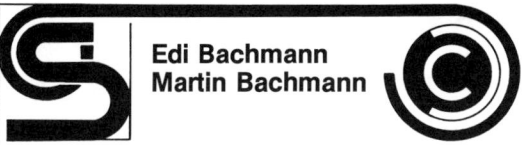

Edi Bachmann
Martin Bachmann

Einleitung

Die vom Herausgeber an uns herangetragene Anregung, ein Kapitel für den anschließenden Band der inzwischen zu einem Begriff gewordenen Sportbuchreihe „12 000 Spiel und Übungsformen" zu verfassen, nahmen wir mit Begeisterung, aber auch mit Skepsis auf. Skeptisch waren wir, weil wir Wiederholungen von schon erschienen Bänden der gleichen Reihe und Überschneidungen mit anderen Autoren befürchteten. Andererseits waren wir aber von Anfang an begeistert, da es zum Erfahrungsschatz jedes Turn- und Sportlehrers gehören sollte, sein Programm in Schule und Freizeit mit Verbindungen und Verknüpfungen dieser Art abwechslungsreicher zu gestalten, aufzulockern und damit spürbar zu bereichern.

Unsere erste reizvolle Arbeit bestand darin, Ideen, Übungsteile und Spielelemente zusammenzutragen und zusammenzustellen, die in der einen oder anderen Form untereinander in Beziehung gesetzt werden können. Dabei haben wir die verschiedensten Verwandtschaften gefunden, z. B. bei den Rückschlagspielen, oder die sich entsprechenden Gesetzmäßigkeiten bei den vier großen Ballspielarten oder die Regelanalogien bei den Netzspielen. Was uns aber am meisten faszinierte, waren die auffallenden Ähnlichkeiten in einer ganzen Reihe von Bewegungsabläufen.

Nicht ganz unerwartet sind wir dadurch auf die schon um die Jahrhundertwende erkannte Grundidee gestoßen, die unerläßlich war für amerikanische Erfindung des Volleyballs (damals Mintonette genannt). In diesem — als Ausgleichs- und Ergänzungssport zur Leichtathletik gedachten — neuen Spiel verstand der Amerikaner WILLIAM MORGAN so verschiedene Elemente wie Sprungkraft, Schlagkraft, Reaktionsfähigkeit und Schnellkraft in einer genialen Kombination zu vereinigen und in eine spielerische Form zu gießen.

Bei der „interdisziplinären" sportfachübergreifenden Kombination artverwandter Elemente und Abläufe werden sie mit Genugtuung feststellen, wie interessant, anregend und abwechslungsreich diese anfänglich vielleicht etwas ungewohnte Art des Turn- und Sportunterrichts sein kann. Eine Art Turn- und Sportunterricht, die anspruchsvoll ist, weil sie ein großes Maß an Fantasie und Flexibilität von Lehrern und Schülern verlangt. Anspruchsvoll überdies, weil die Formen nicht nur um des Spielens willen ausgeführt werden, sondern auf einen gewissen Plan und ein bestimmtes Ziel ausgerichtet sein sollten. Bei diesem Spiel-Sport gilt es, aus einem ganzheitlichen Konzept Elemente bewußt herauszulösen, zielgerecht abzuändern und anzupassen, um sie einem neuen Ganzen einzugliedern.

Zum besseren Verständnis möchten wir Ihnen aus der Fülle direkter Bewegungsverwandtschaften ein Beispiel kurz vorstellen.

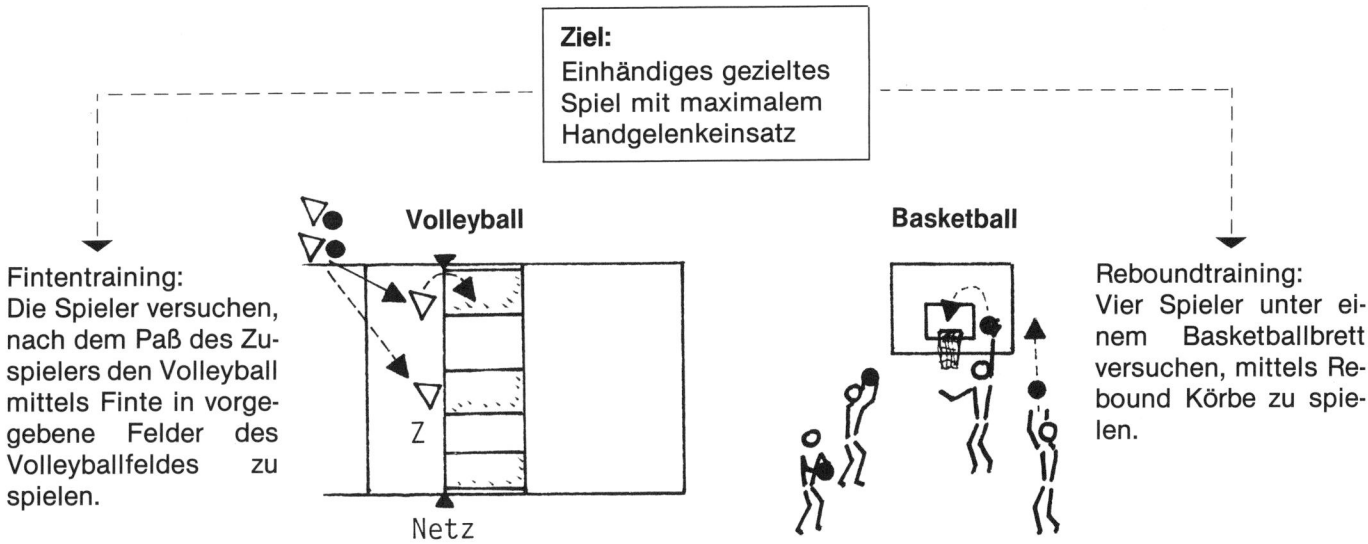

Ziel:
Einhändiges gezieltes Spiel mit maximalem Handgelenkeinsatz

Volleyball

Basketball

Fintentraining:
Die Spieler versuchen, nach dem Paß des Zuspielers den Volleyball mittels Finte in vorgegebene Felder des Volleyballfeldes zu spielen.

Reboundtraining:
Vier Spieler unter einem Basketballbrett versuchen, mittels Rebound Körbe zu spielen.

Wir hoffen, daß auch Ihre Arbeit noch mehr Sport und Spiel werde und wünschen Ihnen dabei viel Erfolg und Befriedigung.

MARTIN und EDI BACHMANN

Ziele in der Schwerpunkt-Sportart	Ziele in der Ergänzungs-Sportart	Beschreibung	Hinweise / Organisation	Nummer
Virtuoses Beherrschen der Zuspiel-varianten; Kreativität.	Trainieren von Fangen und Werfen. Kreieren von Wurfserien.	**10erlei Basket- und Volleyball** Zwei Spieler (1 Basket-, 1 Volleyball) kreieren eine 10erlei Wurf- bzw. Pass-Serie. Bevor sie eine weitere Serie à 9 Wiederholungen an die Wand beginnen, wechseln sie den Ball.		416
Erfahren der peripheren Sicht während Zuspiel von unten und oben.	Während des Dribblings beobachten lernen.	A jongliert und passt einen Volleyball zu B, der einen Basketball dribbelt. Pass oder Bagger von B zurück zu A, ohne dass der Basketball verloren wird. Variante: Nachstellschritte seitwärts.		417
Erfahren des Sprungtimings bei Sprungpässen.	Erfahren des Sprungtimings beim Offensiv-rebound.	Sprungpässe beidhändig und einhändig gegen die Wand resp. ans Brett und in den Korb.		418
Beobachten der Flugbahnen. Antizipieren des abprallenden Balles.	Antizipieren bei Offensiv-reboundsituationen.	Volleyspiel zu zweit auf einen Basketballkorb. Der zurückprallende Ball muss ohne Bodenberührung weitergespielt werden und kann auch im Sprung direkt ein- oder beidhändig in den Korb gespielt werden. Korb = 2 Punkte, Ball am Boden = -1Punkt.		419
Sprung- und Wurfgeschicklichkeit verbessern.	Beidhändiges Dunking als Motivation. "Kunststück-lein" versuchen.	**"Dunking ab Minitramp"** Spieler versuchen aus dem Anlauf mit Dribbling den Basketball mit ein- oder beidbeinigem Sprung den Ball von oben (daher das Minitramp) in den Korb zu schleudern (=Dunking).		420

 **5.1**

 **Volleyball** — **Basketball**

Ziele in der Schwerpunkt-Sportart	Ziele in der Ergänzungs-Sportart	Beschreibung	Hinweise / Organisation	Nummer
Passen mit Uebersicht bewahren.	Passen und freilaufen ohne Ball. Uebersicht bewahren.	"Tschechenviereck" 4 Spieler mit 1 Volleyball; 4 Spieler mit 1 Basketball; Pass nach rechts und Platzwechsel im Spurt diagonal mit dem Partner vis à vis; Bälle sollen immer diagonal auf gleicher Höhe sein.		421
Sicheres Zuspielen. Antizipation der fliegenden und abprallenden Bälle.	Direktspiel, Teamwork und Rebound verbessern.	"Volleybasketball". Hinter ihrer Grundlinie beginnend spielen zwei Mannschaften mit je einem Volleyball auf den gegnerischen Korb. Zuspiel mit Pass und Bagger. Wird ein Korb erzielt oder fällt der Ball zu Boden, muss wieder neu angefangen werden.		422
Spiel 6 : 6. Ausdauerlauftraining.	Passen und Freilaufen üben.	3 Mannschaften spielen wie folgt: Team A spielt mit 2 Bällen im "Tschechenviereck". Team B und C spielen Volleyball 6 : 6. Wechsel nach jeweils 5 Minuten.		423
Spiel 6 : 6. Lauftraining im Ausdauerbereich.	Minibasket 3 : 3.	3 Mannschaften spielen wie folgt: Team A spielt Minibasket 3 : 3. Team B und Team C spielen Volleyball. Wechsel der Mannschaften nach jeweils 10 Minuten.		424
Spiel 6 : 6.	Zweitakt-Korbleger üben.	2 Mannschaften à 7 oder 8 Spieler spielen Volleyball. Die überzähligen Spieler dribbeln im Gegenuhrzeigersinn um die Halle und werfen bei jedem Korb nach einem Zweitakt einen Korbleger. Wechsel durch die normale Rotation.		425

119

Ziele in der Schwerpunkt-Sportart	Ziele in der Ergänzungs-Sportart	Beschreibung	Hinweise / Organisation	Nummer
Bewusstes Beobachten beim Sprung- wurf und Block.	Erfahren der Bogenspannung beim Outein- wurf.	"Die Mauer" Am Netz versuchen die Spieler, mit Sprung und beidhändigem Wurf über den Kopf die gegenüber aufgestellte Schaumgummimatte zu treffen. Hinter dem Netz versucht ein Spieler, den Ball abzublocken. Wieviele Bälle gehen ins Ziel? Variante: Spiel mit 2 Blockspielern.		426
Reaktions- schnelligkeit schulen.	Reaktions- schnelligkeit beim Direkt- spiel verbes- sern.	"Burgverteidigung" Volleybälle (Fussbälle) sollen nach Volleyball- bzw. Fussballregeln in die Burg gespielt werden. Jeweils 2 Ver- teidiger versuchen, die Bälle nach Volley- ballmanier abzuwehren. Bälle, die liegen- bleiben, ergeben Punkte. Welche Gruppe ver- teidigt die Burg am erfolgreichsten?		427
Verbessern der peripheren Sicht. Uebersicht verschaffen.	Erfahren der peripheren Sicht beim Direktspiel.	Der Spieler A passt zu B. Gleichzeitig rollt B mit dem Fuss einen zweiten Ball zu A. B passt zu A und A rollt den Ball zu B.		428
Gezielter Schmetter- schlag. Beobachten der Torhüter- bewegungen.	Torwarttraining, Beobachten des Anlaufes.	"Torwarttraining" 2 Mannschaften zu je 4 Spie- lern. Team A greift mit Schmetterschlag am Netz ins Tor an. Team B stellt den Torwart, Wechsel nach 4 Versuchen. Welche Mannschaft hat nach insgesamt 4 Durchgängen die wenigste Anzahl Tore zugelassen?		429
Reaktions- schnelligkeit in der Ver- teidigung. Antizipation.	Kopfball im Sprung üben.	"Sprungkopfball" 2 Teams à 2-4 Spieler, ab- wechslungsweise Flanke und Sprungkopfball über eine Leine ins Feld (A). Mannschaft B vertei- digt mit Volleyballgesten. Wer erzielt mehr Punkte?		430

Ziele in der Schwerpunkt-Sportart	Ziele in der Ergänzungs-Sportart	Beschreibung	Hinweise / Organisation	Nummer
Spiel auf 3 Berührungen.	Geschicklichkeit mit dem Kopf. "Ballgefühl und Teamwork".	"Fussballtennis-Volleyball" 3 bis 6 Spieler bilden eine Mannschaft. Der Ball darf nur mit dem Kopf gespielt werden. Jeder Spieler darf den Ball nur einmal berühren. Es müssen 3 Ballberührungen erfolgen. Variante: 2. Ballwechsel mit Volleyball und oberem Zuspiel. Tennisnetz verwenden.		431
Spielübersicht bewahren. Gegner und freien Raum beobachten.	Direktspiel.	1:1-Spiel mit Badeball. Direktspiel. Zählweise wie beim Volleyball, aber obere Gesten mit Volleyballpass, untere Gesten Fussball. Variante: 3 Ballberührungen möglich, bevor der Ball übers Netz gespielt wird.		432
Zwingendes Zusammenspiel. Baggeraktionen verbessern.	Direktspiel mit dem Kopf; Teamwork.	2:2-Spiel mit Badeball oder Volleyball wie vorher; Aber obere Gesten mit Kopfball, untere Gesten mit Volleyball-Bagger. 3 Ballberührungen (d.h. Zusammenspiel) möglich wie im Volleyball.		433
Reaktionsschnelligkeit.	Ballgeschicklichkeit, Reaktionsschnelligkeit verbessern.	"Volleyball-Fussball-Squash" 1:1-Spiel wird mit einem leichten Ball nach eigenen Regeln in einer Squashboxe oder Hallenecke gespielt. Z.B.: Obere Gesten Volleyball (inkl. Service), untere Gesten Fussball.		434
Reaktionsschnelligkeit in der Verteidigung verbessern.	Reaktionsschnelles Spielen übers Netz aus allen Lagen.	"Ballkrieg" mit Volleybällen, 1 pro Spieler. Beide Mannschaften versuchen, ihre Hallenhälfte von Bällen freizuhalten. Welche Mannschaft hat nach einer ihr unbekannten Spieldauer weniger Bälle in der eigenen Hallenhälfte? Mannschaft A in Volleyball-, Mannschaft B in Fussballmanier.		435

Ziele in der Schwerpunkt-Sportart	Ziele in der Ergänzungs-Sportart	Beschreibung	Hinweise / Organisation	Nummer
Konzentration und Geschicklichkeit bei den Zusatzaufgaben.	Geschicklichkeit und periphere Sicht verbessern.	"Volleyballon" Spielregeln, wie beim Volleyball, aber jede Mannschaft hat zusätzlich einen oder zwei grosse Ballons in der Luft zu halten, diese Ballons dürfen nur mit Fussballgesten gespielt werden.		436
Spiel 6:6.	Sich anbieten, Quer- und Steilzuspiel.	2/3 Volleyball, 1/3 Fussball 4:2. Wechsel in Intervallen von 5-10 Minuten. Mannschaften A und B spielen Volleyball, Mannschaft C spielt Fussball.		437
Geschicklichkeit; Antizipation der Flugbahnen.	Direktspiel, Teamwork.	"Volleyball - Fussballkombispiel" Spiel im Volleyballfeld. Es dürfen im Spiel sowohl Volleyball-, als auch Fussballregeln angewandt werden. Variante: Netz tief, ohne Smash.		438
Spiel 6 : 6.	Dribbeln rechts und links.	"Fussballmarathon" 3 Mannschaften Team A und B spielen Volleyball 6:6, Team C läuft jeder mit einem Fussball ums Feld, dribbelt um den Slalom etc. Wechsel nach jeweils 6 Minuten.	6 : 6 A B	439
Spiel 6:6.	Jonglieren.	"Jongliervolleyball" 2 Mannschaften zu 7-9 Spielern spielen normales Volleyball, die überzähligen Spieler jonglieren mit dem Kopf und den Füssen Fussbälle und werden durch die normale Rotation abgelöst.	6 : 6	440

Ziele in der Schwerpunkt-Sportart	Ziele in der Ergänzungs-Sportart	Beschreibung	Hinweise / Organisation	Nummer
Vertiefung des Langpasses mit einer Zusatzaufgabe.	Verbesserung des Prellens im Laufen.	A spielt mit Langpass zu B, nimmt sofort einen Handball, prellt die vorgegebene Strecke, legt den Ball in den Kasten und schliesst hinter F an. Variante: Als Spiel- und Wettkampfform möglich.		441
Verbesserung der Grundgesten Pass und Manchette.	Passen und Fangen des Handballs unter besonderen Erschwerungen.	A wirft einen Handball zu B. B fängt den Ball, legt ihn in den Kasten und schliesst hinter C an. Unterdessen spielt D den Volleyball mit hohem Pass zu C. E spielt mit Bagger zu C. Rotationsmöglichkeiten sind innerhalb oder unter den Gruppen möglich.		442
Langpasstraining und Manchettenabnahme mit Belastung ins Dauerleistungsvermögen.	Gegenstoss aus Zusatzübung; Torhüterreaktionen auf Gegenstoss.	A spielt mit Langpass zu B. B nimmt mit Manchette an und spielt mit Langpass zurück. A' erhält den Handball von B' zugeworfen, versucht mittels Gegenstoss ein Tor zu erzielen. B schliesst hinter E an, A' hinter F. Es wird geübt, bis alle Handbälle aus dem Kasten sind.		443
Ueben von Aufschlagarten von unten, sowie Tennisaufschlag in Zielfelder.	Wurfkraft verbessern; Zielgenauigkeit optimieren.	Jeder der Gruppe I hat 2 Volleybälle und versucht, mit Aufschlägen die vorgegebenen Felder zu treffen. Die Spieler der Gruppe II werfen mit max. 2 Handbällen diese Aufschläge ab. Variante: Kann zur Wettkampfform ausgebaut werden.		444
Flugbahnberechnung für den Kurzpassschlag.	Vorbereitung für den "Flieger" Schulung des Timings.	A spielt seinem Steller (S) zu. S passt parallel zum Netz. A schlägt oder fängt den Ball je nach Pfeifsignal des Trainers.		445

Ziele in der Schwerpunkt-Sportart	Ziele in der Ergänzungs-Sportart	Beschreibung	Hinweise / Organisation	Nummer
Gezielter Schmetter-schlag nach Pass kombiniert mit Anlaufschulung.	Torhüter-training mit Schwerpunkt auf Reaktionsschulung. lung.	Jeder Mitspieler hat 4 Volleybälle zur Verfügung. Ziel ist, auf ein genaues Zuspiel des Stellers mit Schmetterschlag ein Tor zu erzielen. Pro Tor erhält der Spieler einen Punkt. Gelingt dem aufschlagenden Spieler ein Tor per Boden, erhält er 2 Punkte.	Einzelwettkampf	446
Lateralschläge mit hoher Präzision ohne gegnerische Einwirkung.	Schulung der Arm- und Beinarbeit für den Torhüter.	Das Team A greift an und versucht ein Tor zu schlagen. Manschaft B muss einen Spieler abwechslungsweise ins Tor stellen. Jede Mannschaft hat 10 Volleybälle. Wer schmettert mehr Tore?	Nur als Mannschaftswettkampf gedacht (das Tor steht näher beim Netz als beim Einzelwettkampf).	447
Schmetter-schlag nach hohem Zuspiel mit 2er-/3er-Block als Hindernis.	Blockarbeit bei der Verteidigung verbessern. Timing des Springens erfassen.	Schmetterball mit Blockhindernis ins Tor. Jeder Spieler übernimmt einmal jede Position. Der Torhüter wirft den Volleyball übers Netz. Es erfolgt ein Angriffsaufbau über 3 Stationen. Ziel ist es, über den Block oder am Block vorbei, ein Tor zu erzielen.		448
Verbesserung der Finte (moderne Version).	Zuspiel zum Kreisspieler mit Hindernis üben.	A spielt mit Pass zu B. B passt mit hohem Zuspiel zu A zurück. A' versucht, durch eine Finte den Block zu überlisten und die markierten Felder zu treffen. Spieler C fängt, wenn möglich, den Ball, dreht sich und schiesst mit Fallwurf ein Tor.		449
Anlauf zum Dreierblock verbessern; Kollektive Netzarbeit.	Sprunghöhe beim Sprungwurf verbessern.	Der Trainer wirft dem anlaufenden Spieler A den Ball zu, der fängt ihn und versucht, über die vorgegebene Mauer (Netz mit Dreierblock) ein Tor zu erzielen. (Absprung bei der Angriffslinie des Volleyballfeldes).		450

Ziele in der Schwerpunkt-Sportart	Ziele in der Ergänzungs-Sportart	Beschreibung	Hinweise / Organisation	Nummer
Aufschlag von unten mit Zielvorgabe. Schwung des gestreckten und gespannten Armes spüren lernen.	Hohe Aufschläge in die Nähe der Grundlinie. Hüfteinsatz für den Vh-Aufschlag bewusst machen.	Jeder Spieler schlägt gemäss Stationsaufgabe auf und wechselt nachher im Gegenuhrzeigersinn. Das Material bleibt bei den Stationen. 1 Volleyball: Aufschlag von unten auf die bezeichneten Matten. 2 Badminton: Aufschlag Vh in den Rückraum von rechts. 3 Volleyball: Aufschlag von unten mit mehreren Zielen. Auch mit der weniger geübten Hand verlangen! 4 Badminton: Aufschlag Vh in den vorgebenen Rückraum von links geschlagen.		451 452
Tennisaufschlag und Abnahme mit Bagger. Korrekter Tennisaufschlag mit Baggerabnahme auf eine Zielfläche.	Aufschlag kurz mit Rh. Handgelenkeinsatz beim Rh-Aufschlag bewusst betonen.	Die Hallenanordnung bleibt (wenn möglich) quer. Rotationsvarianten bringen Abwechslung. Evtl. Netzhöhe dem Niveau der Spieler anpassen. 1 Volleyball: A schlägt zu C oder D. C oder D spielen mit Bagger hoch, dass der Ball vom nicht abnehmenden Spieler gefangen werden kann. 2 Badminton: Rh-Aufschlag knapp hinter die vordere Aufschlaglinie. 3 Volleyball: Tennisaufschlag zu C oder D; der Ball muss mit Bagger zum laufenden Mitspieler zur Zielfläche gespielt werden. 4 Badminton: Rh-Aufschlag mit nachfolgendem Rh-Rückspiel auf die vorgegebene Fläche.		453 454 455

Ziele in der Schwerpunkt-Sportart	Ziele in der Ergänzungs-Sportart	Beschreibung	Hinweise / Organisation	Nummer
Flatteraufschlag erfahren und üben.	Angeschnittene Aufschläge von der Rückhand vertiefen.	1 Volleyball: Die 4 Spieler der Gruppe versuchen, durch Flatteraufschläge die Annahme zu erschweren. 2 Badminton: Anschnitt von Aufschlägen mit der Rh; durch schauen, spüren und ausführen Erfahrungen sammeln.		456
Flatteraufschlagsvarianten ausprobieren.	Rückspiel von angeschnittenen Aufschlägen üben.	3 Volleyball: Beste Flatteraufschlagsvariante durch jeden einzelnen Spieler herausfinden lassen. 4 Badminton: Angeschnittene Aufschläge zum Aufschläger, wenn möglich geschnitten, zurückspielen.	Netz	457
Grundtechnik der Ballannahme mit Bagger verfeinern.	Clear in den Rückraum spielen können.	1 Volleyball: A nimmt zugeworfenen Ball von C an, spielt zu B; sofort wirft D einen neuen Ball, A baut erneut auf. 2 Badminton: 2 Spieler versuchen, den Federball mittels Clear Vh auf die Grundlinie zu spielen.		458
Baggerannahme aus einer seitlichen Bewegung schulen.	Uh-Clear in in den Rückraum üben.	3 Volleyball: A nimmt aus seitlicher Bewegung (Start von der Seitenl.) den Ball an und spielt zu B (dieser rollt zu C oder D zurück). 4 Badminton: Wie Station 2, es wird jedoch ein Unterhandclear verlangt.		459
				460

Ziele in der Schwerpunkt-Sportart	Ziele in der Ergänzungs-Sportart	Beschreibung	Hinweise / Organisation	Nummer
Baggerannahme zum Zuspieler automatisieren.	Vh- und Rh-Drop erarbeiten und üben.	1 Volleyball: Mit Aufschlagsvarianten versucht A, gute Annahmen von C und D zu verlangen; der Nichtannehmende versucht mit einem Sprungpass ein Zuspiel, der andere fängt den Ball.		461
		2 Badminton: Aus einem Clear erfolgt ein Drop (Vh oder Rh).		462
Sprungpass in den Grundangriff einbauen können.	Unterscheidung zwischen schnellem und langsamem Drop.	3 Volleyball: Wie Station 1, der Ball wird jedoch nicht gefangen, sondern mittels Sprungpass zum Zuspieler zurückgespielt.		
		4 Badminton: A hinter Netz an vorderer A-Linie. Er spielt A's Drop mit hohem Uh-Clear zurück.		463
Annahmetraining unter erhöter Belastung	Drop nach Clear in spielerischer Form.	1 Volleyball: C wirft D einen Ball zu. Sobald D mit Baggerannahme zurückspielt, schlägt A auf. D nimmt an, spielt zu C, C stellt den Ball auf, D schlägt.		464
		2 Badminton: Spiel 2:2. Mit Uh-Drop werden Doppelpunkte erzielt.		
Annahmetraining mit gezieltem Abschlussversuch.	Drop automatisieren.	3 Badminton: Wie Station 2; bei schlechtem Drop erfolgt ein Smash.		465
		4 Volleyball: Wie Station 1; ein Spieler der verteidigenden Mannschaft macht einen Einerblock, der Angreifer macht, wenn möglich, eine Finte.		

Ziele in der Schwerpunkt-Sportart	Ziele in der Ergänzungs-Sportart	Beschreibung	Hinweise / Organisation	Nummer
Anlaufschulung für Schmetterschlag. Rhythmusverfeinerung.	Erfassen der Flugbahn. Unterschiede erkennen zwischen Smash und Drop.	1 Volleyball: A schlägt dem Leiter aus der Hand. Anlaufrhythmus und Technik für Frontalangriff. 2 Badminton: Bewusstes Erleben: Wie fliegt der Ball bei Smash, bei Drop. 3 Badminton: Umsetzen im Spiel: Jeder Drop oder Smash muss im vorgegebenen Feld landen. 4 Volleyball: Wie Station 1; aber mit Zuspiel des Leiters nach Pass des Schlägers.		466 467 468
Handgelenkeinsatz beim Schmetterschlag. Handgelenkkontrolle mit Partner vertiefen.	Handgelenkeinsatz kontrollieren (Griffhaltung). Handgelenkeinsatz durch Spielform verdeutlichen.	1 Volleyball: Handgelenkeinsatz durch Vergleich Faustball und Volleyball erleben und verstehen. 2 Badminton: Zuspielformen suchen, die eine Partnerkontrolle ermöglichen; Griffhaltung beim Smash. 3 Volleyball: Der Leiter kontrolliert und korrigiert nach jedem Schmetterschlag auf seinen Pass. 4 Badminton: Spiel 2:2 oder 1:1. Jeder Smash, der in die angegebenen Sektoren fällt, zählt bei Punktgewinn doppelt.		469 470

Ziele in der Schwerpunkt-Sportart	Ziele in der Ergänzungs-Sportart	Beschreibung	Hinweise / Organisation	Nummer
Bogenspannung beim Schmetterschlag. Antizipation des Körpers beim Schmetterschlag.	Bogenspannung im Stand erarbeiten. Bogenspannung im Sprung erleben und nachvollziehen.	1 Volleyball: 4er-Gruppe schaut sich das Vorbild an (Ringfilm) und versucht, durch Partnerkontrolle zu korrigieren und zu helfen. 2 Badminton: Bogenspannung durch Bilder und Bewegungsreihen herausfinden und nachahmen. 3 Volleyball: Antizipation durch eine Zeichnung nachvollziehen und den Transfer zu anderen Sportarten herauszufinden versuchen. 4 Badminton: Entscheidende Phasen im Sprung auf Papier festhalten. (Jede Station ist für beide Sportarten zu vollziehen).		471
Kampf auf "Biegen und Brechen".	Spiel und Kampf mit anderen Regeln.	"Volleyball-Federball": Spiel 6:6. Normales Volleyballspiel nach Volleyball-Regeln mit der Ausnahme, dass nach einem erzielten Punkt das Medium wechselt, also jeder spielt mit einem Badminton-Schläger und mit einem Federball. Beim nächsten Wechsel Volleyball usw...		472
Für grosse Kämpfernaturen.	Für grosse Kämpfernaturen.	"David und Goliath": Spiel 1:6. Normales Volleyballspiel. Der "David" darf nach jedem Punkt das Medium, also Volleyball oder Badminton wählen.		473

Ziele in der Schwerpunkt-Sportart	Ziele in der Ergänzungs-Sportart	Beschreibung	Hinweise / Organisation	Nummer
Positionslauf vw/rw/sw im Volleyball-feld.	Schnelligkeits-training in Intervallform.	Auf der Grundlinie: Je 1 Behälter in jeder Ecke mit einem Tennisball und 1 Behälter ohne Tennisball in der Mitte. A, B und C stellen sich hinter der Grundlinie bei den 3 Behältern auf. Auf Pfiff läuft A der Seitenlinie entlang nach vorne und fischt sich unter der Bank einen Tennisball. Gleichzeitig läuft B zu Position 5 und holt sich seinen Tb. Beide Läufer bringen ihren Ball in ihre Behälter zurück. Nun läuft C nach vorne , holt sich wie A einen Ball. B holt nun den Tb auf Pos. 1. Wie langt dauert es, bis auf Pos. 1 und 5 nur noch 1 Tb und auf Pos. 6 die restlichen Bälle (12) sind ? (Mehrere Serien).		474
Schlagkraft, schnelle Aktion und Verteidi-gungsreaktion.	Start- und Sprinttraining in Intervall-form.	A beidhändiger Sprungwurf auf die 3m-Linie, Landung und Sprint unter dem Netz hin-durch. Der Ball soll vor der 2. Bodenbe-rührung gefangen, bzw. abgewehrt werden können.		475
Blockunter-stützung sichtbar machen.	A, B Sprint vw, rw. C Sprungaus-dauer.	C nimmt 2 Tennisbälle aus einem Kastenteil, läuft sw zum Korb, springt hoch und wirft bei-de Bälle hinein. A und B starten mit C von ihren Behältern aus und fangen je einen der von C geworfenen Tb, laufen rw und legen sie in den Behälter. C läuft unterdessen zu seinem Behälter und holt wieder 2 Bälle.		476
Sprungge-schicklich-keit; Ver-besserung des Pass-spiels.	Intervall-sprungtraining.	Sprungparcours mit Jonglierpause. 2 Durchgänge über den Parcours, nachher Jonglierpause mit Volleyball, resp. Medizinball.	Jonglierpause	477

130

Ziele in der Schwerpunkt-Sportart	Ziele in der Ergänzungs-Sportart	Beschreibung	Hinweise / Organisation	Nummer
Zielservice; Erleben der verschiedenen Flugbahnen, auch als Zeit-faktor.	Intervall-sprinttraining mit Start-situation.	"Service-Stafette": Der vorderste Spieler einer 6er-Gruppe schlägt den Ball über die Leine, läuft dem Ball nach, fängt den Ball und überbringt ihn dem nächsten Mitspieler.		478
Blocksprünge in der ent-sprechenden Situation.	Gewandtheit.	"Blockfangen": Fangfeld ist das halbe Volley-ballfeld. Der Gejagte kann sich mit einem Block am Netz oder an den Seitenwänden vor zwei Verfolgern retten. Jeder Block muss an einer anderen Seite geschehen. Wer berührt wird, übernimmt die Rolle des Fängers.		479
Verschiebungen im Feld volleyball-gerecht.	Schnelligkeits-training in Intervallform.	"Ball-Ausleg-Stafette": Es kämpfen vier Grup-pen gegeneinander. Jeder Läufer legt seinen Ball auf eine der verschiedenen Positionen (gemäss Skizze) ab und holt ihn auf dem zwei-ten Durchgang wieder zurück. Alle Stationen werden mit Blick zum Netz angelaufen.	Gruppen C und D auf der anderen Seite des Netzes.	480
Treffsicher-heit beim Smash.	Wurftraining auf ein Ziel.	"Bombardierung": 2 Mannschaften versuchen, mit je einem Ball pro Spieler, die auf den Lang-bänken liegenden Bälle herunterzuschiessen. Sieger ist, wer weniger Medizinbälle auf sei-ner Seite liegen hat. Nach jedem Spiel die Wurfart wechseln (einhändig, beidhändig, im Sprung etc.) auch mit Smash!		481
Treffsicher-heit, Koordi-nationssprung, Wurf.	Schlag- und Sprungkraft-training.	"Rollmops": Welches Team kann den auf der An-griffslinie bereitgelegten Medizinball mit ei-nem beidhändigen Sprungwurf (beidhändig) schneller hinter die Grundlinie treiben? (Wieviel "Treiberfolge" in 2 Minuten?).		482

Ziele in der Schwerpunkt-Sportart	Ziele in der Ergänzungs-Sportart	Beschreibung	Hinweise / Organisation	Nummer
Spiel 6:6.	Ausdauer-, Lauftraining.	"Marathonspiel": 3 Gruppen, 2 spielen Volleyball 6:6, die 3. Gruppe läuft ums Feld. Wechsel nach 6 Minuten oder nach Spielstand.		483
Spiel, während 1 Minute fest auf einer Position.	Intervall-Steptraining im Bereich des Stehvermögens.	"Linienspiel mit Steppausen": 2 Mannschaften zu 9 Spielern bilden drei Linien. Das Spiel läuft jeweils ca.1 Minute, jeder Spieler bleibt fest auf seiner Position. Wechsel: Netzspieler zu Grundspieler zu Step usw.		484
Spiel 6:6, sicherer Service nach Puls 180.	Sprungtraining im Stehvermögensbereich.	"Springseilpausen": Volleyball 6:6, Mannschaften zu 7 oder 8 Spielern. Die überzähligen Spieler absolvieren nach der Position 2 und evtl. Position 5 eine Springseilpause, bis die Rotation erfolgt.		485
Volleyballplausch miteinander.	Ausdauer - Lauftraining.	"Volleyball-Ausdauerspiel" Spiel 6:6 bis 10:10. Die Mannschaft A spielt sich einen oder zwei Bälle über das Netz zu. Die Ballberührungen ergeben einen Punkt. Die Punkte werden laufend zusammengezählt und mit den einen Punkt zählenden Runden addiert. Die Mannschaft B läuft um das Volleyballfeld (durch Malstäbe begrenzt). Sie versuchen, soviele Runden wie möglich zu laufen. Beide Mannschaften spielen oder laufen also miteinander. Nach spätestens 12 Minuten werden die Aufgaben getauscht.		486

Ziele in der Schwerpunkt-Sportart	Ziele in der Ergänzungs-Sportart	Beschreibung	Hinweise / Organisation	Nummer
Servicetraining der Läufer. Annahmetraining der "Fänger-partei". Absolute Sicherheit.	Intervall-sprint.	"Brennball". Die Spieler der Schlagpartei stehen im Aufschlagraum und versuchen der Reihe nach, durch verschiedene Aufschlagarten den eigenen Läufern die Möglichkeit zu verschaffen, von Matte zu Matte zu laufen (vw, rw oder sw). Der Aufschläger muss sofort nach seinem Ballschlag zur ersten Matte laufen. Jeder vollendete Lauf (Berührung von 4 Matten) zählt 1 Punkt. Die Fangpartei versucht, durch Fangen und Zuspielen den Ball ins Brandmal zu befördern. Die Läufer, die sich zwischen den Laufmalen befinden, wenn der Ball ins Brandmal gelegt wird, sind "verbrannt" und müssen von vorne beginnen.	Welche Mannschaft erzielt am meisten Läufe?	487
Spielen ohne "dumme" Fehler.	Ausdauerlauf-training; Stehvermögen.	Volleyball mit "Strafrunden": 2 Mannschaften à 7 bis 8 Spieler spielen Volleyball. Bei einem dummen Fehler, z.B. Servicefehler, Annahme an die Decke, verschlagener Angriffsball, muss der Spieler "Strafrunden" absolvieren bis er von einem weiteren Spieler erlöst wird.	6 : 6 A : B	488
Wettkampfhärte bei Satzende. Spiel auf Biegen und Brechen.	Ausdauerlauf-training in Intervallform.	"Verlierer raus": 3 Mannschaften spielen gegeneinander; 1 Team läuft, 2 Teams spielen, Spielstand 12:12. Wer bleibt Sieger? Die Verlierermannschaft löst die Läufer ab, die Sieger bleiben im Feld. Servicerecht für die jeweils einwechselnde Mannschaft.	6 : 6 A : B C	489
Spielen und spielen lassen.	Crosstraining Laufen mit Rhythmus-wechsel.	"Volley-Crossspiel": 2 Mannschaften à mind. 7 Spielern, die überzähligen Spieler laufen mind. 3 Minuten auf der Crossbahn und wechseln einen beliebigen Spieler der eigenen oder gegnerischen Mannschaft aus (Rotation auch nach Absprache).	6 : 6 A : B	490

Ziele in der Schwerpunkt-Sportart	Ziele in der Ergänzungs-Sportart	Beschreibung	Hinweise / Organisation	Nummer
Rollende Verteidigung unter erschwerten Bedingungen.	Schnelles Finden der Orientierung nach Rollen rw.	Eine Gruppe steht hinter 2 längsliegenden Matten. Der Gruppenerste macht eine Rolle rw, dreht sich zum Trainer und spielt den Ball mit Bagger zurück. Anschliessend springt er über eine Hürde und schliesst wieder hinter der Gruppe an. Variante: Mit verschiedenen Bällen.		491
Erfahren des Orientierungsproblems nach Drehungen und Bodenaktionen.	Sprunggeschicklichkeit.	Der erste der Gruppe steht auf einer querliegenden Turnmatte. Er führt einen Sprung mit einer Drehung um 360 Grad aus, spielt anschliessend beidarmig im Fallen sw, rechts und links zum Werfer zurück und überspringt dann einen Bock. Variante: Der Trainer wirft 2 Bälle.		492
Verbessern der ein- und beidarmigen Verteidigungsarbeit.	Konzentration beim Geräteparcours mit Zusatzaufgaben.	4-6 Spieler stehen hinter einem Bock. Der erste springt über den Bock und spielt mit rollender Verteidigung den zugeworfenen Ball einarmig rechts oder links zum Zuwerfer zurück. Anschliessend erfolgt eine Rolle auf der zweiten Matte, und der Spieler spielt mit Bagger einen Ball zum zweiten Zuwerfer zurück.		493
Bedingungslose Verteidigungsarbeit mit Orientierungsfallen.	"Richtiges" Lösen von kombinierten Bewegungsaufgaben.	2-6 Spieler stehen zweiter hinter einem Kasten. Der erste macht auf dem Kasten eine Rolle vw und spielt dann mit einarmigem Bagger im Fallen rechts oder links zum Werfer. Nachher erfolgt ein Sprung über einen Kasten quer und ein Bagger im Fallen nach vorn zum 2. Werfer. Variante: Erstes Zuspiel mit Pass (rollend).		494
Pass und/oder Bagger, situativ richtig anwenden.	Bewusstes Betonen des schnellen Aufstehens nach Rollen vw.	B führt eine Rolle auf der Matte aus. Wenn B wieder aufgestanden ist, wirft ihm A den Ball zu. B spielt zu A. C folgt B mit derselben Uebung usw. Variante: A verschiebt sich während der Rolle von B sw nach links oder rechts.	A B' B C	495

Ziele in der Schwerpunkt-Sportart	Ziele in der Ergänzungs-Sportart	Beschreibung	Hinweise / Organisation	Nummer
Schnelles, richtiges Reagieren und situatives Handeln.	Rollen vw, rw. Sprung über Bock.	4-6 Spieler stehen hinter der Grundlinie, 3 Spieler (A-C) stehen am Netz. Der erste macht eine Rolle vw, spielt den Ball von A, macht eine Rolle rw, Pass des von B gespielten Balles, schnelle Aktion vw auf Finte von C, überspringt anschliessend den Bock und schliesst hinten an der Kolonne an.		496
Verteidigung von Bällen mit verschiedenen Flugbahnen.	Hechtrollen und schnelles Aufstehen.	4-6 Spieler stehen hinter der Grundlinie. Der erste macht eine Hechtrolle über den Kasten (2 Elemente), wehrt einen Angriff von A ab, schnelle Reaktion auf einen kurzen Ball von B, es folgt eine Rettungsaktion eines Balles, den C ins Netz geworfen hat, anschliessend weitere Hechtrolle auf dem Rückweg.		497
Versuchen, den heranfliegenden Ball schnell ins Blickfeld zu bringen.	Gleichgewicht kurz im Handstand finden.	Pass zu B, der 1mal über dem Kopf spielt, inzwischen schwingt A in den Handstand. Dito gengleich. Variante: A schlägt ein Rad.		498
Bagger, nach schneller Orientierung.	Radschlagen.	4 Spieler stehen mit je einem Ball versetzt auf der Seitenlinie. 4 Spieler bewegen sich die "Gasse", spielen mit Bagger den geworfenen Ball zurück. Bewegung zum nächsten Spieler mit einem Rad, drehen und nächste Aktion usw.		499
Timing beim Sprungpass, "Auskosten der Schwerelosigkeit".	Koordination des Absprungs zur Flugbahn des heranfliegenden Balles.	Trampolinspringen zweier Spieler in der Luft. Es soll ein Volleyball mit Sprungpass über eine hohe Leine gespielt werden.		500

Ziele in der Schwerpunkt-Sportart	Ziele in der Ergänzungs-Sportart	Beschreibung	Hinweise / Organisation	Nummer
Fingerfertigkeit beim Jonglieren; Einhändiger Pass.	Verbesserung der Beintechnik (Wassertreten).	Jeder Spieler hat einen Strandball. Er versucht, durch Jonglieren mit einer oder mit beiden Händen den Ball möglichst lange in der Luft zu halten. Wassertreten möglichst korrekt ausführen!	Es soll vor allem mit Strandbällen oder leichten Plastikbällen gespielt werden.	501
Oberes Zuspiel trainieren unter erschwerten Bedingungen.	Verbesserung des Crawlbeinschlages mit Hilfe von Flossen.	Zwei Spieler versuchen, sich (je nach Können) einen Strand- oder leichten Plastikball zuzuspielen. Die Spieler sollen mit den Flossen den Crawl-Beinschlag ausführen. Wer erreicht 20 Pässe?		502
Einhalten der Positionen. Auch die individuelle Taktik verbessern.	Trainieren des Wassertretens für das kurzzeitige Hochstossen des Oberkörpers.	"Wasservolleyball": Spiel 6:6. Eine Wasserfläche, die nicht allzu gross sein soll, wird mit einem Netz geteilt. Netzhöhe ca. 1m. Schwimmend versuchen beide Mannschaften den Ball über das Netz zu spielen. Es wird nach offiziellen Volleyball-Regeln gespielt.		503
Handgelenkeinsatz für den Smash.	Reaktionsfähigkeit verbessern; Start zu Crawl oder Brustgleichschlag.	A schmettert den Ball aus der Hand ins Wasser hinaus. Der Ball muss im Sektor bis zur Markierung X das Wasser berühren. B startet sobald der Ball das Wasser berührt hat. Wenn B den Ball berührt, drückt A auf die Stoppuhr. Wie lange braucht B wieder ans Ufer zurück?		504
Spielen mit Erschwerung (z.B. peripheres Sehen) üben.	ABC-Tauchen spielerisch üben.	"Tauch-Volleyball": Die zwei Teams versuchen, einen Tauchring dem Gegner auf den Grund zu setzen. Der Ring darf dann max. von drei Mitspielern an die Wasseroberfläche transportiert und auf der anderen Seite wieder versenkt werden.		505

Ziele in der Schwerpunkt-Sportart	Ziele in der Ergänzungs-Sportart	Beschreibung	Hinweise / Organisation	Nummer
Schulung des Gleichgewichts. Aufschlag und Abnahme üben.	Rollschuh: Schnelles Anfahren und Stoppen spielerisch verbessern.	A, Mitglied der Mannschaft I, schlägt auf und startet sofort; die vier abnehmenden Spieler (Team II) versuchen, mit Bagger den Ball ins vorgegebene Feld zu spielen. A versucht, den Ball zu fangen. Jeder Aufschlag- und Fangball gibt einen Punkt. Alle Teilnehmer mit Rollschuhen.	Auf Hartplatz.	506
Spiel unter besonderen Bedingungen.	Rollschuh: Schnelle Wechsel von Stoppen und Fahren im Spiel üben.	Rollschuh-Volleyball: 2 Mannschaften spielen nach VB-Regeln mit Soft- oder Normalbällen (nur sichere Rollschuhläufer). Netzberührungen werden nicht gepfiffen. Jeder Smash, der im Sprung erfolgt, wird bei Punktgewinn doppelt bewertet.		507
Verbesserung der Handspannung für den Aufschlag oder den Angriff.	Indiaca: Bewegungsverwandtschaft erkennen.	6-8 Mannschaften à max. 4 Teilnehmer spielen Indiaca mit Volleyballregeln nach Cup-System. Jeder Aufschlag muss von unten erfolgen. Der Satz endet bei 10 Punkten. (Grösse des Feldes: Badmintonfeld).		508
Verbesserung des Tennisaufschlages.	Indiaca: Taktische Verwandtschaften erkennen.	Wie oben mit verschiedenen Zusatzaufgaben: - Der Aufschlag muss als Tennisaufschlag erfolgen. - Es muss über 3 Stationen gespielt werden.		509
Aufschlagtechniken und Zielgenauigkeit schulen.	Frisbee: Fangtechnik verbessern; Wurftechniken verfeinern.	"Abschuss der Untertassen": Die Mannschaft A wirft sich die Frisbeeteller zu: Jeder gefangene Teller ergibt einen Punkt. Mannschaft B versucht, mittels Aufschlag die Teller abzuschiessen. Wer hat nach einer bestimmten Zeit mehr Punkte erreicht? (Im Freien).	9-18m 20-40m	510

137

 **Volleyball**

Ziele in der Schwerpunkt-Sportart	Ziele in der Ergänzungs-Sportart	Beschreibung	Hinweise / Organisation	Nummer
Spiel mit einem anderen Fluggerät.	Frisbee: Spiel mit einem Netz nach Volleyballregeln.	Zwei Teams mit je 6-12 Spielern spielen Volleyball mit einem Frisbeeteller. Der Aufschlag (Erstwurf) erfolgt hinter der gestrichelten Linie (m+n). Das Feld ist aber sonst nicht begrenzt. Während dem Spiel können max. 3 Berührungen auf einer Seite erfolgen.	Im Freien.	511
Spiel miteinander; Grundtechnik verbessern.	Radfahren: Spielerische Abwechslung verbunden mit Ausdauertraining.	"Volleyball-Ausdauerspiel": Spiel 6:6 bis 10:10. Das Team A spielt sich einen oder mehrere Bälle über das Netz zu. Jede Ballberührung ergibt einen Punkt. Die Punkte werden mit dem fahrenden Team B (pro Runde 1 Pkt.) addiert.	Radstrecke im Einzugsgebiet der Turnhalle. Aufgabenwechsel nach spätestens 12 Minuten.	512
Förderung des Teamgeistes. Verbesserung der Taktik.	Radfahren: Fahrtechnik mit Geschicklichkeitsparcours verbessern.	Volleyballspiel, bei dem der Spieler, der einen klaren Fehler begangen hat, mit einer Zusatzaufgabe per Rad "bestraft" wird. Das Spiel läuft unterdessen weiter. 2 Spieler pro Team müssen mind. auf dem Feld sein. Der Radparcours soll mit max. 3 Aufgaben gespickt sein.	Im Freien, z.B.: 1. Station: Transport eines vollen Wasserglases; 2. Station: Slalomfahrt; 3. Station: Zielwurf mit einem Basketball in den Korb.	513
Volleyballspiel miteinander.	Stelzenlauf: Stafettenplausch verbunden mit Geschicklichkeit.	Die Mannschaft A spielt sich den Ball während 5 Min. zu. Jede Ballberührung gilt als Punkt. Es darf pro Seite höchstens 4x (mind. 2x) gespielt werden. Unterdessen läuft das andere Team mit Stelzen eine vorgegebene Strecke (pro Strecke 5 Punkte). Welches Team erreicht mehr Punkte?		514
Jeder soll ins Spiel integriert sein, auch die "schwachen" Spieler.	Rollbrettfahren; Teamarbeit mit einem Gerät; Gewandtheit.	"Jeder spielt jedesmal". Spiel 6:6. Es müssen alle Spieler einer Mannschaft mind. einmal am Ball gewesen sein, ehe er wieder übers Netz gespielt werden darf. Unterdessen versucht das Team B einen Rollbrettparcours zu bewältigen. Zeitbegrenzung oder andere Möglichkeiten.	In der Halle möglich!	515

Kapitel 6   Basketball

Peter Vary

Einleitung

Will man, vom Basketballspiel und von seinen Übungs- und Spielformen ausgehend, Übungsgut bzw. Übungseffekte für andere Sportarten zusammenstellen, so kann man sicher verschiedene Wege einschlagen bzw. verschiedene Auffassungen vertreten.

Man könnte z. B. alle Formen des Zusammenspielens, des Sich-Anbietens, des Sich-Freistellens, des Sich-Freilaufens nehmen, die bei allen Ballspielformen, in direkter Auseinandersetzung mit dem Gegner, gleich sein sollten.

Auf den ersten Blick sollte dies sicher möglich sein. Bei einer gründlichen Analyse des Basketballspiels wird aber klar, daß dieses Unterfangen nicht so einfach und manchmal gar nicht möglich ist. Der obigen Annahme folgend bedeutete dies ungefähr dasselbe, wie wenn man annehmen würde, von „Kleinen Spielen" gelange man nahtlos zu den „Großen Spielen".

Man könnte versuchen, einige Ballbehandlungs-Techniken auf eine andere Ballspielart zu übertragen, doch glaube ich erstens, diese Möglichkeiten sollten jedem genügend bekannt sein, und zweitens könnten solche Übungen sehr künstlich und ziemlich konstruiert erscheinen.

Von diesen Vorüberlegungen ausgehend, habe ich versucht, Übungs- und Spielgut zusammenzustellen, das möglicherweise einige traditionelle Formen, in vertretbaren Grenzen, beinhaltet; ebenso habe ich andere Übungsvorschläge aufgeführt, die über die traditionellen Regeln und Auffassungen hinausgehen und manches in einem anderen, veränderten Licht erscheinen lassen.

Die Übungs- und Spielformen sollen hauptsächlich als Anregung, als mögliche Beispiele und als Ideenlieferant dienen und sind in 4 Unterkapitel eingeteilt.

Im ersten Unterkapitel wird der Versuch unternommen, aus den bekannten Spielen wie Völkerball und „Schwarzer Mann" zu basketballähnlichen Spielformen zu gelangen, um so einen möglichen Weg von den zwei „Kleinen Spielen" in Richtung Basketballspiel aufzuzeigen.

Im zweiten und größten Unterkapitel soll ein gemeinsamer Basketball- und Hallenfußball-Lehrgang dargestellt werden. Bei diesem Vorgehen wird von soliden Grundkenntnissen der Schüler, die beiden Spiele betreffend, ausgegangen. Ohne hier den direkten Beweis zu erbringen, stellt der Verfasser die Behauptung auf, daß diese beiden Spiele sich aus Gründen

— der raum-zeitlichen Gestaltung des Spiels,

— der technischen Feinheiten in der Ballbehandlung,

— des allgemeinen Spielverhaltens

— und der Spielerzahl

am ehesten miteinander vergleichen lassen.

Ziel dieses Lehrganges ist es, in erster Linie zu versuchen, zwei Spiele miteinander zu verbinden, um die situative Spielhandlungsfähigkeit und die Flexibilität der Schüler auf spielerische Art und Weise zu schulen. Gleichzeitig sollte einer gewiß vorherrschenden Einseitigkeit vorgebeugt und Möglichkeiten aufgezeigt werden, wie zwei gegensätzlich motivierte und interessierte Gruppen sich in einem gemeinsamen Spiel vergleichen können.

Das dritte Unterkapitel zeigt an 15 Beispielen, wie die Schwerpunktsportart Basketball z. B. mit Leichtathletik oder Handball als Ergänzungssportart kombiniert werden kann. Daraus lassen sich wiederum beliebig viele Beispiele mit zusätzlichen Ergänzungssportarten ableiten.

In einem vierten Unterkapitel sollen einige Formen aus den spielerischen Umgangsformen mit dem Basketball hervorgehoben werden, die im Rahmen von Ballgymnastik bzw. rhythmischem Gestalten zu verwenden sind und eine Brücke zur Ballbehandlung bzw. Ballbeherrschung herstellen.

Möglicherweise werden einige Leute über solche Vorschläge den Kopf schütteln. Das wäre verständlich. Allerdings würde man dabei, mit Verlaub gesagt, den Kopf bewegen, und dies könnte der erste Schritt sein, etwas Neues zu wagen und somit einige Traditionen und Vorurteile über Bord zu werfen. Ob dies unserem Sport (-unterricht) schaden würde?

PETER VARY

Ziele in der Schwerpunkt-Sportart	Ziele in der Ergänzungs-Sportart	Beschreibung	Hinweise / Organisation	Nummer
Funktionsgerechtere Ueberführung der Grundidee des Völkerballspiels in das Basketballspiel. Ein basketballähnliches Spiel betreiben, wo die Probleme des Spielverhaltens etwas reduziert werden.	Bestimmte "Grundbegriffe" in ein verändertes Raum- und Funktionskonzept überführen. Aus der veränderten Grundidee zu einer sportspielnahen Spielform kommen.	<u>Drei-Felder-Völkerball:</u> Ein Basketballfeld wird in 3 Teile aufgeteilt. In jedem Feld sind pro Mannschaft je 3 Spieler und in den äusseren Feldern sind von jeder Mannschaft 1-2 "Spione" verteilt. Der "Himmel" ist das mittlere Feld, in dem die Spieler sich gegenseitig nicht angreifen dürfen. Ziel ist es, in einer bestimmten Zeit die eigenen "Spione" so oft als möglich anzuspielen. Es ist auch möglich, nach einer gewissen Zeit die Spieler in den Feldern auszuwechseln, oder aber nach gelungenem Zuspiel einen Rollenwechsel vorzunehmen: "Himmel" - "Spion" usw. Variation I: Gleiche Spielidee; Nur ist jeweils in den äusseren Feldern ein "Spion" auf einem Kasten. Jede Mannschaft ist in Angreifer bzw. Verteidiger und "Himmel"-Spieler aufgeteilt. Die jeweiligen Angreifer der Mannschaft A bilden mit den Verteidigern der Mannschaft B feste Spielerpaare. Die "Himmel"-Spieler können sich in ihrem Feld frei bewegen. Ziel ist es, in einer bestimmten Zeit durch Anspielen des eigenen "Spions" so viele Punkte als möglich zu sammeln. Ist ein "Spion" erfolgreich angespielt worden, bekommt die andere Mannschaft den Ball. Ist ein Spieler einmal in Ballbesitz, darf er nicht mehr angegriffen werden. Nur die Passwege decken! Variation II: Es können auch mehrere Bälle verwendet werden. Damit wird u. a. die Rolle der "Himmel"-Spieler aufgewertet, welche die Weitergabe der Bälle verzögern und geschickt, der Situation angepasst, einteilen können. Variation III: Siehe oben. Die "Spione" werden nun jedoch durch Körbe bzw. Korbersatz ersetzt.		516 517 518 519 520

= "Spione"

Feldaufteilung für 3-Felder-Völkerball:

Ziele in der Schwerpunkt-Sportart	Ziele in der Ergänzungs-Sportart	Beschreibung	Hinweise / Organisation	Nummer
Einen spiel- und stufen-gemässen Weg von einem "Kleinen Spiel" zum Basketball finden. Erweiterung der Spielidee; Langsames Gewöhnen an ein erhöhtes "Zielobjekt".	Idee des Völ-kerballspiels auf eine "humanere" Art weiterent-wickeln. Erweiterung der Spielidee.	Aufstellung wie beim gewöhnlichen Völkerball-spiel ohne "Himmel"; aber in jedem Feld sind 1-3 "Spione" verteilt. Ziel ist es, diese "Spione" anzuspielen und so Punkte zu sammeln. Hat ein "Spion" den Ball erhalten, darf er nicht mehr angegriffen werden und muss den Ball seinen Mitspielern ausserhalb des Feldes zuspielen. Gespielt wird auf Zeit. Variation I: Uebungsbeschrieb siehe oben. Die "Spione" stehen jedoch auf einer Matte. Variation II: Uebungsbeschrieb siehe oben. Die "Spione" stehen jedoch auf einem Kasten. Variation III: Nun stehen noch zusätzlich je 3 Spieler pro Mannschaft im "Rund-um-Himmel". Rollenwechsel der Spieler: Nach einem gelungenen Zuspiel zu einem "Spion" wird der Zuspieler zum "Spion" und der "Spion" zum Zuspieler. Bei Variation III wird nach einem gelungenen Zuspiel in den "Himmel" gewechselt.	(Abbildung: Spielfeld mit Spielern) = "Spione"	521 / 522 / 523 / 524 / 525

Ziele in der Schwerpunkt-Sportart	Ziele in der Ergänzungs-Sportart	Beschreibung	Hinweise / Organisation	Nummer
Aus einer "Kleinen Spiel"-Form zu einer Sportspielform gelangen.	Grundidee Sportspiel-bezogen weiterentwickeln.	Bei der Mittellinie stehen 2-3 "Schwarze Männer". 5-6 Spieler versuchen, durch geschicktes Prellen zum Korb (Korbersatz, Mitspieler auf Kasten o. ä.) zu gelangen. Die "Schwarzen Männer" versuchen, die Bälle zu erwischen. Wer den Ball verliert, wird "Schwarzer Mann" und der andere "Angreifer".	Variation: Die "Schwarzen Männer" versuchen, nur die Durchgangswege zu sperren (Hände auf dem Rücken).	526
Langsames Gewöhnen an die "Hektik" des Basketballspiels.	Erschwerung der Grundidee.	Wie oben; Zusätzlich stehen noch 1-2 "Schwarze Männer" zwischen zwei Reifen auf einer "imaginären Linie" an der Frontseite des Strafraumes. Variationen: a) Zwei Spieler versuchen prellend und zuspielend die "Schwarzen Männer" zu überwinden. b) Als zusätzliche Erschwerung kommen noch 1-2 "Schwarze Männer" zwischen Mittel- und Torlinie hinein. c) Auch vor dem Korb bewegt sich ein "Schwarzer Mann".		527
				528
Vom "Schwarzen Mann" zu einer basketballähnlichen Spielform gelangen.	Erweiterung der Grundidee zu einer zusammenhängenden Spielform.	5 "Schwarze Männer" sind an den vorher angegebenen Linien verteilt. 5 Spieler versuchen sich prellend zuspielend zum Korb zu gelangen und zu werfen. Anschliessend Rollenwechsel. Variation: Auf beiden Spielfeldhälften stehen an bestimmten Linien "Schwarze Männer". 5 Spieler versuchen abwechselnd einen Angriff auf die beiden Körbe zu machen. Hat ein "Schwarzer Mann" den Ball einem Angreifer abgejagt, wird er Angreifer und der den Fehler verursachende Spieler "Schwarzer Mann".		529
				530

Ziele in der Schwerpunkt-Sportart	Ziele in der Ergänzungs-Sportart	Beschreibung	Hinweise / Organisation	Nummer
Schulung des Dribblings. Blick vom Ball lösen.	Schulung des Dribblings und Blick vom Ball lösen.	Jeder Schüler hat einen Ball und prellt bzw. dribbelt frei in der Halle herum. Evtl. Raum begrenzen oder Hindernisse (Kastenteile, Langbänke etc.) aufstellen.		531
Peripheres Sehen verbessern.	Peripheres Sehen verbessern.	<u>Schattenprellen</u> Ein Spieler führt dribbelnd bzw. prellend einen anderen Spieler, der ebenfalls prellt bzw. dribbelt (= Herr und Hund). Variation: Ein Schüler führt dribbelnd/prellend eine 2er- oder 3er-Gruppe.		532
Peripheres Sehen verbessern.	Peripheres Sehen verbessern.	<u>Schattenprellen</u> Der ballführende Spieler wechselt dauernd zwischen Dribbling und Prellen. Sein "Gefolge" reagiert sofort entsprechend. Variation: Wenn der Ballführer dribbelt, muss die Gruppe prellen und umgekehrt.		533
Schnellen Antritt mit dem Ball üben. Peripheres Sehen verbessern.	Peripheres Sehen verbessern. Schnellen Antritt mit dem Ball üben.	3er- oder 4er-Gruppen prellen/dribbeln am Ort. Einer der Spieler bricht plötzlich aus und die andern folgen ihm, bis man wieder am Ort prellt/dribbelt. Nun bricht erneut ein Spieler aus. Evtl. ständig Wechsel von Dribbeln/Prellen.		534
Schulung des Raum-Zeit-Gefühls beim Prellen.	Raum-Zeit-Gefühl beim Dribbling fördern.	Ein Schüler oder der Lehrer steht vor einer grösseren Gruppe. Durch Zurufen gibt er nun an, in welche Richtung die Schüler dribbeln/prellen sollen. Variation: Die Richtungswechsel werden durch Handzeichen gezeigt.	Lehrer: "Vorwärts!"	535

Ziele in der Schwerpunkt-Sportart	Ziele in der Ergänzungs-Sportart	Beschreibung	Hinweise / Organisation	Nummer
Raum-Zeit-Gefühl beim Prellen verbessern.	Raum-Zeit-Gefühl beim Dribbling verbessern.	Uebungsbeschrieb wie oben. Der "Befehlshaber" bewegt sich jedoch auch mit einem Ball; Auf diese Bewegungen muss reagiert werden. Variation: Wechsel von Dribbling und Prellen.		536
Raum-Zeit-Gefühl fördern.	Raum-Zeit-Gefühl verbessern.	Zwei Schüler stehen sich frontal gegenüber. Prellt bzw. dribbelt der führende Schüler nach hinten, folgt der andere, indem er vorwärts prellt oder dribbelt usw.		537
Räumliches Vorstellungs-vermögen verbessern.	Räumliches Vorstellungs-vermögen verbessern.	Zwei Schüler stehen sich frontal gegenüber. Dribbelt/prellt der führende Schüler nach vorne, so dribbelt/prellt auch der andere Schüler vorwärts; Er verhält sich spiegel-bildlich.		538
Spielerisches Erproben des Könnens beim Prellen.	Spielerisches Erproben des Könnens beim Dribbling.	Prell- Dribbling-Fangspiel: Alle Schüler prellen/dribbeln frei in der Halle. 1-2 Fänger versuchen, jemanden "abzuschlagen". Wer gefangen wurde, wird zum Fänger. Das Spiel dauert so lange, bis alle Fänger geworden sind. Variation: Die Fänger sind ohne Ball.		539
Spielerisches Erproben des Könnens beim Prellen.	Spielerisches Erproben des Könnens beim Dribbling.	Uebungsbeschrieb siehe oben. Variationen: a) Schüler, die in einem Reif prellen oder den Ball im Reif mit der Fussohle festhalten, können nicht gefangen werden. b) Auch als Bändeljagd (Bändel im Hosenbund). c) 2-4 Fänger, die selber auch dribbeln/prellen.		540

Ziele in der Schwerpunkt-Sportart	Ziele in der Ergänzungs-Sportart	Beschreibung	Hinweise / Organisation	Nummer
Spielerisches Erproben des Könnens beim Prellen.	Spielerisches Erproben des Könnens beim Dribbling.	<u>Reifenspiel (zu zweit)</u> Zwei Reifen liegen in einem Abstand von ca. 6m auf dem Boden. Der Ballbesitzer versucht nun, durch geschicktes Prellen/Dribbeln den Ball in einem der beiden Reifen zu plazieren und festzuhalten (mit der Hand oder der Fussohle).		541
Spielerisches Erproben des Könnens beim Prellen.	Spielerisches Erproben des Könnens beim Dribbling.	Uebungsbeschrieb siehe oben. Variationen: a) Auch als Spiel 2 gegen 2, jedoch mit 3 Reifen als Zielobjekte. b) Man kann den Angriff auf die Reifen abwechselnd mit der Hand oder mit dem Fuss ausführen.		542
Einfache Täuschung aus dem Prellen üben.	Ueben einer einfachen Täuschung aus dem Dribbling.	Es werden Hindernisse (Reifen, Kastenteile etc.) in der Halle verteilt. Basketball: Bei jedem Hindernis sw mit dem vorderen Bein, begleitet von einer Täuschbewegung des Oberkörpers und des Kopfes in diese Richtung, antäuschen. Fussball: Bei jedem Hindernis antäuschen sw mit einem Ausfallschritt links (mit dem linken Bein) und danach den Ball rechts mit dem Aussenspann am Hindernis vorbeiführen (auch umgekehrt). Variation: Die Täuschungen abwechselnd prellend bzw. dribbelnd ausführen.		543 / 544
Uebung für die "give and go"-Situation.	Uebung für die Doppelpass-Situation.	A spielt zu B und läuft nach einer Täuschung nach links, rechts an einem Hindernis vorbei, bekommt von B den Ball wieder zugespielt und wirft nun auf den Korb.		545

Ziele in der Schwerpunkt-Sportart	Ziele in der Ergänzungs-Sportart	Beschreibung	Hinweise / Organisation	Nummer
Uebung für Wurf- und Rebound-Situation.	Uebung für den Absprung zum Kopfball.	Zwei Schüler stehen sich 3-4m entfernt mit einem Ball gegenüber. Sie versuchen, den Ball in der Luft fangend und von da aus direkt abspielend, hin und her zu spielen. Variation: Dieselbe Aufgabenstellung, jedoch nebeneinander herlaufend.		546
Schneiden zum Korb.	Uebung für Doppelpass-Situation.	A hat den Ball, B steht vor einem Reif. B täuscht nach aussen an und läuft vor dem Reif durch zum Korb, bekommt den Ball von A zugespielt und wirft bzw. schiesst. Dasselbe mit dem Fussball und abschliessendem Torschuss.		547
Schneiden im Rücken.	Uebung für die Doppel-pass-Situation.	A hat den Ball, B steht vor einem Reif. B täuscht nach innen an und läuft hinter dem Reif durch zum Korb, wird von A angespielt und wirft. Dasselbe mit dem Fussball mit abschliessendem Torschuss.		548
Allgemeines Verteidigungs-verhalten bei Manndek-kung üben.	Uebung für das Verteidi-gungsverhalten bei Mann-deckung.	In der richtigen Verteidigungsstellung den Reifen entlang rw auf die Seite zurückweichen (Blick nach vorne). Beim Zurückweichen nach links: Rechtes Bein in Vorschrittstellung und umgekehrt. Variation: Richtungswechsel nach 2/1 Reifen → schnellere Beinwechsel.	Blick nach vorne!	549
Verteidigungs-verhalten üben.	Verteidigungs-verhalten üben.	Uebungsbeschrieb siehe oben; In die Reifen werden zusätzlich Medizinbälle gelegt, die mit der Hand berührt werden müssen. (Linkes Bein vorne - linke Hand; Rechtes Bein vorne - rechte Hand).		550

Ziele in der Schwerpunkt-Sportart	Ziele in der Ergänzungs-Sportart	Beschreibung	Hinweise / Organisation	Nummer
Allgemeines Verteidiger-verhalten bei Manndeckung üben.	Verteidigungs-verhalten bei Manndeckung üben.	A und B stehen sich ohne Ball in Vorschritt-stellung spiegelbildlich gegenüber. Beide Schüler bewegen sich in dieser Stellung vor- und rückwärts (Hüfte (Schwerpunkt) tief).		551
Verteidiger-verhalten bei Manndeckung verbessern.	Verteidiger-verhalten bei Manndeckung verbessern.	Uebungsbeschrieb siehe oben; Variationen: a) Mit Rhythmuswechsel und Täuschungen. Der Angreifer bestimmt den Rhythmus, der Verteidiger lässt sich zurückdrängen. Abstand immer 1 Armlänge b) Angreifer mit Ball		552
Verteidiger-verhalten bei Manndeckung verbessern.	Verteidiger-verhalten bei Manndeckung verbessern.	Zu zweit ohne Ball: Der Verteidiger (mit den Händen auf dem Rücken) versucht, eine bestimm-te Linie gegen den Angreifer zu verteidigen, ohne dabei gegen die Foul-Regeln zu verstossen. Die Linie kann durch Malstäbe, Reifen etc. er-setzt werden.		553
Verteidiger-verhalten bei Manndeckung verbessern.	Verteidiger-verhalten bei Manndeckung verbessern.	Uebungsbeschrieb siehe oben; Variation: Der Angreifer mit Ball. Er versucht, den sich rückwärts bewegenden, anfangs passiven Ver-teidiger zu überlaufen und die Begrenzungslinie zu erreichen. (Foulregeln beachten!).		554
Verteidiger-verhalten bei Manndeckung üben.	Verteidiger-verhalten bei Manndeckung verbessern.	Spiel 1 gegen 1: Jeder Spieler verteidigt 1 Linie eines be-grenzten Feldes. (Beide Spieler ohne Ball, bei Linienberührung Rollenwechsel). Variation: Angreifer mit Ball.		555

Ziele in der Schwerpunkt-Sportart	Ziele in der Ergänzungs-Sportart	Beschreibung	Hinweise / Organisation	Nummer
Wettkampfform für Verteidigerverhalten bei Manndeckung.	Wettkampfform für Verteidigerverhalten bei Manndeckung.	Spiel 1 gegen 1 auf zwei Reifen: Je grösser die Distanz der beiden Reifen, umso schwieriger deren Verteidigung. Rollenwechsel nach erfolgreichem Angriff oder wenn der Verteidiger den Ball regelgemäss erhaschen kann.		556
Behutsames Vorbereiten der Täuschung gegen ein "lebendiges" Hindernis.	Behutsames Vorbereiten der Täuschung gegen ein "lebendiges" Hindernis.	Zu zweit einander ca. mit 10m Abstand gegenüber, jeder hat einen Ball. Beide Schüler dribbeln/prellen gleichzeitig aufeinander zu, stoppen im Abstand von ca. 2m voneinander, täuschen nach links und prellen/dribbeln rechts vorbei.		557
Schulung der Spielübersicht.	Schulung der Spielübersicht.	Alle Schüler dribbeln/prellen frei in der Halle. Auf ein Zeichen des Lehrers bewegen sie sich nur noch in einem bestimmten Raum, wo sie versuchen, durch geschicktes Dribbeln/ Prellen Zusammenstösse zu vermeiden.	Signal	558
Schulung der Täuschung zum Durchbruch auf den Korb.	Schulung der Täuschung und des Durchziehens zum Schuss auf das Tor.	Ein Hindernis steht an der Basketball-Strafraumgrenze. Mit Basketball: Prellen bis zum Hindernis, Täuschung sw und Durchbruch zum Korb, Wurf. Mit Fussball: Dribbeln bis Hindernis, Täuschung sw mit Schrittfinte, am Hindernis vorbeiziehen und auf einen Torersatz schiessen.		559
Durchbruch auf den Korb nach Täuschung üben.	Täuschung und Durchziehen zum Torschuss üben.	Uebungsbeschrieb siehe oben; Variation: An Stelle eines Hindernisses steht ein passiver (aktiver) Verteidiger. Nach dem Korbwurf oder Schuss auf den Torersatz wird der Verteidiger abgelöst.		560

Ziele in der Schwerpunkt-Sportart	Ziele in der Ergänzungs-Sportart	Beschreibung	Hinweise / Organisation	Nummer
Schulung einfacher Zuspielarten mit einem "neutralen" Partner.	Schulung einfacher Zuspielarten mit einem "neutralen" Partner.	Basketball: Jeder Schüler hat einen Ball. Aus dem Prellen mit Kegelwurf oder mit Kernwurf nach 2-Takt den Ball gegen die Wand spielen. Den zurückprallenden Ball wieder aufnehmen und weiterprellen. Fussball: Jeder Schüler hat einen Ball, der aus dem Dribbling mit Innen- bzw. Aussenrist flach an die Wand gespielt wird. Der zurückprallende Ball wird wieder angenommen und das Dribbling fortgesetzt. Variation: Die Aktivitäten werden ständig wechselnd ausgeführt.		561
				562
Einfache Zuspielarten mit "echtem" Partner üben. Spielübersicht.	Einfache Zuspielarten mit "echtem" Partner üben. Spielübersicht.	Zu zweit einander den Ball aus dem Prellen bzw. Dribbling frei in der Halle zuspielen. Dabei wird die Ballbehandlungsart ständig gewechselt.		563
Einfache Zuspielarten mit "echtem" Partner üben. Spielübersicht.	Einfache Zuspielarten mit "echtem" Partner üben. Spielübersicht.	Uebungsbeschrieb siehe oben; Variationen: a) Die Spielräume werden abwechselnd verkleinert und vergrössert. Dabei soll der Sternschritt bzw. das Stoppen-Schauen-Zuspielen je nach erforderlicher Situation verwendet werden. b) Erweiterung der Gruppe auf 3-4 Schüler.		564
Erfahrungen sammeln in der Bewältigung von einfachen Spielsituationen.	Erfahrungen sammeln in der Bewältigung von einfachen Spielsituationen.	Zwei Schüler spielen sich unter einem Korb bzw. vor einem Torersatz den Ball zu, prellen und werfen auf den Korb bzw. dribbeln und schiessen auf den Torersatz.		565

153

Ziele in der Schwerpunkt-Sportart	Ziele in der Ergänzungs-Sportart	Beschreibung	Hinweise / Organisation	Nummer
Erfahrungen sammeln in der Bewältigung von einfachen Spielsituationen.	Erfahrungen sammeln in der Bewältigung von einfachen Spielsituationen.	Uebungsbeschrieb siehe oben; Variationen: a) Auf den Torersatz (Korb) kann man nur von einer bestimmten Markierung aus schiessen. b) Auf den Korb sind nur Sprungwürfe erlaubt. c) Statt 2er-, 3er-Gruppen bilden. d) Es sind verschiedene Hindernisse im Raum verteilt. e) Auf ein Zeichen hin (optisch oder akustisch) die Ballbehandlungsart wechseln. f) Kombination von verschiedenen Variationsformen möglich!		566 / 567
Werfen auf den Korb unter spielähnlichen Bedingungen üben.	Torschuss unter spielähnlichen Bedingungen üben.	Basketball: Zu zweit oder zu dritt unter einem Korb; Jeder Schüler hat einen Ball. Freies Prellen und Werfen auf den Korb. Es wird immer nur einmal auf den Korb geworfen, zurückprellen zum Malstab und neu beginnen. Dabei muss man die Situation, wenn der Weg zum Korb frei ist, schnell erfassen. Fussball: Gleich wie beim Basketball. Es wird auf einen Torersatz geschossen (flache Schüsse!). Man schiesst nur, wenn der Schussweg frei ist. Variation: Die Aufgaben müssen auf Zuruf sofort geändert werden.		568 / 569
Werfen auf den Korb unter spielähnlichen Bedingungen üben.	Torschuss unter spielähnlichen Situationen üben.	Uebungsbeschrieb siehe oben, weitere Variationen: a) Auf den Korb sind nur Sprungwürfe erlaubt. b) Malstäbe sind im Strafraum verteilt. Bei einem Malstab muss eine Täuschung ausgeführt werden.		570

Ziele in der Schwerpunkt-Sportart	Ziele in der Ergänzungs-Sportart	Beschreibung	Hinweise / Organisation	Nummer
Durch Hinzunahme "imaginärer Gegner" spielähnliche Situationen bewältigen.	Durch Hinzunahme "imaginärer Gegner" spielähnliche Situationen bewältigen.	Zwei 3er-Gruppen spielen unter einem Korb bzw. auf einen Torersatz. Nur ein Wurf bzw. ein Schuss ist erlaubt. Danach muss der Ball über eine bestimmte Linie wieder hinausgespielt werden, ehe ein neuer Angriff aufgebaut werden kann.		571
		Die Schüler sollen aus eigener Erfahrung lernen, ihre Kombinationen so auszuführen, dass sie sich gegenseitig nicht behindern. Es entsteht eine imaginäre Verteidiger- bzw. Gegnerrolle, die zwar vermehrte Konzentration erfordert, jedoch keine Hemmungen oder Aggressionen hervorruft.		572
		Variationen: a) Auf Zuruf die Aufgaben fliessend wechseln. b) Statt 3er-, jetzt 4er-Gruppen bilden. c) Die eine Gruppe spielt Basketball, die andere Fussball.		573
		d) Es wird auf Zeit gespielt. Welche Mannschaft hat am meisten Punkte? Bei gemischter Aufgabe je nach Spielstärke spezielle Wertung anwenden (mit den Schüler erarbeiten). e) Statt zwei 3er-Gruppen nun drei 3er-Gruppen spielen lassen.		574
		f) Bei drei 3er-Gruppen: Zwei spielen Basketball, eine Fussball. g) Zwei Gruppen spielen Basketball oder Fussball, eine Gruppe spielt "Verteidiger" (Hände auf dem Rücken). Keine speziellen Eingriffe, nur Störfunktion.		575

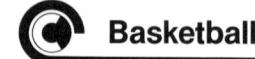
Ziele in der Schwerpunkt-Sportart	Ziele in der Ergänzungs-Sportart	Beschreibung	Hinweise / Organisation	Nummer
Lernen, bestimmten Mehrfach-Aufgaben gerecht zu werden.	Lernen, bestimmten Mehrfach-Aufgaben gerecht zu werden.	Zwei 4er-Gruppen spielen auf einen Korb bzw. einen Torersatz. Neben der Aufgabe, zusammen-spielend Körbe bzw. Tore zu erzielen, kommt eine weitere Aufgabe der Abwehr hinzu. **Jede Gruppe versucht, gleichzeitig mit ihrem Angriff die andere Gruppe am gleichen Vor-haben zu hindern (Foulregeln beachten!).** Es kann vorkommen, dass eine Gruppe zeitweise zwei Bälle besitzt. Dann sollen die Schüler versuchen, mit beiden Bällen den Angriff zu gestalten.		576 577
Langsames Ueberführen des Gelernten in eine Wett-spiel-situation.	Langsames Ueberführen des Gelernten in eine Wett-spiel-situation.	Zwei 3er- oder 4er-Gruppen spielen auf einen Korb bzw. Torersatz (mit einem Ball). Eine Gruppe greift an, die andere verteidigt. Bei Ballverlust oder Treffer: Rollenwechsel. Der Ball muss dann immer über eine bestimmte Linie hinausgespielt werden, ehe ein neuer Angriff aufgebaut werden kann. Variationen: a) Neben dem Korb sind in den Ecken der Halle oder an den Querseiten je ein Torersatz aufgestellt. Man kann auch hier Tore (Körbe) erzielen. b) Der Wechsel von Basketball zu Fussball wird klar geregelt. Geht der Ball an die Wand, kann (muss!) dieser mit der Hand aufgenommen werden und es wird Basketball gespielt. Nach Korberfolg oder verpass-tem Wurf wird wieder Fussball gespielt.		578 579 580

Ziele in der Schwerpunkt-Sportart	Ziele in der Ergänzungs-Sportart	Beschreibung	Hinweise / Organisation	Nummer
Neue Erfahrungen sammeln in räumlich-zeitlicher Hinsicht.	Neue Erfahrungen sammeln in räumlich-zeitlicher Hinsicht.	Spiel auf zwei Körbe bzw. Tore (Torersatz): Eine 4er-/5er-Gruppe startet einen "Angriff" auf die Gegenseite, um auf den Korb zu werfen oder auf das Tor zu schiessen. Nach einem Wurf bzw. Schussversuch startet man sofort zu einem Angriff auf die Gegenseite, auch wenn der Torschuss bzw. Korbwurf erfolglos war. Variationen: a) Es sind Hindernisse in der Halle verteilt (Spielübersicht!). b) Auf dem Hinweg wird Basketball, auf dem Rückweg Fussball gespielt.		581 582
Lernen, durch Hinzunahme "imaginärer Gegner" eine spielähnliche Situation eigenständig zu lösen.	Lernen, durch Hinzunahme "imaginärer Gegner" eine spielähnliche Situation eigenständig zu lösen.	Nun steht auf beiden Seiten je eine Mannschaft mit je einem Ball bereit und führt im Sinne der vorhergehenden Uebung Angriffe aus und bildet dabei lebendige Hindernisse (= "imaginärer Gegner"). Variationen: a) Die eine Gruppe spielt nur Fussball, die andere nur Basketball. Wer erzielt am meisten Treffer? b) Jede Gruppe wechselt ständig ihre Aufgabe. Wer erzielt am meisten Treffer in einer bestimmten Zeit?		583 584 585

Ziele in der Schwerpunkt-Sportart	Ziele in der Ergänzungs-Sportart	Beschreibung	Hinweise / Organisation	Nummer
Langsames Schulen der situationsbedingten Flexibilität.	Langsames Schulen der situationsbedingten Flexibilität.	Hallenfussball auf zwei Tore (Torersatz): Geht der Ball an die Wand (Quer- oder Längswand), muss der Ball mit den Händen aufgenommen werden und es wird so lange **Basketball** gespielt, bis ein Korberfolg erreicht wird.		586
Langsames Schulen der situationsbedingten Flexibilität.	Langsames Schulen der situationsbedingten Flexibilität.	Basketball auf zwei Körbe: Geht der Ball über die Auslinie, erfolgt ein Fussball-Einwurf, und es wird so lange **Fussball** gespielt, bis ein Tor erzielt wird.		587
Spielen unter flexiblen Bedingungen.	Spielen unter flexiblen Bedingungen.	Hallenfussball - Basketballspiel gemischt: Zwei Mannschaften spielen gegeneinander. An der Mittellinie wechselt die Ballbehandlung für jede Mannschaft. Mannschaft A verteidigt als Fussballer und greift ab Mittellinie als Basketballer an. Mannschaft B verteidigt als Basketballer und baut bis zur Mittellinie auf, greift aber ab Mittellinie als Fussballer an. Nach einer bestimmten Zeit werden die Rollen gewechselt. Wer erzielt insgesamt am meisten Treffer? Wer gewinnt das Basket- bzw. das Fussballspiel? Variationen: a) Ist jemand einmal in Ballbesitz, darf er nicht mehr angegriffen werden. Nur die Passwege decken. b) Es wird auf 3 Körbe bzw. 3 Tore gespielt.		588 / 589 / 590

Ziele in der Schwerpunkt-Sportart	Ziele in der Ergänzungs-Sportart	Beschreibung	Hinweise / Organisation	Nummer
Ueben des Einhändigen Druckwurfes.	Ueben der Stossbewegung beim Kugel-stossen.	Den Ball in Schulterhöhe beidhändig fassend, auf der Wurfseite zurückführen, und mit einer kräftigen Stossbewegung nach vorne abspielen (auch mit schwereren Bällen möglich).		591
Variationen für den Korbleger ausführen.	Schulung des Absprunges für den Fosbury-Flop.	Nach kurzem Dribbling vor dem Korb, von der Seite (45°) kommend abspringen. In der Luft mit dem Rücken zum Korb drehen und einen Korbwurf rw versuchen.		592
Dribbling verbessern.	Reaktions-übungen für das Starten.	In einer leichten Grätschstellung stehend einen Ball prellen. Ein Partner rollt zwischen den Beinen einen Ball nach vorne. Versuche, den rollenden Ball prellend einzuholen.		593
Dribbling verbessern.	Reaktions-übungen für das Starten.	Zwei Spieler stehen hintereinander und prellen je einen Ball. Der hintere Schüler startet nach vorne, der vordere versucht, ihn so schnell als möglich einzuholen. Auch mit der "falschen" Hand prellen!		594
Dribbling schulen.	Reaktions-übung für den Tiefstart.	A auf allen vieren (in Bauchlage, in Kauer-stellung, in Tiefstartstellung) startbereit. B steht mit dem Ball hinter ihm und wirft den Ball so über ihn hinweg, dass der Ball mehrmals auf dem Boden aufspringen kann. A muss den Ball nach 2 (3)-maligem Aufprellen auf dem Boden weiterprellen können.		595

Ziele in der Schwerpunkt-Sportart	Ziele in der Ergänzungs-Sportart	Beschreibung	Hinweise / Organisation	Nummer
Uebung für spezielle Korbwurf-situation.	Uebung für den "Flieger" im Wurfkreis.	A hat den Ball, B läuft Richtung Strafraum, springt ab, bekommt in der Luft den Ball von A zugespielt und wirft auf den Korb. Häufig Basketball mit Handball vertauschen.		596
Uebung für Sternschritt und Durchbruch zum Wurf.	Uebung für Antäuschen und Durchbrechen zum Sprungwurf.	A steht vor einem Hindernis, macht einen Sternschritt nach links und bricht rechts mit einmaligem Prellen und 2-Takt-Sprung durch und wirft auf den Korb. Gleiche Situation im Handball, jedoch ohne 2-Takt!		597
Zuspiel aus dem Sprung üben.	Zuspiel (bzw. Wurf) aus dem Sprung üben.	A prellt und springt im 2-Takt ab und spielt den Ball an den neben ihm laufenden Spieler B (Abstand ca. 4-5m) ab. B prellt ... Fortlaufend Rollenwechsel.		598
Uebung für das Verteidiger-verhalten bei Raumdeckung.	Uebung für das Raum-Zeit-Gefühl bei 5+1-Verteidigung.	Ein Spieler steht zwischen 2 Malstäben: Er bewegt sich zu bestimmten Markierungen (Gegner) hin und wieder zurück, wobei er versucht, den Raum zwischen den Malstäben stets mit seinem Körper und seinen ausgebreiteten Armen abzuschirmen (immer frontal zu den Markierungen).		599
Uebung für das Verteidiger-verhalten bei Raumdeckung.	Uebung für das allgemeine Verteidiger-verhalten und Torwart-Training.	Zwei Spieler stehen sich gegenüber und versuchen, einander einen Ball zuzuspielen. Dazwischen, auf einer mit Malstäben begrenzten Linie, bewegt sich ein Verteidiger, der die Zuspiele abfangen will (keine hohen Bogenpässe, der Verteidiger darf die Linie nicht verlassen). Kann der Verteidiger einen Pass verhindern bzw. unterbinden, wird der Werfer zum Verteidiger und umgekehrt. Auch mit zwei Verteidigern. Die Distanz zwischen den Malstäben wird etwas vergrössert.		600

Ziele in der Schwerpunkt- Sportart	Ziele in der Ergänzungs- Sportart	Beschreibung	Hinweise / Organisation	Nummer
Uebung für das Verteidiger- verhalten bei Raumdeckung.	Uebung für das Raum-Zeit-Ge- fühl bei 6+0- Verteidigung.	<u>Bälle-Decken</u> Schüler A hat 2 Bälle in ca. 1m Abstand zu bewachen. Schüler B versucht, durch Täuschen einen der Bälle zu berühren, ohne dabei selbst von A berührt zu werden. Ein- schränkung: A darf sich nur sw bewegen. Variation: Ballabstand variieren.		601
Kräftigung der Arme, der Hand- und Schulterge- lenke.	Kräftigung der Arme, der Hand- und Schulter- gelenke.	Zu zweit 1 Ball: Beide Schüler im Liegestütz vl: Einander den Ball zuwerfen. (Beide Füsse und 1 Hand bleiben immer am Boden). Variation: Versuche, den Partner zu überwerfen. Wechsel von Basketbällen und Handbällen.		602
Angreifer- verhalten schulen. Ball- beherrschung, Täuschung und Wurf verbessern.	Angreifer- verhalten schulen. Ballbeherr- schung, Wurf und Täuschung verbessern.	Ausbrechen durch Täuschen: Begrenzter Raum in der Hallenmitte, alle Schüler prellen. Eine Gruppe muss versuchen, die andere Gruppe im begrenzten Feld zu halten. Wer "ausbrechen" kann, ohne berührt zu werden, kann zweimal auf den Korb werfen (max. 2 Punk- te) und kehrt dann ins Feld zurück: Neuer Versuch. Welche Gruppe kann in einer bestimmten Zeit mehr erfolgreiche Korbwürfe (Punkte) erzielen? Variationen: a) In einer bestimmten Zeit müssen x Punkte erzielt werden, sonst Rollenwechsel. b) Welche Gruppe erzielt eine bestimmte Anzahl Punkte in der kürzesten Zeit? c) Statt Basketbälle, Handbälle verwenden. Der Zielwurf erfolgt auf ein Tor (Torersatz). d) Die gleiche Uebung kann auch mit Fussbällen ausgeführt werden.		603 604 605

Ziele in der Schwerpunkt-Sportart	Ziele in der Ergänzungs-Sportart	Beschreibung	Hinweise / Organisation	Nummer
Ballgeschicklichkeit verbessern.	Ballfertigkeiten erlernen.	Den Ball in der stark angewinkelten Hand halten. Durch eine Rollbewegung den Ball auf den Handrücken heben. Nun die Rollbewegung nicht abbrechen, sondern den Ball nach oben, Richtung Kopf, rollen lassen.		606
Ballgeschicklichkeit verbessern.	Ballfertigkeiten erlernen.	Aus Vorschrittstellung: Offene Hand auf den Ball legen, nach vorne rollen lassen, und ihn, sobald die Hand unter dem Ball ist, hochwerfen. Dasselbe beidhändig mit zwei Bällen versuchen.		607
Ballgeschicklichkeit verbessern.	Ballfertigkeiten erlernen.	Den Ball aus der Hand rollen, diesem nachlaufen, ihn in die angewinkelte Hand rollen lassen und dann von hinten nach vorne hochspielen.		608
Ballgeschicklichkeit verbessern.	Ballfertigkeiten erlernen.	Der Ball liegt in der offenen Hand. Er wird neben dem Körper, mit starker Schulterunterstützung, ein- und ausgedreht (Achterbewegung).		609
Ballgeschicklichkeit verbessern.	Ballfertigkeiten erlernen.	Kombination der beiden vorangegangenen Uebungen. Am Schluss liegt der Ball in der Handfläche vor dem Körper. Der Oberkörper muss den Bewegungsablauf während des ganzen Vorgangs unterstützen.		610

Ziele in der Schwerpunkt-Sportart	Ziele in der Ergänzungs-Sportart	Beschreibung	Hinweise / Organisation	Nummer
Ballgeschicklichkeit verbessern.	Ballfertigkeiten erlernen.	Den Ball in einer Achterbewegung zwischen den gegrätschten Beinen durchreichen. (Ball im stark angewinkelten Handgelenk halten). Mit verschiedenen Bällen ausführen.		611
Ballgeschicklichkeit verbessern.	Ballfertigkeiten erlernen.	In Grätschstellung den Ball zwischen den Beinen halten. Eine Hand hält ihn von vorne, die andere von hinten. Möglichst schnell den Griff wechseln, ohne dass der Ball zu Boden fällt.		612
Ballgeschicklichkeit verbessern.	**Ballfertigkeiten erlernen.**	Mit den oben aufgeführten Fertigkeiten, mit und ohne Musik, eine zusammenhängende ballgymnastische Uebung (Folge) gestalten. Einzel oder in Gruppen. Basketballtypische Formen wie Prellen etc. sollen miteinbezogen werden.		613
Prellen schulen. Ballgeschicklichkeit verbessern.	Rhythmus- und Bewegungsschulung mit dem Ball.	Rhythmusprellen, klassen- oder gruppenweise: Verschiedene Prellrhythmen aufnehmen und daraus eine kleine Folge gestalten. Variationen: a) A klatscht einen Rhythmus, B versucht, ihn zu prellen. b) A prellt einen Rhythmus, B prellt ihn nach und führt ihn weiter. c) Die Klasse versucht, einen einfachen Kanon zu prellen. d) Prellen eines bekannten Liedes.	e) Miteinbeziehen von Roll- und Wurfformen. f) Einbeziehen von verschiedenen Ballgeschicklichkeitsformen. g) Einbeziehen des Sternschrittes.	614
			Weitere Aufgaben und Variationsformen durch die Schüler entwikkeln lassen.	615

Kapitel 7   Tischtennis

Jurek Barcikowski

Einleitung

Der Tischtennissport hat als Mittelpunkt einen zentralen „Lebensinhalt" des Menschen: den Tisch. Neben diesem alltäglichen, die Menschen vereinigenden Gebrauchsmittel, ist ein weiteres, altbewährtes, nie langweiliges Objekt Zentrum dieses Spiels: der vielgeliebte und in allen Kulturen vorkommende Ball. Und gerade dieser Ball macht das Tischtennisspiel so beliebt und koordinativ so schwierig; der Tischtennisball wiegt nur 2,5 Gramm, sein Durchmesser beträgt 38 mm. Aus diesem Grund ist das Tischtennisspiel ein schwieriges Spiel, und je mehr man in seine Feinheiten eindringt, desto schwieriger wird es.

Der Gedanke liegt nahe, Schwieriges mit Einfachem zu verbinden, einen Ausgleich zu schaffen zwischen Erfolg und Mißerfolg, zwischen koordinativ Schwierigem und körperlich Belastendem, zwischen speziell und allgemein Nützlichem, zwischen „Ping" und „Pong".

Die Idee des Kombinierens liegt also schon im Wesen der Sportart Tischtennis. Auch das Kleinkind lernt, daß der Ball rollt, erlebt später, daß er auch fliegt und geworfen werden kann. Mit dem Fangen hat es den ersten Teil seiner Erfahrungen mit dem Spielobjekt Ball abgeschlossen. Mit der Bedeutung, welche der Life-Time-Sport in der Gesellschaft unserer Zeit erlangt hat, müßte der Schüler nach dem Stabilisieren seiner Grunderfahrungen mit dem Ball auf einer höheren Stufe neue Grundfertigkeiten sammeln können. Die Sportarten Indiaca, Volleyball, Squash, Racquetball, Badminton, Tennis und Tischtennis, zusammengefaßt unter dem Begriff Rückschlagspiele, schließen mit dem Phänomen des Schlagens, d. h. des Ballspiels ohne den Ball einige Zeit unter Kontrolle zu haben, in direkter Folge an die Erfahrungen an, die zum Werfen und Fangen führen.

Was liegt daher näher, als das Handballspiel, welches diese Fähigkeiten zu seinem Ausgangspunkt genommen hat, mit dem Rückschlagspiel Tischtennis zu verbinden? Die Sportart Tischtennis gewinnt durch die erschwerte Situation des Werfens und Fangens, Fangen mit dem Schläger und Weiterspielen durch Schlagen mit dem Schläger, einen reibungslosen motivierten Anschluß an die bereits entwickelten Koordinationsfähigkeiten. Von den sich langsam weiterentwickelnden, die Flugbahn voraussehenden Fähigkeiten, profitiert auch das Handballspiel. Nicht immer wird die Idee des fächerübergreifenden Unterrichtens so deutlich wie bei der schon genannten Gruppe der Rückschlagspiele. Die Idee des **sofortigen Weiterleitens** des Spielobjektes Ball mit einem Körperteil oder einem Spielinstrument ist von solch gemeinsamem Interesse, daß ein gemeinschaftliches Vorgehen beim Sammeln von Grunderfahrungen angezeigt ist. Nicht umsonst sind die Fehler bei diesen Sportarten von gleichem Charakter: Die Reflexionsebene des Schlaginstruments oder des Körperteils hat nicht die richtige Lage im Raum, die Schlagstärke oder Schlagrichtung sind nicht richtig, um den gewünschten Effekt zu erzielen.

Der Begriff „Fächerübergreifend" hat jedoch noch eine weitere Dimension: Grenzen von Sportfächern überwinden, die Brücke von der Sportart Tischtennis, mit dem Schwerpunkt bei den koordinativen Fähigkeiten, zur mehr die Schnelligkeit und den Kreislauf belastenden Sportart Laufen zu schlagen, die Körperbeherrschung im Gerätturnen durch das vielseitige, dynamische Tischtennisspiel ergänzen, die Schwierigkeit des Ballschlagens durch die Kombination mit der Gymnastik auch für die weniger Geschickten annehmbar zu machen.

Freizeitsport und Freizeitspiel miteinander zu verbinden, ist ein unbedingtes „Müssen". Dies ist besonders wichtig beim Tischtennissport mit seinem hohen Freizeitwert.

Fächerübergreifend zu unterrichten heißt also, gleichzeitig die Koordination des Schlagens mit der Schulung des Zusammenspiels in der Mannschaft zu kombinieren, das Tischtennisspiel durch das Laufen zu intensivieren, Gerätturnen und Gymnastik durch das Tischtennisspiel aufzulockern und durch den Transfer des Volleyballsmashes zum Tennisaufschlag Gemeinsames gemeinsam auszubilden.

Die folgenden Übungen sind eine Sammlung, welche erste Ideen zum Begriff „Fächerübergreifend" im Sportfach Tischtennis aufzeigen soll. Zur Idee „Fächerübergreifend" gibt es noch ein riesiges Feld an Übungen zu entdecken.

JUREK BARCIKOWSKI

Ziele in der Schwerpunkt-Sportart	Ziele in der Ergänzungs-Sportart	Beschreibung	Hinweise / Organisation	Nummer
Unter erschwerten Bedingungen den Ball in die gewünschte Richtung schlagen.	Umgebung beobachten und Geschwindigkeit und Weg anpassen.	Treffballfangen mit 2 bis 4 Fängern: Die Fänger müssen mit dem Tischtennisschläger und einem Schaumstofftennisball einen Mitspieler treffen und erlösen sich dadurch. Zusatzaufgabe: Die Verfolgten können den Ball mit dem Schläger abwehren.		616
Schlägerebene in richtige Lage bringen, um Ball beim Jonglieren zu kontrollieren.	Geschwindigkeit an Ballkontrollfähigkeit anpassen.	Linienlauf mit Balltippen oder -balancieren. Pro Lauf gibt es 10-20 Punkte; pro Ball, der auf dem Boden landet, 1 Punkt Abzug.		617
Den Ball so weit wie möglich in die gewollte Richtung schlagen.	So schnell wie möglich von Matte zu Matte laufen.	Mattenlauf mit Tischtennisschläger und Schaumstofftennis- oder Gummiball. Der Ball darf nur mit dem Tischtennisschläger fort- und zurückgeschlagen werden (versch. Formen).		618
Den Ball hintereinander dosiert senkrecht in die Luft spielen.	So schnell wie möglich um das Volleyballfeld laufen.	Ablöseläufe zu zweit: Während der eine um das Volleyballfeld läuft, jongliert der andere den Tischtennisball mit dem Schläger. Wer kann in der Zeit, in welcher der andere läuft, mehr Bälle jonglieren?		619
Ueben, den Ball im Laufen hochtippen zu können.	Beim Laufen im Spiel Uebersicht bewahren.	Tischtennisrugby: Der Ball darf mit Hochtippen auf dem Tischtennisschläger nach vorne getragen werden. Wird er hinter einer Linie abgelegt, gibt es einen Punkt. Fällt der Ball auf den Boden (oder bei Berührung durch den Gegner), muss der Ball rückw. gespielt werden.		620

Ziele in der Schwerpunkt-Sportart	Ziele in der Ergänzungs-Sportart	Beschreibung	Hinweise / Organisation	Nummer
Ueben, den Ball in die gewünschte Richtung zu schlagen.	Beim Laufen beobachten und ausweichen.	Eine Gruppe stellt sich an der Längsseite der Halle, mit je einem Schaumstofftennisball und dem Schläger, auf. Die andere Gruppe läuft, einer nach dem anderen, von einem Kasten zum anderen und versucht, von der anderen Gruppe nicht getroffen zu werden.		621
Die Schläger-neigung und die Schlag-kraft koordi-nieren lernen.	Höchsttempo so lange wie möglich halten.	In der Halle sind viele Schaumstoffbälle verteilt. Eine Gruppe versucht, die Schaumstoff-bälle von der Kreislinie mit dem Schläger in den Kasten zu versorgen. In dieser Zeit macht die andere Gruppe möglichst viele Läufe um den Kreis. Wechsel der Aufgabe. Wer gewinnt?		622
Die Schlagkraft mit der rich-tigen Schläger-neigung koordi-nieren lernen.	Ohne Konzen-trationsver-minderung schnell in einem Rhyth-mus laufen.	In der Mitte eines grossen Kreises steht eine Hälfte eines Tischtennistisches mit einer Schachtel. Jeder Spieler versucht, von der Kreislinie die Schachtel (5 Punkte) oder den Tisch (1 Punkt) zu treffen. Zwischen jedem Schuss muss er eine Runde laufen.		623
Schlagkraft an Bedingungen anpassen ler-nen.	Peripheres Sehen schulen.	Gassenlauf: Die Tischhälften werden ca. 1m auseinandergezogen. An den Tischen wird Tisch-tennis gespielt. Ein Spieler läuft durch die Gasse und wieder zurück, ohne dass er von einem Ball getroffen wird. Spieler und Läufer passen gegenseitig auf!		624
Anschlag üben und die rich-tige Vorhand-spielstellung einnehmen.	Starten und in der richtigen Position stop-pen.	Auf der einen Seite jedes Tisches steht ein Spieler, der Aufschläge ausführt. Auf der an-deren Seite laufen die Spieler von Tisch zu Tisch und spielen jeweils den Aufschlag zurück. Nach dem letzten Tisch kehren sie wieder an den ersten Tisch zurück. Eigene Wettbewerbsfor-men (er-)finden!		625

Ziele in der Schwerpunkt-Sportart	Ziele in der Ergänzungs-Sportart	Beschreibung	Hinweise / Organisation	Nummer
Ueben, ohne Fehler hin und her zu spielen.	Kräfte beim Laufen einteilen.	Punkte sammeln in der 3er-Gruppe: Einer beginnt um die Tische herumzulaufen, die anderen spielen. Ein Lauf zählt 10 Punkte, ein korrektes Hin und Her 1 Punkt. Die 3er-Gruppe löst sich mit Laufen und Spielen selber ab. Welche Gruppe sammelt am meisten Punkte?		626
Sich im freien Spielen üben.	Laufen soll das Spiel intensivieren.	Spiel auf 5 Punkte: Derjenige, welcher zuerst 5 Fehler macht, läuft 2 Runden, der andere jongliert in dieser Zeit den Ball. Das Spiel wird fortgesetzt, wobei der Läufer bei 0 Punkten beginnt.		627
Ohne Fehler spielen und die richtige Vorhand-Stellung einnehmen.	Das richtige Lauftempo finden, um rechtzeitig spielbereit zu sein.	Spiel über ein erhöhtes Netz: Auf jeder Seite stehen drei Spieler. Nachdem ein Spieler geschlagen hat, läuft er um den nächsten Tischtennistisch auf die andere Seite.		628
Ohne Fehler spielen, und die richtige Vorhandstellung einnehmen.	Tempo anpassen, um rechtzeitig spielbereit zu sein.	Rundlauf über ein erhöhtes Netz: Auf jeder Seite sind drei Spieler. Nach jedem Schlag läuft man um den nächstgelegenen Malstab auf die andere Seite. Macht man einen Fehler, läuft man um den entfernteren Malstab, bis man dreimal ohne Fehler gespielt hat.		629
Richtige Stellung einnehmen und Endschlag üben.	Rhythmuswechsel ertragen lernen.	Der Ball wird von der einen Seite schulterhoch zugeworfen. Der Spieler auf der anderen Seite macht einen Endschlag und läuft so schnell wie möglich um einen Schwedenkasten. Auch in 3er-Gruppen mit Seitenwechsel zwischen Fänger, Werfer und Spieler.		630

Ziele in der Schwerpunkt-Sportart	Ziele in der Ergänzungs-Sportart	Beschreibung	Hinweise / Organisation	Nummer
Schläger und Balleigenschaften kennenlernen. Schlägerhaltung üben.	Geräte kennenlernen und sich dem Partner anpassen.	Zu zweit einen Geräteparcours absolvieren und dabei zwischen den Schlägern einen Ball so einklemmen, dass er nicht verlorengeht.		631
Schlägerhaltung üben, Schlagebene erfahren.	Gleichgewicht unter erschwerten Bedingungen schulen.	Ueber Langbank balancieren und dabei einen Tischtennisball auf dem Schläger balancieren oder hochtippen.		632
Genaues Zurückspielen üben.	Gleichgewicht schulen.	Ueber Langbank, -kante oder Schwebebalken balancieren und dem Partner den Ball zurückspielen.		633
Richtige Schlagrichtung herausfinden.	Sich im Hang an der Reckstange orientieren lernen.	Im Hang an der Reckstange den zugeworfenen Ball mit dem Schläger zurückspielen.		634
Ball nur durch Armbewegungen hochspielen können.	Körperspannung üben, isolierte Bewegungen machen können.	Mit dem Körper irgendeine Stellung einnehmen und in dieser verharren: So den Ball mit dem Schläger hochtippen; nur der Spielarm darf sich bewegen.		635

Ziele in der Schwerpunkt-Sportart	Ziele in der Ergänzungs-Sportart	Beschreibung	Hinweise / Organisation	Nummer
Rückschlag an Pendelbewegung anpassen.	Pendeln und Pendelrhythmus erfahren.	Stand oder Sitz in einem Ringpaar. Partner wirft einen Ball zu, welcher wieder zu diesem zurückgespielt werden muss. Variante: A spielt sich den Ball laufend hoch, bis der Zeitpunkt günstig ist, um den Ball zuzuspielen. B spielt direkt zurück und A spielt weiter.		636
Rückschlag an Flugbewegung anpassen.	Im Sprung Umwelt wahrnehmen lernen.	Sprung vom Minitrampolin. Der Partner wirft einen Ball zu, der in der Luft zu diesem zurückgeschlagen werden muss. Auch als Stafette: Pro gefangenes Rückspiel erhält die Mannschaft einen Punkt.		637
In richtige Schlagstellung laufen üben.	Rollen unter Zeitdruck trainieren.	Von der einen Seite werden Bälle zugeworfen. B führt drei Schmetterschläge aus und macht anschliessend auf einer Matte an der Wand eine Rolle vorwärts.	Zuspieler	638
Spielposition am Tisch so schnell wie möglich einnehmen.	Rollen vorwärts schulen.	A spielt die Bälle regelmässig und gleichmässig auf die andere Seite. Auf der anderen Seite sind 3 Spieler, welche hinter einer Matte starten, darauf eine Rolle vorwärts ausführen und danach den Ball zurückspielen. Wie lange gelingt diese Spielform ohne Fehler?		639
Anpassen an eine andere Spielposition üben.	Gleichgewicht in der Bewegung halten.	Tischtennisspielen im Stand auf einer Langbank oder einem Kastenoberteil. Wer von den beiden Spielenden steht länger?		640

Ziele in der Schwerpunkt-Sportart	Ziele in der Ergänzungs-Sportart	Beschreibung	Hinweise / Organisation	Nummer
Schlägerebene in richtige Lage bringen, um Ball zu kontrollieren.	Musikrhythmus in Fortbewegungsart umsetzen.	Zu Musikrhythmus laufen oder hüpfen und gleichzeitig Ball jonglieren (Tischtennisspielen).		641
Armbewegung dosieren und variieren lernen.	Musikrhythmus hören und Armbewegung anpassen.	Den Ball im Rhythmus der Musik hochtippen. Wer kann im gleichen Rhythmus hochspringen und spielen?		642
Neue Spielideen kreieren; Rhythmus im Tischtennisspiel erleben.	Rhythmusgefühl schulen.	Ball auf verschiedenste Art und Weise hin und her spielen, so dass ein regelmässiger Rhythmus entsteht (z.B. immer auf eigene Hälfte spielen, langsam, schnell spielen etc.).		643
Schlagrichtung der Reifbewegung anpassen.	Dehnen der Wirbelsäule seitwärts.	A führt den Reifen in einem grossen Bogen von rechts über die Hochhalte nach links, B und C versuchen, den Ball durch den Reifen zu spielen.		644
Schlagbewegung der Reifbewegung anpassen und somit das Timing schulen.	Reif als Wurfgerät erproben. Werfen und fangen des Reifs üben.	A wirft einen Reifen vor einer Wand hoch und fängt ihn wieder. Eine Gruppe in einem Abstand von 3-4 m versucht, den eigenen Ball durch den fliegenden Reifen zu schiessen. Wer trifft?		645

Ziele in der Schwerpunkt-Sportart	Ziele in der Ergänzungs-Sportart	Beschreibung	Hinweise / Organisation	Nummer
Schläger korrekt halten, d.h. Schlägerebene auf Schlagziel anpassen.	Ballsprung vom Boden erfahren.	Sich fortbewegen und dabei den Ball (verschiedene Bälle) auf den Boden prellen. Auch verschiedene Schläger benützen.		646
In kurzer Zeit Situationen wahrnehmen und darauf reagieren.	Volley-Spiel unter Zeitdruck üben.	Zwei Spieler stehen im Abstand von ca. 3 m gegeneinander. Spieler A dreht sich um. Spieler B ruft den Namen von A und wirft diesem anschliessend in einem Bogen den Ball zu. A dreht sich um und spielt den Ball Volley zurück.		647
Stellung zum Ball einnehmen lernen.	Koordination des Schlagens üben, Stellung zum Ball einnehmen.	An einer Leine sind Ballone mit einer Schnur befestigt. Man steht seitwärts zum Ballon, schlägt diesen weg, stoppt ihn beim Zurückkommen wieder, usw. Variante: Schlage einmal mit der linken Hand, dann mit der rechten usw.		648
Schlagkraft bei ungewohnter Schlagbewegung dosieren.	Anschlagbewegung erproben.	Tennis-Anschlag (also über dem Kopf) über eine reichhohe Leine mit Schaumstofftennisball ausführen. Wer trifft den Tischtennistisch? Auch als Gruppenwettkampf durchführbar.		649
Anpassen an einen weiteren Schlagabstand.	Anpassen an neues Absprungverhalten, schnell in Schlagposition gehen.	Tennisschläger mit Stoff (evtl. Schlägerhüllen) überspannen. Mit diesem Schläger Tischtennis spielen.		650

Ziele in der Schwerpunkt-Sportart	Ziele in der Ergänzungs-Sportart	Beschreibung	Hinweise / Organisation	Nummer
Schlagrichtung an Ziel anpassen.	Schlagrichtung an Ziel anpassen.	Mit einem Schaumstofftennisball zwischen einem heruntergelassenen Ringpaar hin und her spielen. Wenn es 10x ohne Fehler gelingt, dann werden die Abstände von Ring zu Ring verkleinert. Mit beiden Händen, also links und rechts, schlagen.	Tennis-schläger Tischtennis-schläger	651
Schlagrichtung und Schlagstärke dosieren können.	Schlagrichtung und Schlagstärke dosieren können.	Die Tischtennistische werden in einem Abstand von 3-4m auf den Boden gelegt. Dazwischen werden Langbänke aufgestellt. Es wird mit einem Schaumstofftennisball von einem Tisch zum andern gespielt. Wie oft gelingt dies?		652
Ballabsprung beobachten lernen.	Ballabsprung beobachten und Schlagstärke dosieren können.	Tischtennisspiel mit einem Schaumstofftennisball: Der Ball darf jedoch einmal auf dem Tisch und einmal auf dem Boden aufspringen. Der Ball wird nur mit der Vorhand gespielt. Wer kann auch links Vorhand spielen?		653
Schlägerneigung der Flugrichtung anpassen.	Schlägerneigung der Flugrichtung anpassen.	Tischtennisspiel mit einem Schaumstofftennisball. Bei jedem Schlag wird der Ball zuerst einmal in die Luft gespielt, zu einem Selbstzuspiel. (=Kontrollschlag). Varianten: -Nur Vorhand rechts. -Nur Vorhand links. -Nur Rückhand rechts usw.		654
Ballflug genau beobachten, schnell in Fangposition begeben, Schmetterschlag üben.	Ballflugkurve beobachten, kleineren Ball auffangen können.	Intervalltraining zu dritt: A wirft B ca. 30 Bälle hintereinander zu. B führt auf jeden Ball einen Schmetterschlag aus. Spieler C steht auf der anderen Seite und versucht mit einem Fischernetz so viele Bälle wie möglich aufzufangen. Wer fängt am meisten Bälle ein?		655

Ziele in der Schwerpunkt-Sportart	Ziele in der Ergänzungs-Sportart	Beschreibung	Hinweise / Organisation	Nummer
Hand als Schlaginstrument erleben.	Hand als Schlaginstrument erleben.	Schaumstofftennisball von Hand hin und her spielen. Beide Hände benützen.		656
Erfahren der Schlagebene.	Schlagen eines Balles üben. Idee des bilateralen Tennis erleben.	Auf der linken und auf der rechten Hand wird je ein Schlagbrett (=GOBA-Schläger) montiert. So wird ein Schaumstofftennisball hin und her gespielt. (GOBA= Grundspiel aller Rückschlagspiele)		657
Ball ohne Tisch auf einem grossen Spielfeld hin und her spielen.	Ball auf einem kleinen Spielfeld hin und her spielen können.	Spiel mit Schaumstofftennisball über eine 1m hohe Leine. Verschiedene Schlägertypen verwenden!		658
Schlagstellung schnell einnehmen lernen.	Schlagstellung schnell einnehmen üben.	Spiel mit einem Schaumstofftennisball über Schwedenkasten oder dicke Schaumstoffmatte. Verschiedene Schläger verwenden. Nur Vor- bzw. Rückhand spielen. Auch beidhändige Schläge üben.		659
Schlagrichtung und Schlagstärke dosieren können.	Schlagrichtung und Schlagstärke dosieren lernen.	Schaumstofftennisball von Reif zu Reif spielen. Verschiedene Schläger verwenden. Auch mit Tischtennisball, aber Tennisschlägern, üben.		660

Ziele in der Schwerpunkt-Sportart	Ziele in der Ergänzungs-Sportart	Beschreibung	Hinweise / Organisation	Nummer
Schlägerebene anpassen.	Volley spielen üben.	Schaumstofftennisball hin und her spielen, ohne dass er zu Boden fällt. Verschiedene Schläger verwenden.		661
Schlägerebene anpassen und Schlagstärke dosieren lernen.	Volley spielen.	Die Spieler bilden einen Kreis mit einem Spieler darin. Die Kreisspieler spielen ihren Ball, einer nach dem anderen, zur Mitte. Der Spieler in der Mitte spielt die Bälle Volley zurück. Verschiedene Schläger benützen. Nach jeder Runde werden die Schläger vertauscht!		662
Ball Rotation geben und diese zu erkennen versuchen.	Lernen, Ball Rotation zu geben und diese zu erkennen.	Spieler A spielt den Ball mit Rotation hoch und lässt ihn auf dem Boden aufspringen. B zeigt A welche Rotation der Ball gehabt hat. Als Hilfe: Verschieden farbige oder gekennzeichnete Bälle benützen.		663
Den Drall erleben.	Lernen, Ball Rotation zu geben und diese zu erkennen.	Spieler A spielt den Ball mit Rotation hoch. B übernimmt den Ball in der Luft und versucht ihn unter Kontrolle zu bringen. Wie hat er gedreht? Wie erhält er (sehr) viel Drall?		664
Bewegungskoordination des Streifens tischtennisspezifisch erfahren.	Bewegungskoordination des Streifens erfahren.	Ein Fahrrad- oder Kinderwagenrad wird in ca. 70 cm Höhe befestigt. Das Rad soll mit einem alten Tischtennisschläger gestreift und in Drehung versetzt werden. Variante: Einen grossen, aufblasbaren Ball am Boden in alle Richtungen rollen und so die Technik des Dralls erfahren.		665

Ziele in der Schwerpunkt-Sportart	Ziele in der Ergänzungs-Sportart	Beschreibung	Hinweise / Organisation	Nummer
Flugbahn antizipieren, Auswirkung des Schlages erfahren.	Flugbahn antizipieren, Auswirkung des Schlages erfahren.	Stafette mit Wasserball-Treiben, von Wand zu Wand. Der Ball darf nie auf den Boden fallen.		666
Armkraft trainieren.	Ebene als Schlagfläche erfahren.	Anschlag mit Schlagbrett auf der Hand gegen die Wand, mit Schaumstofftennis- oder Volleyball. Gelingt es auch, auf ganz kurze Distanz Volley zu spielen?		667
Schlägerebene herausfinden.	Kommunikation üben.	Volleyball im Kreis hochspielen. Der Ball darf dazwischen auf den Boden fallen!		668
Schmetterball üben.	Balltreffpunkt auf Unterarmen üben und entsprechende Spielstellung einnehmen.	Spieler A prellt sich den Ball auf den Tisch und macht einen Schmetterball. B hat ein Holzbrett auf den Unterarmen und versucht den Schmetterball zurückzuspielen. Wie oft kannst du so zurückspielen?		669
Ballonball üben.	Schlagbewegung Smash üben.	Spieler A wirft den Tischtennisball hoch und führt mit dem Schlagbrett auf der Hand einen Volleyschmetterball auf die andere Seite aus. B spielt den Schmetterball mit Ballonball zurück. Wer von beiden macht weniger Fehler?		670

Ziele in der Schwerpunkt-Sportart	Ziele in der Ergänzungs-Sportart	Beschreibung	Hinweise / Organisation	Nummer
Flugbahn anti-zipieren, Ball gezielt schlagen.	Flugbahn anti-zipieren, Ball in der Luft schlagen.	Leine reichhoch gespannt, im Abstand von 4-6 m Tischtennistische aufgestellt. Gruppe A versucht über die Leine hinweg die Tische zu treffen. Gruppe B verteidigt die Tische und schlägt evtl. die Bälle direkt über die Leine zurück.		671
Flugbahn einschätzen lernen.	Smashbewegung herausfinden und anwenden.	Zwei Gruppen auf jeder Seite einer reichhohen Leine versuchen, einen Schaumstofftennisball so auf die andere Seite zu schlagen, dass er die Wand berührt oder über eine Ziellinie springt.		672
Schlägerneigung anpassen.	Ballflugkurve erkennen; freie Stellen erken-nen.	Prellball mit Tischtennisschläger und Schaum-stofftennisball. Der Ball muss per Boden auf die andere Seite geschlagen werden, darf im eigenen Feld nur einmal den Boden berühren.		673
Ballflugkurve erkennen.	Ballflugkurve erkennen und geschickt reagieren.	Ball über die Schnur mit Schaumstofftennisball und Tischtennisschlägern.		674
Neuartige Schlagerfah-rungen sammeln.	An neue Schlag-instrumente anpassen.	Tischtennisvolleyball: Volleyball mit Tisch-tennisschlägern und Schaumstofftennisball.		675

Ziele in der Schwerpunkt-Sportart	Ziele in der Ergänzungs-Sportart	Beschreibung	Hinweise / Organisation	Nummer
In Schlagstellung laufen und Schlagrichtung bestimmen lernen.	Schlagstellung laufen, Absprungverhalten des Balles erfahren.	Mit der Hand einen Wasserball fortgesetzt an die Wand schlagen (über 1m-Leine). Der Ball darf nie aufhören zu springen. Auch als Wettkampf zu zweit möglich. Wer kann den Ball so an die Wand schlagen, dass es der Mitspieler nicht mehr kann?		676
Flugbahn antizipieren, Schlagrichtung bestimmen können.	Flugbahn antizipieren, Schlagrichtung bestimmen können.	Ball an Wand spielen und ein- oder mehrmals auf Boden fliegen lassen. Allein, zu zweit, mit verschiedenen Schlaginstrumenten und verschiedenen Bällen.		677
Vorhand- und Rückhandschlagposition üben.	Vorhand- und Rückhandschlagposition üben.	Ball an Wand spielen und einmal auf dem Boden aufspringen lassen. Den Ball abwechslungsweise mit Vorhand und Rückhand spielen. Nimm den Schläger auch in die (noch) schwächere Hand. Wie oft spielst du so ohne Fehler?		678
Flugbahn antizipieren, Schlagstärke und Richtung dosieren.	Reflexionsverhalten der Wand erfahren.	Sich der Wand entlang, von einem Hallenende zum anderen, fortbewegen und dabei den Ball, fortgesetzt, mit einem Zwischensprung auf dem Boden, an die Wand spielen. Auf dem Rückweg frei mit dem Ball spielen.		679
Unter Zeitdruck Situationen wahrnehmen und darauf reagieren können.	Unter Zeitdruck Situationen wahrnehmen und darauf reagieren.	Ballschule gegen die Wand: Ball mit Schläger auf verschiedenste Art an die Wand schlagen und wieder in der Luft auffangen, z.B. Ball unter Bein hindurch schlagen, umgekehrt zur Wand stehend über Kopf oder zwischen Beinen, vor Auffangen eine Drehung ausführen, etc. Wer erfindet neue Ballschulen?		680

Ziele in der Schwerpunkt-Sportart	Ziele in der Ergänzungs-Sportart	Beschreibung	Hinweise / Organisation	Nummer
Schlagrichtung und Schlagstärke dosieren können.	Schlagrichtung und Schlagstärke dosieren können.	An der Wand sind verschiedene Ziele eingezeichnet. Der Ball darf nach dem Aufsprung auf dem Boden an die Wand geschlagen werden. Wer sammelt in 5 Minuten am meisten Punkte?	Distanz und Grösse der Ziele dem Könnensstand anpassen!	681
Schlägerebene und Schlagrichtung auf tiefes Ziel einstellen.	Schlagstellung einnehmen üben.	Eine Tischtennistischhälfte wird etwas schräg gegen die Wand gestellt. Der Ball soll fortgesetzt gegen den Tisch gespielt werden, ohne Fehler. Auch zu zweit, aber der Ball darf nur auf der oberen Tischhälfte gespielt werden. Weitere Spiel- und Wettbewerbsformen suchen!		682
Flugbahn antizipieren, Schlagrichtung dosieren lernen.	Absprungverhalten in der Ekke erleben.	Spiel in Turnhallenecke: Der Ball muss immer beide Wände berühren. Auch zu zweit, wobei der Ball nur einmal auf dem Boden aufspringen darf.	Z.B.: Als einzelne Station in einem Circuittraining.	683
Schlagtärke dosieren, Stellung zum Ball einnehmen.	Das Ballgefühl, besonders für kurze Bälle, verbessern.	Eine Tischtennistischhälfte wird gegen die Wand gestellt. Der Ball muss nun vom Boden so gegen die Wand gespielt werden, dass er auf dem Tisch und dem Boden aufspringt. Gleiche Uebung, jedoch ohne den Ball auf dem Boden aufspringen zu lassen.		684
Treffsicherheit und Ballgefühl verbessern.	Distanzgefühl schulen.	Vor der Wand wird ein Tischtennistisch im Abstand von ca. 1-2m auf den Boden gelegt. Der Ball muss nun so an die Wand gespielt werden, dass er auf dem Tischtennistisch einmal aufspringt. Spiele nur Vorhandschläge, jedoch 1x mit der linken, dann 1x mit der rechten Hand.		685

Ziele in der Schwerpunkt-Sportart	Ziele in der Ergänzungs-Sportart	Beschreibung	Hinweise / Organisation	Nummer
Ballflugkurve beobachten, Schlagstellung einnehmen.	Reflexionsverhalten der Wand einschätzen lernen.	Die Tischtennistischhälften werden im Abstand von 1m nebeneinander an die Wand gestellt. Der Ball soll von einem Tisch zum anderen gespielt werden, so dass er die Wand, den Tisch und den Boden berührt. (Auch ohne den Boden zu berühren).		686
Schlägerebene und Schlagrichtung anpassen.	Volley spielen.	Ball laufend aus der Luft (Volley) an die Wand spielen. Wer kann dies auch mit der schwächeren Hand, eventuell sogar mit Handwechsel nach jedem Schlag?	Je näher an der Wand, desto schwieriger wird die Aufgabe!	687
Schulung der Schlagschnelligkeit. Schlagstärke dosieren lernen.	Schlagschnelligkeit und Reaktionsschnelligkeit testen.	Zwei Spieler stehen hintereinander. Beide Spieler schlagen den Ball gegen die Wand. Der vordere Spieler schlägt den Ball Volley, der hintere nach dem Aufsprung auf dem Boden. Gelingt es, wenn beide Spieler Volley spielen?		688
Schlagstärke dosieren können.	Schlagstellung in kurzer Zeit wechseln können.	Im Abstand von ca. 3m steht eine Langbank vor der Wand. Der Ball muss nun einmal kurz und einmal lang gespielt werden, so dass er einmal vor und einmal hinter der Langbank auf den Boden springt. Wer findet Varianten dieser Form?		689
Ein einfaches Rückschlagspiel spielen können.	Squash unter vereinfachten Bedingungen spielen.	Squash an die Wand ohne Seiten- und Rückwand, mit Tischtennisschläger und Tischtennisball, Gummiball oder Schaumstofftennisball. Spielt mit eigenen Spielregeln!	3-3,5m 1m 1m 4-5m	690

Ziele in der Schwerpunkt-Sportart	Ziele in der Ergänzungs-Sportart	Beschreibung	Hinweise / Organisation	Nummer
Mit maximaler Kraft Ball schlagen können.	Die Schnell-kraft der Arme fördern.	Ball von der Wand so weit wie möglich fort-schlagen, mit Vorhand und Rückhand. Wer kommt am weitesten? Versuche auch, mit der schwächeren Hand zu schlagen.		691
Schlagkraft und Schlag-koordination bei maximaler Kraft entwik-keln und för-dern.	Schnellkraft im Arm schu-len.	Ball treiben mit Schläger und Tischtennisball. Das Spiel beginnt 7-10m hinter der Mittellinie. Dort wo der Ball zu Boden fällt oder aus der Luft aufgefangen wird, darf zurückgeschlagen werden. Wem gelingt es zuerst, den Ball an die Wand zu schlagen?		692
Ballflug be-obachten, Reak-tionsschnellig-keit schulen.	Ballflug be-obachten, Täuschungen ausprobieren.	Zwei Spieler spielen sich mit dem Schläger einen Schaumstofftennisball zu. Ein Spieler steht in der Mitte und versucht, den Ball ab-zufangen. Gelingt es, dann werden die Rollen gewechselt!		693
Ball mit Kraft in gewünschte Richtung schlagen kön-nen.	Torhüterabwehr schulen.	Tore schiessen: Vom Handballkreis wird mit dem Schläger und Schaumstofftennisbällen auf das Tor geschossen. Der Torhüter wehrt die Bälle ab (auch mit Schläger).		694
Schläger schnell in Abwehrposition bringen.	Wurf trainie-ren.	Zwei Tischtennishälften werden einander gegen-über als Tor senkrecht aufgestellt. A schiesst mit einem Schaumstofftennisball auf das Tor. B versucht, mit dem Schläger den Ball abzu-wehren und umgekehrt. Wer schiesst mehr Tore?		695

Ziele in der Schwerpunkt-Sportart	Ziele in der Ergänzungs-Sportart	Beschreibung	Hinweise / Organisation	Nummer
Ball in gewünschte Richtung schlagen können.	Zupassen üben, Lücke erkennen und darauf reagieren.	In der Mitte eines Anstosskreises steht ein Spieler. 2-3 Spieler versuchen zu verhindern, dass der Spieler im Kreis von seinen Mitspielern ausserhalb angespielt wird. Gespielt wird mit Schlägern und einem Schaumstofftennisball.		696
Reaktionsschnelligkeit beim Schlagen trainieren.	Schulung Werfen/Fangen.	Zwischen A und B steht ein dritter Spieler C. A wirft B den Ball zu, den dieser fangen muss. C darf den zugeworfenen Ball mit dem Schläger fortschlagen oder durchlassen. Kann B den Ball nicht fangen oder kann C den Ball weit über eine Linie fortschlagen, erhält er 1 Punkt.		697
Schmetterball trainieren; Schnellkraftausdauer im Arm trainieren.	Reaktionsschnelligkeit im Abwehren schulen.	Ein Spieler prellt den Ball selbst auf den Tisch und schmettert ihn so scharf wie möglich auf die andere Seite. Im Abstand von ca. 3m bilden zwei Malstäbe ein Tor in Tischbreite. Ein anderer Spieler verteidigt dieses Tor mit dem Tischtennisschläger oder mit der Hand.		698
Schlagebene beim Topspin erfahren, Gewichtsverlagerung erleben.	Wurfphase des Schlenzwurfes erfahren.	Das oberste Schwedenkastenteil wird schräg gegen die anderen Teile gelehnt. Ein Ball wird dem Schwedenkasten entlanggeführt und am Ende fortgeschleudert. Mit verschiedenen Bällen und Schlägern möglich.		699
Schlägerhaltung, Armkraft und Schlagkoordination schulen.	Schnellkraft der Arme trainieren.	Feld frei halten oder Ballkrieg mit Schläger und Schaumstofftennis- und Schaumstofftischtennisbällen: Eine bestimmte Schlagart kann vorgegeben werden, z.B. links oder rechts vom Körper, über dem Kopf usw.		700

184

Ziele in der Schwerpunkt-Sportart	Ziele in der Ergänzungs-Sportart	Beschreibung	Hinweise / Organisation	Nummer
Schlagkoordination entwickeln.	Schnellkraft im Arm schulen.	In der Mitte der Halle wird eine Leine auf 1m Höhe gespannt. Das Ziel ist es, einen Schaumstofftennisball unter der Leine hindurch so auf die andere Seite zu schlagen, dass die andere Mannschaft nicht verhindern kann, dass der Ball die Wand berührt (=1 Punkt). Wer gewinnt?		701
Ballflugkurve einschätzen, Schlagkraft, Schlagrichtung dosieren.	Zupassen, Freilaufen und Täuscher üben.	Schnappball mit Schläger und Schaumstofftennisball. Die Regeln müssen dem Könnensstand der Uebungsgruppe angepasst werden.		702
Ballflugkurve einschätzen, Schlagkraft, Schlagrichtung dosieren lernen.	Passen/Fangen schulen, Gefühl für Raumaufteilung entwickeln.	Jägerball mit Schläger und Schaumstofftennisball. Verschiedenste Formen. Regeln selbst entwickeln lassen oder - dem Trainingszustand angepasst - festlegen.		703
Schlagkraft, Schlagstärke dosieren können.	Freilaufen und Zusammenspiel üben, an neue Regeln anpassen können.	Handball mit Schläger und Schaumstofftennisball: Fortbewegung nur mit Ballhochtippen auf dem Schläger. Bei Berührung durch den Gegner muss der Ball abgespielt werden. Ball darf mit der Hand gehalten, aber nur mit dem Schläger abgespielt werden.		704
Schlagstärke, Schlagkraft und Schlagrichtung gezielt wählen.	Freilaufen und Zusammenspiel üben.	Pro 2 Spieler einer Mannschaft steht ein Tischtennistisch in der Mitte der Halle. Zwei Mannschaften spielen gegeneinander. Ziel ist es, mit dem Schläger einen Schaumstofftennisball so unter einem Tisch hindurch zu spielen, dass ihn ein eigener Spieler auf der anderen Seite fangen kann.		705

Ziele in der Schwerpunkt-Sportart	Ziele in der Ergänzungs-Sportart	Beschreibung	Hinweise / Organisation	Nummer
Ballflugkurve einschätzen lernen.	Hand-Mund-Koordination üben.	Wer kann einen Tischtennisball aufwerfen und mit dem Mund auffangen?		706
Aktions-schnelligkeit der Arme schulen.	Koordination der Armbe-wegungen trai-nieren.	Jonglieren mit 2 oder 3 Tischtennisbällen. Tip: Beginne zuerst mit 2 Bällen!		707
Dosierung der Plazierung und Schlagstärke im Spiel üben.	Verschiedene Aktivitäten miteinander ausführen.	Während des Tischtennisspiels auf den Tisch hinaufsitzen und wieder hinunter, ohne das Spiel zu unterbrechen. Wer lebt länger?		708
Schwierigen Ball in Vor-handecke er-laufen lernen.	Letztmöglicher Körpereinsatz, Körperbewegung abbremsen üben.	Tischtennisspiel einer Seitenlinie entlang mit der Vorhand: A spielt den Ball plötzlich diagonal in die Vorhandecke von B. B versucht, den Ball zu erreichen, zurückzuspielen und fängt sich auf der dicken Matte auf.		709
Schwierigen Ball in Rück-handecke er-laufen können.	Rad in einer schwierigen Situation schlagen kön-nen.	Tischtennisspiel einer Seitenlinie entlang mit der Vorhand. A spielt den Ball plötzlich diagonal in die Rückhandecke. B versucht, den Ball noch zu erreichen, spielt ihn zurück und schlägt anschliessend ein Rad.		710

Ziele in der Schwerpunkt-Sportart	Ziele in der Ergänzungs-Sportart	Beschreibung	Hinweise / Organisation	Nummer
Hand- und Armkoordination entwickeln.	Hand- und Armkoordination fördern.	In einem länglichen Holzbrett, welches zu einem schmalen Griff zusammenläuft, ist ein Loch. Daran ist eine Kugel, etwas kleiner als das Loch befestigt. Die Kugel soll nun, ohne Zuhilfenahme der zweiten Hand, in das Loch gespielt werden.		711
Auftreffzeitpunkt antizipieren.	Hand- und Armkoordination Ballflug beobachten.	Zwischen zwei Griffen ist ein elastisches Stoffnetz gespannt. Durch Spannen des Netzes wird ein Ball hochgespickt. Allein oder zu zweit möglich.		712
Ballflugkurve antizipieren.	Fangen mit einem Hilfsmittel üben.	Am Ende eines Kunststofftrichters ist eine Feder eingebaut. Durch Knopfdruck wird der Ball aus dem Trichter hinausgeschleudert. Der Ball soll wieder mit dem Trichter aufgefangen werden. Variante: A spielt mit einem Schläger, B mit dem Trichter zurück.		713
Ballflugkurve antizipieren.	Sprung- und Flugverhalten des Balles voraussehen lernen.	An einem Stein-, Metall- oder Holzblock ist ein Gummiball an einem Gummifaden befestigt. Mit einem Holzschläger wird der Ball fortgeschlagen, so dass er wieder zurückkommt. Allein oder zu zweit möglich.		714
Ballflugkurve antizipieren, Schlägerebene anpassen.	Ball hin und her spielen können.	Zwei Schläger aus Holz mit einem Durchmesser von ca. 20 cm dienen als Schlaginstrument. Ein Gummiball wird in der Luft hin und her gespielt.		715

Kapitel 8 Gerätturnen

Ursula Spöhel

Einleitung

Wie oft stoßen Lehrer im Schul- und Vereinsturnen an Grenzen im Bereich der technischen Elemente innerhalb des Gerätturnens! Die Zahl der sogenannten „einfachen Elemente" an den Geräten ist ziemlich beschränkt; schwierigere Bewegungsabläufe bedingen aber einen Mehraufwand an Trainingsstunden, der im Schulturnen einfach nicht erbracht werden kann. Worin liegt dann überhaupt der Sinn des Turnens an, auf und mit den Geräten? Liegt er darin, mit technischen Fertigkeiten zu brillieren (was ohnehin nur wenigen Schülern vorbehalten sein wird) oder aber die Bereiche Gewandtheit/Geschicklichkeit und Körperbewußtsein/Körperbeherrschung vermehrt zu fördern, um die Schüler zu einer großen Anpassungsfähigkeit im Bereich „allgemeiner Bewegungsprobleme" im Sinne von „Lebensbewältigung aus bewegungsmäßiger Sicht" hinzuführen? (Ein perfekter Überschlag im Pferdsprung ist noch lange keine Garantie dafür, daß man einen Treppensturz geschickt auffangen kann.)

Auf letzteren Gedanken basiert das nachfolgende Kapitel: Mit einer Vielzahl von Bewegungsaufgaben, die vor allem die Gewandtheit und die koordinativen Fähigkeiten ansprechen, soll das Repertoire an Bewegungsmustern größtmögliche Erweiterung erfahren. Ebenso wird mit der Idee des Kombinierens von Sportarten die Intensität innerhalb des Unterrichts gesteigert. Warum z. B. Gerätturnen und Spiel immer isoliert voneinander trainieren? Bieten nicht gerade beide Sportarten als Kombination ein unermeßliches Feld an Übungsgut, das es zu entdecken gilt? Gerät + Ball: Unzählige Bewegungsaufgaben lassen sich damit finden!

Die 100 Übungen des Kapitels „Schwerpunktsportart Gerätturnen" sollen Impuls sein für 100 x 100 weitere Ideen, für Erforschungs-, Erprobungs- und Erfinderstunden im Bereich Gerätturnen in Kombination mit…

In diesem Sinne freue ich mich auf einen Umdenkungsprozeß, der unserem Schulturnen, unserem Sporttreiben allgemein, so dringend zu wünschen ist.

URSULA SPÖHEL

Ziele in der Schwerpunkt-Sportart	Ziele in der Ergänzungs-Sportart	Beschreibung	Hinweise / Organisation	Nummer
Rolle vw üben (ohne Zuhilfenahme der Hände beim Aufstehen).	Hürdenlauf über 3 Hürden trainieren.	4 Hürden stehen so hintereinander, dass zwischen der 1. und 2. H. ein 5-Schritt-Anlauf, zwischen den übrigen H. ein 3-Schritt-Rhythmus möglich ist. 2 Matten vor der 1. Hürde. A startet mit einer Rolle vw und springt direkt über die 1. H., dann Start über die restlichen.		716
Rolle rw zum Kauerstand üben.	Weitwurf mit 3-Schritt-Anlauf üben.	Bodenmatten längs ca. 10m vor Hallenwand, Tennisbälle beim hinteren Mattenrand. Rolle rw zum Kauerstand, in dieser Stellung Ball aufnehmen und über die Matte einen 3-Schritt-Anlauf ausführen zum Wurf gegen die Wand. Ball fangen und wieder hinlegen.		717
Spreizsprung mit 1/2 Drehung üben.	Erkennen von Sprung und Schwungbein. Absprung für Flop bewusstmachen.	3 Schritte zum Spreizschlusssprung mit 1/2 Drehung, anschliessend 3 Schritte zum Hochspringen mit 1/2 Drehung für Flop (Knieeinsatz). Mit welchem Bein muss gestartet werden, damit nach 3 Schritten der Absprung mit dem Sprungbein erfolgt?		718
Richtige Kopfhaltung bei der Rolle vw/rw erleben.	Wurf aus Stand üben. Krafteinsatz dosieren lernen und Ball fangen können.	Bodenmatten ca. 10m vor einer Wand. Einen Tennisball zwischen Kinn und Brustbein klemmen und so eine Rolle vw oder rw ausführen. Anschliessend Wurf gegen Wand, Ball fangen, einklemmen und in die andere Richtung rollen. "Pendelverkehr".		719
Rad aus Anlauf (mit Hüpfer) üben.	Stehvermögen verbessern.	Auf einer Mattenbahn führen 5 Schüler direkt hintereinander Räder aus dem Anlauf heraus aus. Sobald die Mattenbahn wieder frei ist, beginnt der erste Schüler wieder in der Gegenrichtung. Jeder Schüler führt so 10 Räder aus. 3 Serien à 10 Räder mit Pause.		720

Ziele in der Schwerpunkt-Sportart	Ziele in der Ergänzungs-Sportart	Beschreibung	Hinweise / Organisation	Nummer
Schulung der Grätsche über das Pferd unter Belastung.	Ausdauertraining unter wechselnder Belastung.	2 Pferdsprunganlagen auf den Längsseiten, Springseile unter den Basketballkörben. Wer einen Sprung über das Pferd absolviert hat, nimmt ein Springseil und macht 10 Durchzüge, ehe er auf der anderen Seite wieder springt. Wer macht in 6 Min. am meisten Seildurchzüge?		721
Anlauf beim Pferdsprung verbessern. Richtige Anlaufdistanz herausfinden.	Geschwindigkeitssteigerung für Anlauf beim Weitsprung.	Eine Pferd- und eine Weitsprunganlage werden nebeneinander aufgebaut. Zwei Schüler starten gleichzeitig zu einem Pferd- bzw. Weitsprung, wobei der Weitspringer 2 Schritte hinter dem Pferdspringer startet. Wer springt zuerst ab?		722
Verbesserung der Koordination. Anpassung an das Brett erzwingen.	Raumgreifende Landung und Sprungkraft verbessern.	3 Reutherbretter mit je ca. 3m Abstand liegen hintereinander vor einer Weichmatte. Die Schüler versuchen, je nach Vorgabe, aus kurzem Anlauf heraus ein- oder beidbeinig über die 3 Bretter zu springen und möglichst weit in der Weichmatte zu landen.	Wer springt am weitesten?	723
Unterschwung über unteren Holm üben.	Lauftraining mit Zusatzaufgaben.	Mehrere Schulstufenbarren in der Halle verteilt. Kreuz und quer durch die Halle laufen und bei jedem Barren einen Unterschwung über den niederen Holm ausführen. (Evtl. auf Signal des Lehrers. Auch andere Geräte miteinbeziehen.).		724
Sprungrolle in die Weichmatte üben.	Hochsprungtraining für den Sporttag.	Geräte-Aufstellung siehe Skizze. Wechselweise springt ein Schüler der Gruppe A einen Flop und einer der Gruppe B eine Sprungrolle. Nach 3 Durchgängen wechseln. Gruppeneinteilung nach Sprunghöhe.	Gruppe B Gruppe A	725

Ziele in der Schwerpunkt-Sportart	Ziele in der Ergänzungs-Sportart	Beschreibung	Hinweise / Organisation	Nummer
Sprung über das Pferd üben.	Bogenlauf für Flop bewusst erleben. Schwungbeineinsatz üben.	Geräte-Aufstellung siehe Skizze. Ein Schüler läuft zum Hochsprung an, springt mit Schwungbeineinsatz hoch (1/4 Dr.) und startet sogleich zu einem Sprung über das Pferd. Der nächste Schüler springt Flop. Steter Wechsel.		726
Gewöhnung ans Reck; Tummelform. Gleichgewichtsschulung.	Hanglage für den Flop bewusst erleben.	Reck hüfthoch. Wer kann sich rücklings auf die Reckstange legen und in dieser Stellung verweilen? Reck hüfttief eingestellt!		727
Gewöhnung ans Reck; Tummelform. Gleichgewichtsschulung.	Wurf aus Stand mit dosiertem Krafteinsatz üben.	A sitzt rl auf der Stange und fängt den Tennisball, der ihm von B zugeworfen wird. B wirft möglichst "stilrein". Wer kann hintereinander 5 Bälle fangen?		728
Gleichgewichtsschulung mit Zusatzaufgabe.	Standstoss unter erschwerten Bedingungen ausführen.	2 Schüler stehen sich auf einer Langbank gegenüber und stossen sich einen Ball gegenseitig zu. Welches Paar kann dies auch, wenn die Kante zur Standfläche wird? Verschiedene Bälle (auch Medizinbälle)!		729
Ganze Uebungen am Schulstufenbarren durchturnen.	Hürdenlauf über 4 Hürden üben und einen Rhythmus finden.	4 Hürden auf den beiden Längsseiten, 2 Schulstufenbarren auf den Schmalseiten der Halle. Nach jeder Uebung am Stufenbarren wird zu einem Lauf über die Hürden gestartet und anschliessend am anderen Barren wieder eine Uebung geturnt.		730

Ziele in der Schwerpunkt-Sportart	Ziele in der Ergänzungs-Sportart	Beschreibung	Hinweise / Organisation	Nummer
Rolle vw (Handstand-abrollen) zum Aufsprung üben.	Sprungkraft verbessern.	Eine Hürde steht zwischen 2 Bodenmatten. Führe eine Rolle vw aus und springe anschliessend, ohne den Bewegungsfluss zu unterbrechen, über die Hürde. Wie hoch kannst du die Hürde einstellen?		731
Felgaufschwung am oberen Holm üben.	Kräftigung der Beinmuskulatur. Gewandtheit.	An den Enden des unteren Holmes werden je ein Schwungseil befestigt. A führt einen Felgaufschwung am oberen Holm aus; B und C schwingen die beiden Seile und D und E springen so lange, bis A 5x den Felgaufschwung geturnt hat. Rollenwechsel.		732
Gerätegarten mit "festen" Geräten.	Aufsprünge üben. Sprungkraft verbessern.	Freies Laufen im Gerätegarten. Dazwischen immer wieder auf die Geräte aufspringen (beidbeinig). Wer schafft einen Aufsprung auf einen Kasten mit 4 Elementen?		733
Gerätegarten; Tummelform.	Wurfbewegung aus verschiedenen Positionen üben.	Zu zweit mit einem Tennisball im Gerätegarten. A klettert mit dem Ball auf ein Gerät und wirft den Ball möglichst "stilrein" zu B, der sich irgendwo im Gerätegarten befindet. Rollenwechsel.		734
Gerätegarten; Tummelform.	Ausdauertraining in der Halle mit Zusatzaufgaben.	10 Minuten laufen mit Musikunterstützung. Dazwischen immer wieder Geräte des Gerätegartens überqueren. Wer findet für jedes Ueberqueren eine neue Form?		735

Ziele in der Schwerpunkt-Sportart	Ziele in der Ergänzungs-Sportart	Beschreibung	Hinweise / Organisation	Nummer
Rolle vw oder rw üben.	Kurzes, oberes Zuspiel verbessern.	Unter dem Volleyballnetz liegen Bodenmatten längs nebeneinander. Die Schüler spielen sich selber fortlaufend einen Ball hoch. Auf Pfiff des Lehrers wird der Ball auf den Boden gelegt und die Spielfeldhälfte mittels Rolle vw oder rw gewechselt. Weiterspielen.	Zuspielen mit vw-Bewegung.	736
Rolle rw zum Kauerstand schulen.	Genauigkeit des oberen/ unteren Zuspiels verbessern.	Zu zweit: A führt auf einer Mattenbahn eine Rolle rw zum Kauerstand aus und versucht, beim Aufstehen den von B zugeworfenen Ball abzunehmen. Mit oberem oder unterem Zuspiel. Fortlaufend Rolle rw, am Ende der Bahn Rollenwechsel.		737
Aufstehen nach der Rolle vw ohne Aufstützen der Hände üben.	Oberes/unteres Zuspiel üben und verbessern.	Zwei Schüler spielen sich einen Ball zu. Nach jeder Ballabgabe muss im Päckli rw- und wieder vw gerollt werden. Während des Aufstehens wird der Ball oben oder unten abgenommen. Evtl. mit Kontrollpass.		738
Aufstehen aus der Rolle vw üben.	Peripheres Sehen schulen. Zuspiele genau ausführen.	3er-Gruppe: A rl vor einer Matte, B und C ca. 4m vor A. A rollt rw und wieder vw und erhält von B einen Ball zugespielt, den er beim Aufstehen zu C zurückspielt. B läuft zur Matte und übernimmt die Rolle von A, A stellt sich hinter C. Fortlaufend wechseln.		739
Rad sw üben.	Oberes und unteres Zuspiel verbessern.	2 Kolonnen stehen je vor einer Wand der Halle (Schmal- oder Längsseite). A spielt den Ball gegen die Wand, B nimmt ab, spielt, C nimmt ... Wer den Ball gegen die Wand gespielt hat, wechselt auf die andere Hallenseite und führt dabei mindestens 3 Räder sw aus.		740

Ziele in der Schwerpunkt-Sportart	Ziele in der Ergänzungs-Sportart	Beschreibung	Hinweise / Organisation	Nummer
Koordination verbessern. Tanzschritte automatisieren.	Oberes Zuspiel mit Zusatz-aufgabe aus-führen.	Wer kann eine Schrittkombination aus einem Volkstanz ausführen und dabei einen Ball mittels oberem Zuspiel fortlaufend über dem Kopf hochspielen? Schrittkombination!		741
Glockenhang am Reck stabi-lisieren. Tummelform.	Ballabnahme mittels Bagger verbessern. Schlechte Zu-spiele annehmen.	Zu zweit: A hängt in der Glocke am Reck, B ohne Ball ca. 4m vor A. A wirft seinen Ball zu B, der versucht, diesen mit Bagger "aufzustel-len" und anschliessend zu fangen. Ball wieder zu A. Nach 5 Versuchen (evtl. 3) Rollen-wechsel.		742
Felgaufschwung zum Nieder-sprung üben.	Unteres/oberes Zuspiel gegen Wand verbes-sern.	In Kastenoberteilen liegen Volleybälle bereit (auf beiden Schmalseiten). Auf der einen Seite müssen 10 obere, auf der anderen 10 untere Zuspiele gegen die Wand aus-geführt werden. Seitenwechsel: Felgaufschwung und Niedersprung ausführen.		743
Sitzabschwung üben. Gleichgewichts-gefühl/Gewandt-heit verbessern.	Genauigkeit des oberen Zupieles verbessern.	Zu zweit: A sitzt auf der Reckstange und versucht, einen von B zugespielten Ball zu fangen. A: Sitzabschwung rw und wieder in den Sitz klettern. B: So lange vor sich hochspielen, bis A wieder zum Fangen bereit ist. Rollen-wechsel nach 5 Wiederholungen.		744
Sprung zum Stütz mit Felg-abschwung vw üben. Rolle vw ver-bessern.	Raumorientie-rung ver-bessern. Oberes Zuspiel üben.	Reck schulterhoch zwischen 2 Kolonnen, die ca. 6m voneinander entfernt sind. A spielt den Ball zu B, B zu C,... Wer den Ball ab-gegeben hat, wechselt die Seite. Unterwegs wird am Reck in den Stütz gesprungen und ein Felgabschwung vw mit Rolle vw am Boden ausgeführt.		745

Ziele in der Schwerpunkt-Sportart	Ziele in der Ergänzungs-Sportart	Beschreibung	Hinweise / Organisation	Nummer
Unterschwung über niederen Holm üben.	Bagger und hohes Zuspiel gegen Wand verbessern.	Mehrere Schüler stehen hintereinander vor einer Wand. A spielt den Ball gegen die Wand, B nimmt mit Bagger an ("aufstellen") und spielt wiederum mittels oberem Zuspiel gegen die Wand. C nimmt an.... Wer den Ball abgegeben hat, führt einen Unterschwung über den niederen Holm aus.		746
Kurze Uebung am Schulstufen-barren trainieren.	Oberes Zuspiel mit Platzver-schiebung üben.	Zu dritt: A turnt "seine" Uebung, während B und C sich einen Ball zuspielen und sich dabei um den Barren bewegen. Nach beendigter Uebung werden die Rollen gewechselt.		747
Stützkraft für das Barren-turnen ver-bessern.	Langes, oberes Zuspielen üben.	A klemmt einen Ball zwischen die Füsse und "stützelt" durch die Holmengasse. Ball mit langem Zuspiel zu B, der durch die Holmengasse "stützelt".		748
Schaukeln an den Ringen erleben. Genaues Zu-werfen üben.	Ballabnahme mittels oberem Zuspiel verbessern.	Zu zweit: A sitzt in den Schaukelringen und hält einen Ball. B versetzt A in Bewegung und wartet am Ende des Vorschwunges, bis A ihm den Ball im hohem Bogen zuwirft. B: Ball abneh-men (oberes Zuspiel), fangen und zu A zurück-werfen.		749
Gleichgewicht schulen.	Zuspiel unter erschwer-ten Bedingungen üben.	Welches Paar kann sich einen Ball zuspielen, ohne dabei von der Langbank herunterzufallen? (Auch auf der Kante versuchen!). Auch auf verschiedenen Langbänken stehend versuchen.		750

Ziele in der Schwerpunkt-Sportart	Ziele in der Ergänzungs-Sportart	Beschreibung	Hinweise / Organisation	Nummer
Gleichgewicht auch nach körperlicher Belastung finden.	Schmetter-schlagbewegung verbessern.	Volleybälle in Säcke oder Netze verpacken und aufhängen. 3 Schmetterschläge mit Anlauf gegen einen auf-gehängten Ball ausführen und anschliessend eine vorgegebene Uebung auf einer Langbank durchturnen.	Langbänke in Hallenmitte.	751
Sprünge über das Pferd üben.	Schmetter-schlagbewegung vertiefen. Stehvermögen verbessern.	Bei sämtlichen Körben einen eingepackten Ball aufhängen. Nach 3 Schlägen wird ein Sprung über das Pferd ausgeführt. Sprunganlage in Längsrichtung der Halle.		752
Grundsprünge aus dem Mini-trampolin üben.	Kombination von unterem und oberem Zuspiel.	In 2 gegenüberliegenden Ecken liegen Bälle in Kastenoberteilen bereit. 2 Sprunganlagen in der Mitte der Halle. Grundsprung absolvieren. In der Ecke fortlau-fend übers "Eck" an die Wand spielen. Ball je-weils mit Bagger "aufstellen".		753
Grundbewegungen im Geräte-garten üben.	Peripheres Sehen, Konzen-trationsfähig-keit und Re-aktionsvermögen verbessern.	Freies Bewegen im Gerätegarten mit stetem oberem Zuspiel. Auf Signale des Lehrers werden Aufgaben ausgeführt: 1 Pfiff : 5x in den Stütz springen; 2 Pfiffe: Gerät irgendwie überqueren; 3 Pfiffe: Eine Rotation ausführen.		754
Prüfungs-übungen an verschiedenen Geräten üben.	Aufschlag üben.	Die eine Hallenhälfte wird zum "Aufschlagplatz", die andere zum "Geräteplatz". Wer 5 Uebungen (Wiederholungen) absolviert hat, wechselt in den Aufschlagplatz und löst einen "Servicemann" ab.	Aufschlag gegen Wand!	755

Ziele in der Schwerpunkt-Sportart	Ziele in der Ergänzungs-Sportart	Beschreibung	Hinweise / Organisation	Nummer
Kerze mit Zusatzaufgabe üben. Geschicklichkeit verbessern.	Dribbling schulen.	A balanciert in der Kerze einen Ball auf den Füssen. B dribbelt unterdessen zur gegenüberliegenden Wand und wieder zurück. A ist erlöst, wenn B den Ball von den Füssen von A nimmt. Rollenwechsel.		756
Handstand üben. Stützkraft verbessern.	Dribbling verbessern.	A schwingt in den Handstand gegen die Wand, während B zur gegenüberliegenden Wand und zurück dribbelt. Wer kann während der gesamten "Dribbelzeit" des Partners im Handstand bleiben?		757
Rolle vw/rw verbessern.	Einwurf aus verschiedenen Distanzen üben.	Matten liegen verstreut in Korbnähe, 1 Ball neben jeder Matte. Rolle vw oder rw ausführen und anschliessend auf den Korb werfen. Ball holen und zu einer anderen Matte wechseln. Wer hat zuerst von jeder Matte aus einen Treffer erzielt?		758
Rad sw üben.	Bodenpass aus dem Dribbling üben.	Zwei Schüler bewegen sich dribbelnd in der Halle (1 Ball). Der Wechsel des Balles erfolgt mittels Bodenpass. Wer den Ball abgegeben hat, führt sofort ein Rad sw aus.		759
Rad sw üben.	Peripheres Sehen verbessern. Partner nicht aus den Augen verlieren.	Zu zweit: A dribbelt, B bewegt sich ohne Ball frei in der Halle. Sobald B ein Rad sw ausführt, spurtet A mit dem Ball zu B und übergibt ihm den Ball mittels Pass oder Bodenpass.		760

Ziele in der Schwerpunkt-Sportart	Ziele in der Ergänzungs-Sportart	Beschreibung	Hinweise / Organisation	Nummer
Rolle vw/rw oder Hand-stand-abrollen üben.	Beidhändigen Druckpass ver-bessern.	Zwei Kolonnen stehen sich gegenüber, neben jeder Kolonne liegen 2 Bodenmatten. Ein Ball wird hin und her gepasst. Wer den Ball abgegeben hat, führt sogleich eine Rolle vw auf den Matten aus und schliesst wieder bei der Kolonne hinten an.		761
Felge vl rw ("Bauchwelle") mit Nieder-sprung üben.	Dribbling, Sternschritt und Pass verbessern.	A turnt am Reck eine Felge vl rw zum Nieder-sprung, während B zur gegenüberliegenden Wand und wieder zurück dribbelt. Stop- und Sternschritt ca. 4m vor dem Reck. Pass zu A, wenn dieser zur Ballannahme bereit ist. Rollenwechsel.		762
Prüfungsaufgabe trainieren.	Dribbling, Stop- und Sternschritt anwenden.	Eine Kolonne steht bei der Wand. A turnt am Reck die Prüfungsaufgabe, während B Richtung Reck dribbelt. Stop- und Sternschritt vor dem Reck, Pass zurück zu C. A rennt zur Kolonne, B turnt "seine" Uebung, C dribbelt Richtung Reck. Fortlaufend.		763
Gewöhnung ans Reck. Griffkraft verbessern.	Dribbling mit Zusatzauf-gabe üben.	Die Schüler sind im Kauerhang am brusthohen Reck und versuchen, sich mit einer Hand an der Stange haltend, einen Ball gegen den Boden zu prellen. Handwechsel. Wer schafft 50 Bodenkontakte ohne Unterbruch?		764
Tummelform. Glockenhang üben.	Bewegungser-fahrung und Geschicklich-keit mit dem Ball erweitern und verbessern.	Glockenhang am schulterhohen Reck. Wer kann einen Ball fortlaufend prellen? Wer kann dies auch bei niederer Stangenhöhe, wenn der Ball auf der Bauchseite (auf Bauchhöhe) geprellt werden muss?		765

Ziele in der Schwerpunkt-Sportart	Ziele in der Ergänzungs-Sportart	Beschreibung	Hinweise / Organisation	Nummer
Stützkraft für das Schwingen am Barren verbessern.	Dribbling, Zweitakt und Korbleger üben.	In Längsrichtung werden aus Parallelbarren zwei Holmengassen errichtet. Dribbling zur Holmengasse, Ball zwischen den Füssen einklemmen und durch die Gasse "stützeln". Dribbling Richtung Korb, Zweitakt und Korbversuch. Als Rundparcours fortgesetzt.		766
Felgaufschwung am oberen Holm üben.	Peripheres Sehen verbessern. Dribbling festigen.	Stufenbarren aufstellen. Etwa die Hälfte der Schüler mit Ball. Diese dribbeln frei in der Halle, während die anderen versuchen, einen Ball zu erhaschen. Wer den Ball verliert, führt einen Felgaufschwung am oberen Holm aus und darf wieder mitspielen.		767
Gewöhnung ans Minitrampolin mit erhöhtem Einsprung.	Treffsicherheit unter erschwerten Bedingungen verbessern.	Sprung ab Kasten ins Minitrampolin (mit Ball). Wer kann während des Fluges einen Treffer erzielen? Sprunganlage nicht zu nahe beim Korb!		768
Grundsprünge mit Anlauf üben.	Zweitakt von beiden Seiten üben.	Ein Schüler startet zum Zweitakt mit Korbleger; den vom Brett zurückprallenden Ball wirft er einem Kameraden zu, der am Ausgangspunkt steht. A läuft zu einem Sprung an, während B seinerseits zum Zweitakt ansetzt. Mit 2 Sprunganlagen ——▶Rundparcours.		769
Grätsche (Stützsprung) über das Pferd üben.	Langen Druckpass verbessern. Wurfkraft trainieren.	Neben dem Sprungbrett steht ein Schüler, die anderen in einer Kolonne beim Anlauf. A spielt einen langen Pass zu B (beim Sprungbrett) und startet zu einem Sprung. B dribbelt zur Kolonne, übergibt den Ball an C und schliesst bei der Kolonne auf. A wird zum Fänger beim Brett.		770

Ziele in der Schwerpunkt-Sportart	Ziele in der Ergänzungs-Sportart	Beschreibung	Hinweise / Organisation	Nummer
Gleichgewicht, Geschicklichkeit schulen.	Einarmigen Einwurf unter erschwerten Bedingungen üben.	Wer kann auf der Langbank stehend einen Treffer erzielen? (Auch auf Kante oder Schwebebalken.) Wer erzielt bei 10 Versuchen am meisten Treffer?		771
Gleichgewicht und Geschicklichkeit verbessern.	Ballführung beim Dribbling verbessern.	Wer kann auf einer Langbank (Kante, Balken) vor- und rückwärts gehen und dabei einen Ball mal auf der einen, mal auf der anderen Seite der Bank dribbeln?		772
Gerätegarten; Gewöhnung an Geräte.	Treffsicherheit unter erschwerten Bedingungen schulen.	Gerätegarten in Korbnähe aufstellen. Versuche, von allen möglichen Geräten aus Treffer zu erzielen. Stellung auf oder am Gerät frei wählbar oder aber auch bestimmen.		773
Gerätegarten; Gewöhnung an Geräte.	Passen/Fangen unter erschwerten Bedingungen üben.	Zu zweit im Gerätegarten: A und B spielen sich gegenseitig einen Ball zu und bewegen sich dabei von Gerät zu Gerät, ohne den Boden zu berühren.		774
Gerätegarten; Gewöhnung an Geräte.	Bodenpass mit grossem Krafteinsatz üben.	Zu zweit im Gerätegarten (Geräte mit grösserer Distanz zueinander aufstellen). A und B bewegen sich von Gerät zu Gerät und spielen sich dabei einen Ball mittels Bodenpass zu.		775

Ziele in der Schwerpunkt-Sportart	Ziele in der Ergänzungs-Sportart	Beschreibung	Hinweise / Organisation	Nummer
Gymnastischen Sprung unter erschwerten Bedingungen üben.	Sprungwurf aus ungewohnter Stellung üben. Die Koordinationsfähigkeit fördern.	Führe einen Sprung (Scherensprung, Anschlagsprung usw.) aus und wirf den Ball einem Partner zu, während du in der Luft bist. Wer findet einen harmonischen Bewegungsablauf?		776
Angst vor der Rolle vw verlieren.	Ballbehandlung und Dribbling verbessern.	Stafette A dribbelt bis zu einer Bodenmatte, führt dort eine Rolle vw aus, ohne den Ball hinzulegen, dribbelt zur Wand und sofort zurück zur Matte, Pass zu B, der sogleich startet. (3-5 Schüler pro Gruppe.).		777
Rollspannung für Rolle vw und rw erleben.	Passen/Fangen verbessern.	Zwei Schüler stehen sich gegenüber (Distanz frei wählbar). Wer den Ball gefangen hat, klemmt diesen zwischen Bauch und Oberschenkeln ein und rollt im Päckli zurück und wieder vorwärts. Pass zum Partner, der die gleiche Uebung mit dem Ball ausführt.		778
Rad sw üben. Rad unter Zeitdruck ausführen.	Schnelles Passen/Fangen schulen.	Die Schüler bilden einen Kreis. 2-3 Bälle werden in der gleichen Richtung vom einen zum anderen gespielt. Wer den Ball abgegeben hat, führt sofort ein Rad aus, damit er den nächsten Ball fangen und weiterspielen kann. Rad nach jeder Ballabgabe.		779
Gleichgewichtsgefühl, Geschicklichkeit und Gewandtheit fördern.	Dribbling unter erschwerten Bedingungen üben.	Mehrere Langbänke (auch Schwebekanten) in der Halle verteilen. Freies Dribbeln in der Halle. Ueberspringen oder überqueren der Langbänke, ohne das Dribbling zu unterbrechen.		780

Ziele in der Schwerpunkt-Sportart	Ziele in der Ergänzungs-Sportart	Beschreibung	Hinweise / Organisation	Nummer
Gewandtheit und Gleichgewichtsgefühl fördern.	Kraftvollen Kernwurf unter erschwerten Bedingungen üben.	Langbänke (Kanten, Schwebebalken) ca. 5m vor der Wand aufstellen. Wer kann auf der Langbank stehend einen Ball so kräftig gegen die Wand spielen, dass er wieder gefangen werden kann?	Wurf möglichst horizontal!	781
Schulung des Gleichgewichts.	Passen/Fangen unter erschwerten Bedingungen üben.	Zu zweit: A steht auf einer Langbank (Schwebekante etc.), während B um die Langbank dribbelt und den Ball immer wieder zu A spielt. Dieser passt sofort zurück zu B. Wer fängt 10 Pässe, ohne herunterzufallen? Rollenwechsel.		782
Tummelform. Gewandtheit und Geschicklichkeit verbessern.	Fangen des Balles in ungewohnten Stellungen.	Zu zweit: A nimmt am Reck verschiedene Stellungen ein, die es ihm ermöglichen, einen von B zugeworfenen Ball zu fangen. Stellung mindestens 5x wechseln. Rollentausch.		783
Tummelform. Gleichgewichtsgefühl fördern.	Ballbehandlung verbessern.	Wer kann auf der Reckstange sitzen und einen Ball, den man fallenlässt, mit den Füssen fangen? Wer fängt den Ball, ohne sich mit den Händen an der Stange festzuhalten?		784
Tummelform. Orientierung im Raum fördern.	Fangen/Passen in "Kopfüber"-Stellung.	Zu dritt: A im Glockenhang, B vor, C hinter A, mit je ca. 3m Abstand. Ball bei B. Ballweg: Wurf zu A, über Stange zu C, rollen zu A, Wurf zu B. Mehrmals wiederholen. Rollentausch.		785

Ziele in der Schwerpunkt-Sportart	Ziele in der Ergänzungs-Sportart	Beschreibung	Hinweise / Organisation	Nummer
Stützkraft verbessern. Schwingen mit Zusatzaufgabe.	Ballannahme verbessern.	A klemmt einen Ball zwischen die Füsse und schwingt im Parallelbarren. B steht in der Verlängerung der Holmengasse vor A. A versucht, seinen Ball aus dem Schwingen heraus zu B zu spielen. Rollentausch. Auch als Gruppenaufgabe.		786
Stützkraft verbessern. Schwingen üben.	Torhütertraining. Reaktionsschulung.	Mehrere Barren stehen so vor dem Tor, dass die Verlängerung der Holmengasse zum Tor hin verläuft. Wer erzielt ein Tor, indem er den eingeklemmten Ball im Vorschwingen auf das Tor hin abspielt? Mit Torhüter.		787
Gewandtheit und Geschicklichkeit verbessern.	Kernwurf aus ungewohnter Stellung üben.	Zu zweit: A klettert mit einem Ball die Sprossenwand hoch, hält sich an der obersten Sprosse fest und passt zu B. B dribbelt an die gegenüberliegende Wand und zurück und klettert die Sprossenwand hinauf. A übernimmt jetzt die Rolle von B. Steter Wechsel.		788
Tummelform. Angst vor dem Gerät verlieren.	Zuspielen unter erschwerten Bedingungen üben.	Zu zweit: A und B spielen sich einen Ball zu. Unterdessen überquert A das Gerät und B bewegt sich dauernd um das Gerät. Nach Ueberquerung von A erfolgt Rollenwechsel.		789
Tummelform. Zielwurf verbessern.	Zielwurf verbessern.	Im grossräumig aufgestellten Gerätegarten werden Medizinbälle verteilt. Zu zweit: A versucht, den Medizinball in Bewegung zu versetzen (von einem Gerät aus). B spielt "Balljunge" und wirft A den Ball immer wieder zu. Nach 5 Zielwürfen Rollentausch.		790

Ziele in der Schwerpunkt-Sportart	Ziele in der Ergänzungs-Sportart	Beschreibung	Hinweise / Organisation	Nummer
Aufschwingen in den Handstand üben. Stützkraft verbessern.	Dribbeln mit möglichst vielen Ballberührungen üben.	Zu zweit: A schwingt möglichst oft gegen eine Wand in den Handstand (Versuch gültig, wenn beide Füsse die Wand berühren). B dribbelt unterdessen an die gegenüberliegende Wand und wieder zurück mit möglichst vielen Ballberührungen. Rollentausch.		791
Rad sw zum sicheren Stand schulen.	Peripheres Sehen verbessern. Ballkontrolle schulen.	A führt auf Kommando von B Räder sw aus. Kommando: "Und Rad" = Leichter Pass vw von B. Ball stoppen, sobald A den zweiten Fuss auf dem Boden aufgesetzt hat. Nach einer Länge Rollentausch.		792
Rolle vw oder rw schulen.	Passen/Stoppen üben.	Eine Bodenmatte liegt neben einer Kolonne mit 5 Schülern, ca. 5m von Wand entfernt. A spielt den Ball scharf gegen die Wand, B stoppt den zurückprallenden Ball und passt erneut. C stoppt, passt... Wer den Ball gepasst hat, führt eine Rolle vw/rw aus.		793
Felgaufschwung am Reck mehrfach wiederholen.	Genaues Passen zum Partner üben.	Zu zweit: A am Reck, B ca. 4m vor A. A führt einen Felgaufschwung mit anschliessendem Niedersprung aus. Sogleich spielt B seinen Ball zu A, der diesen stoppt und wieder zurückspielt. B jongliert solange an Ort, bis A seine Uebung wieder ausgeführt hat.	Matte unter Landefläche →etwas hinter dem Reck.	794
Griffkraft und Bauchmuskulatur trainieren. Felgaufschwung aus dem Hang versuchen.	Torhütertraining; Reaktionsschulung.	Reck hanghoch, A am Reck (im Hang), B mit Ball ca. 5m vor A. B wirft seinen Ball auf Kniehöhe von A, der versucht, den Ball mit den Unterschenkeln zurückzuspielen. B muss den Ball auf jeden Fall fangen. Evtl. Felgaufschwung ausführen.		795

Ziele in der Schwerpunkt-Sportart	Ziele in der Ergänzungs-Sportart	Beschreibung	Hinweise / Organisation	Nummer
Stützkraft mittels Schwingen am Barren verbessern.	Genaue Pässe nach einem vorgegebenen Rhythmus spielen.	Zu dritt: A schwingt im Barren. B und C passen sich einen Ball so zu, dass der Ball immer beim Vorschwung von A "unterwegs" ist. (Passen vor der Holmengasse!).		796
Schwingen zum Reitsitz auf einem Barrenholm üben.	Passen/Stoppen üben. Peripheres Sehen verbessern.	Gleiche Aufgabenstellung wie oben. Sobald A zum Reitsitz ansetzt, muss der Ball gestoppt werden und darf erst wieder weitergepasst werden, wenn A den Reitsitz verlässt. Wer kann den Ball stoppen, ohne ihn zu verlieren?		797
Verschiedene Sprünge über das Pferd üben.	Langes Zuspiel, Stoppen und Ballführung verbessern.	5 Schüler in Kolonne beim Anlauf, 1 Schüler (A) neben dem Sprungbrett. B passt den Ball zu A, der ihn stoppt und zur Kolonne zurückdribbelt. Ball an C und in die Kolonne stehen. B führt unterdessen seinen Sprung aus und übernimmt die Rolle von A. Fortlaufend.		798
Grundsprünge aus dem Niedersprung vom Kasten üben.	Zuspiel und Stoppen mit Aussen-/Innenrist üben.	Jeder Schüler, der einen Sprung ausgeführt hat, spielt einen Ball aus 1-2m Distanz seitwärts gegen den Kasten, von dem gesprungen wird. Evtl. 2 Kästen hintereinander aufstellen.		799
Gleichgewichtsschulung. Torschuss unter erschwerten Bedingungen trainieren.	Torhütertraining. Torschuss unter erschwerten Bedingungen.	Mehrere Schwebekanten so vor einem Tor aufstellen, dass ihre Verlängerung zum Tor führt. Wer kann einen am Boden liegenden Ball auf der Schwebekante stehend ins Tor spielen? Wer kann den Torhüter überlisten?		800

Ziele in der Schwerpunkt-Sportart	Ziele in der Ergänzungs-Sportart	Beschreibung	Hinweise / Organisation	Nummer
Rolle vw und rw unter erschwerten Bedingungen üben.	Fortlaufendes Hochspielen mit Zusatzaufgabe.	Wer kann einen Ball fortlaufend hochspielen und zwischendurch eine Rolle vw oder rw ausführen? (Schläger nicht hinlegen!)		801
Rolle vw und rw üben.	Hochspielen unter Zeitdruck üben.	4-5 Schüler ca. 4m vor einer Matte. A spielt den Ball vor der Matte hoch und führt sofort eine Rolle rw aus. B nimmt den Ball ab und spielt ihn seinerseits hoch, Rolle rw, C nimmt ab... Fortlaufender Wechsel.	C B A	802
Rad sw auf beide Seiten ohne Anlauf üben.	Für Könner. Seitliches Hochspielen mit Unterhandclear r und l.	Zwei Schüler spielen sich einen Ball mit Underclear sw zu. Sofort nach der Ballabgabe muss ein Rad sw ausgeführt werden. Wer mit der rechten Hand den Ball schlägt, führt das Rad nach links aus und umgekehrt. Schläger in der Hand behalten zum Aufstützen. Auch auf die "falsche" Seite versuchen!		803
Kerze mit Zusatzaufgabe üben.	Fortlaufendes Hochspielen.	Zu zweit: A führt eine Kerze aus und balanciert den Schläger auf den Füssen. B spielt unterdessen seinen Ball hoch und ruft A zu, wenn er die Aufgabe wechseln will. A übernimmt den Ball, ohne dass dessen Bewegung unterbrochen wird.		804
Handstand üben. Stützkraft verbessern.	Genaues Zuspiel gegen Wand üben.	Zu zweit: A im Handstand mit Bauch gegen Wand, Beine gegrätscht. B ca. 4m vor A. B versucht, seinen Soft-Tennisball fortlaufend zwischen die Beine von A gegen die Wand zu spielen.		805

Ziele in der Schwerpunkt-Sportart	Ziele in der Ergänzungs-Sportart	Beschreibung	Hinweise / Organisation	Nummer
Glockenhang mit Zusatzaufgabe. Tummelform.	Ball auf dem Schläger balancieren in ungewohnter Stellung.	Wer kann im Glockenhang hin und her schwingen und dabei einen Ball auf dem Schläger balancieren?		806
Glockenhang mit Zusatzaufgabe üben. Tummelform.	Fortlaufendes Hochspielen in ungewohnter Stellung.	Wer kann in der "Glocke" hängen und dabei einen Ball vor sich hochspielen? Wer kann dies mehrere Male hintereinander?		807
Glockenhang mit Zusatzaufgabe üben. Tummelform.	Ball annehmen und abspielen in ungewohnter Stellung.	Zu zweit: A in der "Glocke" mit Schläger, B ca. 4m vor A. B wirft seinen Soft-Tennisball zu A, der versucht, den Ball sofort zurückzuspielen.		808
Glocke mit Zusatzaufgabe üben.	In "Kopfüber-Stellung" einen Ball fortlaufend auf den Boden spielen.	Wer kann in der "Glocke" hängend einen Ball fortlaufend auf den Boden spielen?		809
Hangkraft verbessern. Bauchmuskulatur stärken.	"Fussspiel".	Zu zweit; Reck hanghoch. A klemmt einen Schläger zwischen die Füsse und versucht, den von B zugeworfenen Ball zurückzuspielen. Wer spielt den Ball so genau zurück, dass B ihn fangen kann?		810

Ziele in der Schwerpunkt-Sportart	Ziele in der Ergänzungs-Sportart	Beschreibung	Hinweise / Organisation	Nummer
Oberarmrolle auf dem Barren üben.	Ball zurück-spielen aus ungewohnter Stellung.	Zu zweit: A im Grätschsitz auf dem Barren, B ca. 3m vor A. B wirft den Ball auf die rechte Seite von A, der diesen sofort zurückspielt und anschliessend eine Rolle auf dem Barren ausführt. Rollentausch nach 3 Zuspielen.		811
Gewandtheit und Geschick-lichkeit verbessern. Tummelform.	Fortlaufendes Hochspielen mit Zusatz-aufgabe üben.	Umklettere die beiden Barrenholmen in einer Achter-Form und spiele dabei den Ball fort-laufend hoch. Schaffst du es, die Uebung zu absolvieren, ohne den Ball zu verlieren?		812
Angst vor dem Gerät abbauen. Tummelform.	Genaues Zu-spiel üben.	Zwei Schüler spielen sich den Ball über einen Schulstufenbarren zu. Nach 10 Zuspielen legen beide den Schläger auf den Boden und wechseln die Plätze, indem sie gleichzeitig über den Barren klettern.		813
Geschicklich-keit und Ge-wandtheit an der Spros-senwand schulen.	Unter erschwer-ten Bedingungen einen Ball fortlaufend hochspielen.	Wer kann die ganze Sprossenwandbreite durch-queren und einen Ball fortlaufend hochspielen? Wer schafft eine Durchquerung mit möglichst wenig Schlägen?		814
Geschicklich-keit/Gewandt-heit/Gleich-gewichtsgefühl verbessern.	Fortlaufendes Hochspielen mit Zusatz-aufgabe üben.	Wer kann sich auf der Langbank (Schwebekante, Schwebebalken) hinlegen und dabei einen Ball fortlaufend hochspielen?		815

Kapitel 9   Fußball

**Bernhard
Bruggmann**

Einleitung

Viel Fußball, aber nicht nur Fußball!

Am Anfang stand leises Bedauern. Das Unterfangen, Fußball, „meinen" Fußball, mit anderen Sportarten zu kombinieren, brachte mir eine böse Überraschung: Ich fand — außer der Leichtathletik — keine kombinationsfreundliche Sportart, welche sich mit Fußball im Freien hätte verbinden lassen. Also: Weg vom sogenannten grünen Rasen, hinein in die Turnhalle, wo sich Gerätturnen, Basketball und Volleyball geradezu aufdrängen.

Ein Nachteil? Ganz im Gegenteil. Das Ausweichen in die Turnhalle ist in doppeltem Sinn realistisch: Einmal verlegen auch die Fußballvereine, je nach Stufe früher oder später, ihre Aktivitäten in die Halle, so daß man Dezember, Januar und Februar als „Hallenmonate" bezeichnen kann, und zum zweiten ist beim Schulsport die Benützung einer Halle fast die Regel.

Die in diesem Kapitel aufgezeigten 100 Spiel- und Kombinationsformen, eine Mischung von Fußball mit Gerätturnen, Baketball und Volleyball, sind für den Lehrer sicher voller Anregungen, im Turnunterricht „kombinierend" vorzugehen.

Noch mehr Impulse erhoffe ich mir aber von diesem Buch für die Trainer von Fußballmannschaften. Diese Übungssammlung könnte sie zu einem „neuen" Hallentraining bringen: viel Fußball, aber nicht nur Fußball! Wie günstig (und wie wichtig!) ist es doch, in der Winterpause die Gewandtheit zu fördern, etwas für die Schnellkraft zu tun, die allgemeine Beweglichkeit zu verbessern, dem Spieler „neue" Aufgaben zu stellen. Ich habe bei meinen Erprobungen der Übungen und Spiele festgestellt, wie gerne die Spieler mit Minitrampolin, Bock oder Reck arbeiten, wenn sie in den Fußball eingebettet sind. Abspringen, landen — und nachher wieder stoppen und zuspielen; der Spieler empfindet jede dieser gegensätzlichen Aufgaben als neue Herausforderung.

Und dann möchte ich alle Fußballtrainer daran erinnern, daß es viele junge Spieler gibt, die am Ende ihrer Juniorenzeit dem Fußball den Rücken kehren. Vielleicht ist eine gewisse Übersättigung daran schuld: Immer nur Fußball, das kann auch zuviel sein. Skifahrer lösen sich im Sommer vollständig von ihrem Sport und spielen unter anderem häufig Fußball, Eishockeyteams finden im Sommer am Fußball Gefallen, und auch bei Handballvereinen hat ein Fußballspiel noch seinen Platz. Aber Fußballer spielen nur Fußball! Diese geradezu absolute Fixierung auf eine Sportart finde ich falsch, und mit diesem Buch (Gucken Sie doch auch in anderen Kapiteln nach!) und besonders mit dem vorliegenden Teil sollen andere Sportarten an den Fußballer herangetragen werden. Sie werden sehen, die Spieler freuen sich darüber!

Bevor sich der Lehrer und Trainer an die Übungen macht, sollte er unbedingt folgendes beachten:

1. Die Anforderungen im Gerätturnen müssen dem unteren Leistungsstand angepaßt sein, weil es nicht (oder nur ganz selten) möglich ist, dem Spieler Hilfe zu geben. Die Besseren können sich in bezug auf Tempo und sorgfältige Ausführung steigern.
2. Gerätturnen und Basketball habe ich bereits mit D-Junioren (ab 10 Jahren) ausprobiert. Sie können die Aufgaben problemlos bewältigen. Vorkenntnisse in der Ergänzungssportart sind nicht notwendig.
3. Die Übungen in Kombination mit Volleyball dagegen erfordern Volleyball-Grundkenntnisse, damit Freude und Spielfluß aufkommen können. Diese sind wohl frühestens im B-Junioren-Alter (ab 15 Jahren) vorhanden.

Am Anfang stand Bedauern. Am Schluß dieser Arbeit steht große Freude, denn ich bin sicher, daß WALTER BUCHER, der Initiator dieser Reihe und der „geistige Meister" dieser Kombinationsformen, mit dieser Idee frischen Wind ins sportliche Geschehen bringt. Ich selbst habe es erlebt bei den Erprobungen mit den D-Junioren des FC Widnau, die KUNO BONT, dem ich dafür herzlich danke, bei ihrem eifrigen Wirken fotografiert hat, und ich erlebe es noch häufig in den Turnstunden mit meinen Schülern. Die Turnstunden sind abwechslungsreicher, unkonventioneller geworden. Ich kombiniere gern!

BERNHARD BRUGGMANN

Fußball wurde in Italien im 17. Jahrhundert rugbyartig gespielt, die Bälle durften also mit den Händen gefangen und geworfen werden oder aber mit den Füßen gekickt; gespielt wurde auf Dorfplätzen.
Aus Mathys (1983): Die Ballspiele, S. 59

Ziele in der Schwerpunkt-Sportart	Ziele in der Ergänzungs-Sportart	Beschreibung	Hinweise / Organisation	Nummer
Ballführen, Zuspiel, Ballannahme.	Gewandtheit.	Zuerst den Ball führen, dann ein weites Zuspiel zu H. Anschliessend Grätschsprung (Hochsprung, Flanke) über den Bock, Spurt um den Helfer H, den von H aufgeworfenen Ball annehmen und an den Start zurückführen. Hinweis: Start auf Pfiff. Viele Bahnen!	Mehrere Bahnen nebeneinander!	816
Ballführen, genau zuspielen.	Gewandtheit.	Den Ball unter dem Bock durchspielen, neben dem Bock vorbeilaufen und den Ball zu Helfer H spielen. Nachher Malstab umlaufen, Bocksprung, den von H zugeworfenen Ball annehmen und zum Start zurückführen. Hinweis: Viele Bahnen!		817
Weiter Kopfstoss, sichere Ballannahme.	Gewandtheit.	Ball aufwerfen und Kopfstoss über den Bock, seitwärts am Bock vorbeilaufen und den Ball zu H spielen, Sprung über den Bock (Hocke, Grätsche), unter dem Bock durch und den von H geworfenen Ball (Outeinwurf) annehmen und zurückführen.		818
Genaues weites Zuspiel.	Gewandtheit.	Weiter Pass in die Hände von H, Sprung über den Bock, anschliessend Rolle vw, den von H zugeworfenen Ball annehmen und zurückführen. Hinweis: Viele Bahnen! Helfer auswechseln!		819
Volley-Zuspiel genau spielen.	Gewandtheit.	Den Ball direkt aus der Hand (volley) zu H spielen, Sprung über den Bock, den Outeinwurf von H annehmen und den Ball zurückführen. Hinweis: Viele Bahnen! Helfer auswechseln!		820

Ziele in der Schwerpunkt-Sportart	Ziele in der Ergänzungs-Sportart	Beschreibung	Hinweise / Organisation	Nummer
Genaues Zuspiel, sichere Ballannahme.	Gewandtheit.	Jeder Spieler führt seinen Ball im "Warteraum". Je zwei Spieler haben die Nr. 1, 2, etc. Auf Zuruf des Trainers starten die beiden Nummern 1: Zuspiel zu Helfer H, Bocksprung, Spurt um Malstab, den Outeinwurf von H annehmen und Ball zurückführen. Hinweis: Rasche Folge!	2 Anlagen!	821
Genaues Zuspiel, sichere Ballannahme.	Gewandtheit.	Jeder Spieler führt seinen Ball im "Warteraum". Die Spieler sind numeriert (je zwei mit derselben Nummer). Auf Zuruf des Trainers starten die beiden Nummern 1: Sofortiges Zuspiel zu H, Bocksprung-Serie (2-3 Sprünge), Outeinwurf von H annehmen, Ball um Malstab führen und in "Warteraum" zurück.		822
Flach zuspielen.	Gewandtheit.	Jeder Spieler mit seinem Ball im "Warteraum", numeriert. Auf Zuruf des Trainers Zuspiel flach zu H, Bocksprung frei, das Zuspiel von H erlaufen und um den Malstab den Ball zurückführen.	2 Anlagen!	823
Jonglieren, richtiger Kopfstoss.	Gewandtheit.	Alle Spieler, auch die Helfer H, haben einen Ball. Auf Zuruf des Trainers (Name) startet der Spieler ohne Ball aus dem Warteraum, führt bei jedem Helfer einen Kopfstoss und bei jedem Bock (Serie von 3-4 Böcken) einen Bocksprung aus. Nachher zurück in den Warteraum.	1 2 3 4 5 6 7 8 H● H● H● ●H	824
Richtige Kopfstösse.	Gewandtheit; Schnellkraft.	Spieler im "Warteraum", jonglieren, Dreiergruppe A und C mit Ball. A und C werfen den Ball zu, B Sprung über Bock und auf beiden Seiten mit Kopfstoss zum Werfer zurück. Wechsel: A zu B, B zu C, C in den Warteraum, neue Dreiergruppe zu A.	A B B' C	825

Ziele in der Schwerpunkt-Sportart	Ziele in der Ergänzungs-Sportart	Beschreibung	Hinweise / Organisation	Nummer
Ballführen, schnell und genau zuspielen.	Beweglichkeit; Gewandtheit.	Den Ball bis ans Ende des Kastens führen. Dort dem gegenüberstehenden Mitspieler den Ball zuspielen und den Kasten in seiner Längsrichtung in freier Art überqueren. Nachher hinter der gegenüberstehenden Gruppe anschliessen. Hinweis: So viele Reihen (Bahnen) wie Kasten!		826
Genau zuspielen.	Beweglichkeit; Gewandtheit.	Zuerst den Ball führen, nachher Zuspiel an die Kastenwand ("Doppelpass"). Den zurückprallenden Ball zum gegenüberstehenden Spieler spielen und den Kasten mit einer Rolle vw überqueren. Hinweis: So viele Bahnen wie Kasten!		827
Auf den "Abpraller" sofort reagieren, genau zuspielen.	Beweglichkeit; Gewandtheit.	Mit dem Kasten zwei "Doppelpässe" spielen und am Ende der Bahn zum Mitspieler zurückspielen. Auf dem Rückweg zweimal auf dem Kasten Rolle vw und Strecksprung-Niedersprung. Hinweis: Links und rechts ist je eine Gruppe am Ueben, Rückweg gemeinsam.		828
Zuspiel aus dem Lauf.	Beweglichkeit; lockerer Bewegungsablauf beim Flankensprung.	Den Ball bis ungefähr auf die Höhe des Kastens führen und von dort den gegenüberstehenden Mitspieler anspielen, nachher sofort einen Flankensprung über den Kasten ausführen. Von der Gegenseite dasselbe. So viele Bahnen wie Kasten!		829
Ballführen; Geschicklichkeit.	Beweglichkeit; Gewandtheit.	Den Ball zuerst durch das aufgestellte Kastenelement spielen, nachher tempiert neben der Matte durch, nun Rolle vw auf der Matte, den Ball erlaufen, durch das zweite Kastenelement spielen und zum Mitspieler passen. Hinweis: So viele Bahnen wie Kasten!		830

Ziele in der Schwerpunkt-Sportart	Ziele in der Ergänzungs-Sportart	Beschreibung	Hinweise / Organisation	Nummer
Flugbälle genau spielen, Ball sicher annehmen.	Gewandtheit.	Genauen Flugball so über den Kasten (evtl. auch Pferd oder Bock) spielen, dass der Partner den Ball mit der Hand fangen kann. Dann Flankensprung über den Kasten. Dort den Outball von H annehmen und den Ball zurückführen. Hinweis: Jeder Spieler mit einem Ball.		831
Flugbälle genau spielen, Ball sicher annehmen.	Gewandtheit.	Genauen Flugball über den Kasten in die Hand von H spielen, dann Hocksprung über den Kasten und Rolle vw bei der Matte, anschliessend den von H hochgespielten Ball annehmen und zurückführen. Hinweis: Helfer auswechseln!		832
Genau zuspielen.	Gewandtheit.	Flacher Pass über den Kasten zu Helfer A, dann Flankensprung über den Kasten und den von A zugespielten Ball erlaufen, anschliessend bei Helfer B. Zum Schluss auf der Rückseite den Ball zurückführen.		833
Genau zuspielen, sichere Ballannahme.	Gewandtheit.	Zuspiel über den Kasten zu Helfer A, nachher Freisprung auf den Kasten (2, 3, 4 Elemente) und Niedersprung auf die Matte. Anschliessend das Zuspiel von A übernehmen und bei B, sowie auf dem Rückweg bei C und D, ebenso verfahren. Achtung: Beim Niedersprung in die Knie gehen! Keine Bälle auf den Matten!		834
Ballführen, Geschicklichkeit.	Gewandtheit.	Den Ball zuerst durch die beiden Kastenelemente führen, nachher mit dem Ball in der Hand dem niederen obersten Kastenelement eine Rolle vw ausführen, noch zweimal durch das Kastenelement führen und den Ball zurückführen.		835

Ziele in der Schwerpunkt-Sportart	Ziele in der Ergänzungs-Sportart	Beschreibung	Hinweise / Organisation	Nummer
Jonglieren, Kopfballzuspiel, Ballgefühl.	Gewandtheit beim Felgaufschwung.	4er-Gruppen, der Ball bleibt am selben Platz liegen (pro Gruppe 2 Bälle). Platz 1: Jonglieren; Platz 2: Felgaufschwung; Platz 3 und 4: Kopfballzuspiel mit Partner. Hinweis: Wechsel zum nächsten Platz auf Pfiff.		836
Kopfballzuspiel.	Gewandtheit beim Felgaufschwung.	2er-Gruppen, pro Gruppe ein Ball. Während 30 Sekunden machen beide Partner den Felgaufschwung, während der nächsten 60 Sekunden Kopfballzuspiel über die Reckstange. Hinweis: Möglichst viele Bahnen!		837
Flachpass, Ballannahme, Zuspiel hoch.	Gewandtheit beim Knieaufschwung.	2er-Gruppen, pro Gruppe 1 Ball. Während 30 Sekunden üben beide Partner den Knieaufschwung, dann während 60 Sekunden Zuspiel flach/hoch: A immer flach unter der Reckstange durch, B den Ball annehmen, anheben und über die Stange zurückspielen.		838
Jonglieren, direkt zuspielen.	Gewandtheit beim Kniehang.	4er-Gruppe, der Ball bleibt am selben Platz liegen (pro Gruppe 2 Bälle). Platz 1: Jonglieren; Platz 2: Schwingen im Kniehang; Platz 3 und 4: Direktzuspiel. Wechsel zum nächsten Platz auf Pfiff!		839
Ballannahme.	Gewandtheit beim Unterschwung.	Zum Reck laufen, Unterschwung, weiterlaufen und den von H hoch zugespielten Ball annehmen und wieder zu H zurückspielen (Pass in die Hand von H). Hinweis: Schnelle Folge! Helfer auswechseln! Viele Bahnen!		840

 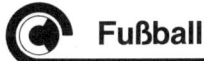
Ziele in der Schwerpunkt-Sportart	Ziele in der Ergänzungs-Sportart	Beschreibung	Hinweise / Organisation	Nummer
Doppelpass, Kopfstoss.	Gewandtheit.	A und B haben je einen Ball. C startet, spielt einen Doppelpass mit A, springt vom Minitrampolin hoch (Strecksprung), läuft weiter zu B, dem er den zugeworfenen Ball wieder in die Hand zurückköpft, dann wieder zurück. Mehrere Bahnen!		841
Doppelpass, Ballannahme.	Gewandtheit.	A und B haben je einen Ball. C startet. Zuerst Doppelpass mit A, anschliessend Grätschsprung vom Minitrampolin, den Outeinwurf von B annehmen und den Ball zu B zurückführen. Mehrere Bahnen!		842
Flachpass.	Gewandtheit.	A und B haben einen Ball. C startet. Doppelpass mit A, nachher Sprung mit ½ Drehung vom Minitrampolin, bei der Landung eine Rolle rw anschliessen und den von B zugespielten Ball direkt flach zurückspielen. Mehrere Bahnen!		843
Ball jonglieren.	Gewandtheit.	A hat einen Ball, ein zweiter liegt am Ende der Bahn bereit. C startet, Doppelpass mit A, nachher Hocksprung vom Minitrampolin und dann mit dem Ball kurz jonglieren. Wenn der nächste Spieler kommt Ballübergabe, ohne dass der Ball auf den Boden fällt.		844
Ball mit dem Kopf jonglieren.	Gewandtheit.	A hat einen Ball, ein zweiter liegt am Ende der der Bahn bereit. C startet, Doppelpass mit A, Grätschwinkelsprung vom Minitrampolin, nachher mit dem bereitliegenden Ball jonglieren (nur Kopf) und dem nächsten Spieler übergeben. Ball nicht auf den Boden fallen lassen!		845

Ziele in der Schwerpunkt-Sportart	Ziele in der Ergänzungs-Sportart	Beschreibung	Hinweise / Organisation	Nummer
Kopfball.	Gewandtheit beim Schwingen und Absprung vom Barren.	An den Barren (Plätze 2, 5, 8 und 11) jeweils fünfmal nach hinten schwingen und über einen Holmen sw rw abspringen. An den übrigen Plätzen Kopfball an die Hallenwand (Bälle bleiben liegen). Hinweis: Wechsel nach 1 Minute.		846
Zuspiel direkt.	Gewandtheit beim Schwingen am Barren.	An den Barren (Plätze 2, 5, 8 und 11) jeweils Schwingen und nach fünf Schwüngen über einen Holmen vw sw abspringen. An den übrigen Plätzen flach und direkt zuspielen. Hinweis: Wechsel nach 1 Minute.		847
Kopfball-zuspiel.	Gewandtheit beim Abgang über einen Holmen am Barrenende.	Vier Barren, vier Bälle: A und B grätschen am Barrenende ab, während C und D sich gleichzeitig in der Barrenmitte Kopfball zuspielen. Hinweis: Wechsel nach 1 Minute.		848
Kopfball-zuspiel.	Kraft in den Oberarmen.	Barren sind in einer Längsreihe aufgestellt. Jeder Spieler "stützelt" die Länge ab, nimmt am Ziel einen Ball und köpft diesen über die "Stützelnden" hinweg mit seinem Partner hin und her. Vorne angekommen, wird der Ball flach zurückgespielt. Jetzt wieder "stützeln".		849
Flugball genau spielen, Kopfball.	Gewandtheit beim Abgrätschen vom Barrenende.	Platz 1 und 2: Zuspiel hoch (2 zu 1), Kopfball zurück zu 2; Platz 3: Abgrätschen am Barrenende; Platz 4 und 5: 4 Zuspiel hoch zu 5, dieser Kopfstoss zu 4 zurück. Hinweis: Wechsel nach 1 Minute.		850

Ziele in der Schwerpunkt-Sportart	Ziele in der Ergänzungs-Sportart	Beschreibung	Hinweise / Organisation	Nummer
Links und rechts genau und flach zuspielen.	Kraft, Rhythmus beim Schwingen an den Ringen.	4er-Gruppen, 2 Bälle (viele Bahnen)! Platz 1: Warten; Platz 2: An den Ringen schwingen; Platz 3: Flachpässe abwechslungsweise rechts und links an die Langbank. Platz 4: Ball hochspielen und annehmen.		851
Flachpässe links und rechts genau spielen.	Kraft, Rhythmus beim Schwingen.	4er-Gruppen, ein Ball (viele Bahnen)! Platz 1: Warten; Platz 2: An den Ringen schwingen, Niedersprung hinten; Platz 3 und 4: Flachpass rechts (3) und links (4).		852
Volley-Zuspiel.	Kraft.	4er-Gruppen, ein Ball (viele Bahnen)! Platz 1: Warten; Platz 2: Purzelbaum an den Ringen (ohne Schwingen) Platz 3 und 4: Volley-Zuspiele über die Langbank (Ball berührt den Boden nicht).		853
Kopfball-Zuspiel	Gewandtheit, Gleichgewichtsgefühl.	4er-Gruppe, ein Ball (viele Bahnen)! Platz 1: Warten; Platz 2: Schwingen, vorne und hinten jeweils eine halbe Drehung ausführen; Platz 3 und 4: Kopfballzuspiel auf der Langbank stehend.		854
Volley-Zuspiel.	Gewandtheit, Kraft, Gleichgewichtsgefühl.	4er-Gruppe, ein Ball (viele Bahnen)! Platz 1: Warten; Platz 2: Purzelbaum an den schaukelnden Ringen; Platz 3 und 4: Volley-Zuspiel aus der Hand in die Hand des Partners. Hinweis: Wechsel nach 30/45/60 Sekunden.		855

Ziele in der Schwerpunkt-Sportart	Ziele in der Ergänzungs-Sportart	Beschreibung	Hinweise / Organisation	Nummer
Ballführen und zuspielen.	Gewandtheit.	Hindernisbahn, den Ball mitnehmen: 1 Slalom 5 Rolle vw 2 Hocksprung 6 Grätschsprung 3 Rolle vw 7 Doppelpass (Langbank) 4 Sprung über Kasten 8 Doppelpass (Langbank) Hinweis: Abstände nicht zu klein!		856
Ballgefühl, Ballführen.	Gewandtheit.	Hindernisbahn, den Ball mitnehmen (jeweils über das Hindernis heben); 1 Hocksprung über den Kasten; 2 Grätschsprung über den Bock; 3 Freisprung über zwei Langbänke; 4 Flankensprung über Kasten.		857
Ballgefühl, Ballführen.	Gewandtheit.	Hindernisbahn, den Ball mitnehmen und jeweils am Hindernis vorbeispielen (nicht zu scharf): 1 Rolle vw auf dem Kasten; 2 Ball an die Langbank spielen und wieder annehmen, (dito bei 4); 3 Bocksprung; 5 Auf der Langbank auf Kasten steigen, Sprung.		858
Zuspiel, Ballführen.	Gewandtheit.	Hindernisbahn, den Ball immer zum Zuspieler zurückspielen (flaches, genaues Zuspiel): 1 Rolle vw; 2 Bock: Grätsche; 3 Aufstieg Langbank auf Kasten, Rolle vw und Niedersprung.		859
Zuspiele.	Gewandtheit.	Hindernisbahn, den Ball kurz führen und immer wieder zum Zuspieler zurückspielen: 1 Grätsche/Hocksprung (Bock); 2 Flanke über Kasten; 3 Hechtrolle auf dicke Matte.		860

Ziele in der Schwerpunkt-Sportart	Ziele in der Ergänzungs-Sportart	Beschreibung	Hinweise / Organisation	Nummer
Genauen Flugball spielen.	Flugball fangen und sichern Korbwurf anschliessen.	Die Gruppen A und C haben Fussbälle (jeder Spieler einen Ball). A1 und C1 spielen einen Flugball auf B1/D1, welche den Ball aus der Luft fangen und sofort versuchen einen Korb zu erzielen. Nachher schliessen die Spieler hinten an (A zu B zu C zu D).		861
Dropkick (auch Halbvolley genannt) üben.	Flugball fangen und sofort Korb erzielen.	Gleicher Uebungsablauf wie oben, aber der Ball wird im Dropkick zugespielt. Dropkick: Den Ball aus der Hand zu Boden fallen lassen und sofort nach der Bodenberührung schiessen. (Organisationsanleitung für nächste Nummer)!		862
Genaues weites Zuspiel auf den Mann, Kopfball-Zuspiel.	Unterschiedlich zugespielte Bälle sicher fangen und Korb erzielen.	Alle Spieler haben einen Ball, ausgenommen die beiden Zuspieler (Z). A1/B1 spielen mit dem Fuss ein weites Zuspiel zu Z, dieser mit dem Kopf (evtl. Fuss) direkt und kurz zurück zu A1/B1, welche versuchen, einen Korb zu erzielen. Dann bei der anderen Gruppe hinten anschliessen.		863
Ball führen, Ball stoppen, genau zuspielen.	Rasch einen Korb erzielen.	Die Spieler der Gruppen A und D haben je einen Ball. A1/D1 führen den Ball schnell zu B/E, dort stoppen sie den Ball. B/E spielen den Ball hoch zu C/F, welche sofort versuchen, einen Korb zu erzielen. Nacher eine Position vorrücken (A zu B, B zu C, C zu D, D zu E, E zu F, F zu A).		864
Bälle aus der Luft sicher annehmen.	Sicherheit im Korbwurf.	Die Spieler starten abwechslungsweise von rechts und links. Ball prellen und versuchen, einen Korb zu erzielen. Den heruntergefallenen Ball aus der Luft annehmen (bevor er auf den Boden fällt) und ihn auf die andere Seite führen. Als Gruppenwettkampf.		865

Ziele in der Schwerpunkt-Sportart	Ziele in der Ergänzungs-Sportart	Beschreibung	Hinweise / Organisation	Nummer
Ballannahme mit der Brust, genaues Zuspiel.	Scharfer Pass.	Je zwei Spieler stehen sich gegenüber: Gruppe A: Basketball-Pass auf die Brust des Partners. Gruppe B: Ballannahme mit der Brust, den Ball stoppen und sofort wieder dem Partner in die Hände spielen. Hinweis: Wechsel nach 1 Minute.		866
Kopfstoss nach unten.	Basketball-Pass indirekt.	Je zwei Spieler stehen sich gegenüber: Gruppe A: Basketball-Pass indirekt (via Boden) zum Partner. Gruppe B: Kopfstoss abwärts in die Füsse des Partners. Hinweis: Wechsel nach 1 Minute.		867
Innenrist-Zuspiel	Basketball-Pass indirekt.	Je zwei Spieler stehen sich gegenüber: Gruppe A: Basketball-Pass indirekt. Gruppe B: Den Ball mit der Innenseite des Fusses (Innenrist) zurückspielen, möglichst in die Hand des Partners. Hinweis: Wechsel nach 1 Minute.		868
Ballannahme, Ballführen.	Basketball-Pass scharf/direkt.	3er-Gruppe, mit einem Ball. Spieler A Basket-Pass zu B, der den Ball mit der Brust annimmt und ihn zurück zu C führt, welcher den Ball in die Hand nimmt und wieder einen Pass (Basket) zu A ausführt. Hinweis: Immer dem Ball nachlaufen!	C A B	869
Direkt und flach spielen, schnell reagieren.	Basketball-Pass. Schnell reagieren.	3er-Gruppe mit einem Fuss- und einem Basketball. A: Basketball-Zuspiel zu B, B sofort Basketball-Zuspiel zurück zu A, dann rasch drehen. C: Fussball-Zuspiel zu B, B sofort flach zurückspielen und wieder bereit für A sein. Hinweis: Wechsel nach 1 Minute.	A B C	870

Ziele in der Schwerpunkt-Sportart	Ziele in der Ergänzungs-Sportart	Beschreibung	Hinweise / Organisation	Nummer
Zuspiel direkt und flach.	Ball fangen und Korbwurf.	2er-Gruppe mit einem Fussball. Ab Hallenmitte auf beide Körbe (je eine Gruppe nach rechts und nach links): Zuspiel mit dem Fuss, den letzten Pass hoch in die Hände des Partners, der einen Korb wirft. Wettbewerb: Wieviele Körbe pro Gruppe in 1 Min.? Wieviele Körbe pro Mannschaft?	Auf der anderen Seite dasselbe!	871
Zuspiel flach und hoch.	Sicherheit im Korbwurf.	3er-Gruppen mit einem Fussball. Start ab der Hallenmitte auf beide Körbe (nach links und rechts): Zuspiel mit dem Fuss, letzter Pass in die Hand eines Partners, dieser Korbwurf. Wettbewerb: Wieviele Körbe pro Gruppe? Wieviele Körbe pro Mannschaft? Hinweis: Spielzeit 5 Minuten.	Auf der anderen Seite dasselbe!	872
Ballannahme, Zuspiel.	Korbwurf, genaues Zuspiel im Lauf.	2er-Gruppen mit einem Fussball, ganze Hallenlänge. A prellt den Ball und wirft einen Korb, B muss den herunterfallenden Ball annehmen, bevor er der Boden berührt, dann Zuspiel mit dem Fuss bis Hallenmitte, von dort Basketball-Zuspiel und Abschluss beim zweiten Korb.		873
Genaues Zuspiel.	Genaues Zuspiel, sicherer Korbwurf.	2er-Gruppen mit einem Ball. Halle längs geteilt. Zuerst Fussball-Zuspiel, ab Hallenmitte Basketball-Zuspiel und dann einen Korb erzielen. Auf der anderen Seite Richtung zweiten Korb. Wettbewerb: Wieviele Körbe in 10 Min.? Hinweis: Start, wenn erste Gruppe in der Mitte.		874
Zuspiel im Lauf.	Sicherer Korbwurf.	3er-Gruppen mit einem Fussball, ganze Länge. Gruppen A und B starten gleichzeitig: Zuerst jeder Spieler einen Korbwurf beim nahen Korb, (Treffer zählen), nachher bis Mittellinie Fussball-Zuspiel, nachher Basketball-Zuspiel und jeder Spieler einen Korbwurf beim zweiten Korb. Hinweis: Achtung, Gegenverkehr!		875

Ziele in der Schwerpunkt-Sportart	Ziele in der Ergänzungs-Sportart	Beschreibung	Hinweise / Organisation	Nummer
Genaues Zuspiel, Gegner ausspielen.	Korb erzielen trotz gegnerischer Einwirkung, Abwehr.	Spiel 2 gegen 1: A (Fussb.) und B (Basketb.) sind Abwehrspieler. C und D spielen zuerst Fussball gegen A (Ziel: Ueber die Mittellinie zu kombinieren), nachher Basketball gegen B (Ziel: Korb erzielen). Hinweis: Wenn ein Gegner den Ball berührt, wieder neu beginnen.		876
Genaues Zuspiel, Gegner ausspielen.	Korb erzielen trotz gegnerischer Einwirkung, Abwehr.	Spiel 3 gegen 1: A (Fussb.) und B (Basketb.) sind Abwehrspieler. C, D und E spielen zuerst gegen A (Ziel: Ball über die Mittellinie führen), nachher gegen B (Ziel: Korb erzielen). Hinweis: Wenn ein Gegner den Ball berührt, wieder neu beginnen. Wettbewerb: Wieviele Körbe in 5 Min.?		877
Genaues Zuspiel, auch bei gegnerischer Einwirkung.	Angriff/Abwehr beim Korbwurf.	Spiel 4 gegen 2: A und B (Fussball) sowie C und D (Basketball) sind Abwehrspieler. Eine 4er-Gruppe von Angreifern spielt zuerst die beiden Fussball-Verteidiger, nachher die Basketball-Verteidiger aus. Wettbewerb: Wieviele Körbe in 5 Min.?		878
Gegner ausspielen.	Angriff/Abwehr beim Korbwurf.	Spiel 3 gegen 2: A und B (Fussball) sowie C und D (Basketball) sind Abwehrspieler. Die 3er-Gruppe muss die Verteidiger zuerst mit Fussball, dann mit Basketball ausspielen und einen Korb erzielen. Wettbewerb: Wieviele Körbe in 5 Min.?		879
Gegner ausspielen.	Angriff/Abwehr beim Korbwurf.	Spiel 4 gegen 3: Die vier Angreifer müssen die drei Fussball-Abwehrspieler (A, B und C) ausspielen, ab der Mittellinie gegen die drei Basketball-Abwehrspieler einen Korb erzielen. Wettbewerb: Wieviele Körbe in 5 Min.?		880

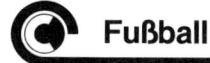 
Ziele in der Schwerpunkt-Sportart	Ziele in der Ergänzungs-Sportart	Beschreibung	Hinweise / Organisation	Nummer
Genau zuspielen.	Sicherer Korbwurf.	Wettbewerb: Die Zuspieler A/D spielen dem Werfer B mit dem Fuss Flugbälle abwechslungsweise zu, die er sofort in den Korb wirft. Der Spieler C spielt die Bälle nach links und rechts zu den Zuspielern zurück. Nach 1 Minute Wechsel: A zu B, B zu C, C zu D und D zu A. Welche Mannschaft hat am meisten Körbe?		881
Kopfball-Zuspiel.	Prellen und sicher abschliessen.	3er-Gruppe mit zwei Fussbällen: A/C starten beim Malstab, Wurf zu B, der den Ball sofort zurückköpft und für den anderen Spieler bereit ist, dann Ball prellen, Korbwurf und um den Malstab an den Start zurücklaufen. Hinweis: Wechsel nach einer Minute. Welche Gruppe hat am meisten Körbe?		882
Genaues Zuspiel.	Prellen und sicher abschliessen.	Wettbewerb mit 4er-Gruppe (2 Bälle): A spielt mit dem Fuss zu B, dieser prellt den Ball und wirft einen Korb, Helfer C spielt den Ball zu A zurück, B läuft weiter, nimmt den Flugball von D an, prellt und wirft Korb, dann wieder zu A. Rollenwechsel jeweils nach 2 Minuten. Hinweis: Welche Gruppe hat am meisten Körbe?		883
Genaues Zuspiel.	Sicherheit im Korbwurf.	Wettbewerb mit 4er-Gruppe (2 Bälle): A spielt mit dem Fuss zu B, der einen Korb erzielt, den Ball sofort wieder zu A spielt (Basketballpass) und zurück zur Ausgangsposition. Dasselbe auf der anderen Seite mit C und D. Hinweis: Wechsel nach 2 Minuten.		884
Genaues Zuspiel.	Sicherheit im Korbwurf.	Wettbewerb mit 2er-Gruppe (1 Ball): B spielt den Ball zu A, der ihn im Lauf übernimmt, einen Korb wirft, den Ball zu B bringt, um den zweiten Malstab spurtet, das Zuspiel von B wieder annimmt und wieder einen Korb wirft. Rollenwechsel nach 1 Minute.		885

Ziele in der Schwerpunkt-Sportart	Ziele in der Ergänzungs-Sportart	Beschreibung	Hinweise / Organisation	Nummer
Ballannahme, Zuspiel.	Aufschlag, Manchette (Bagger).	Dreieckspiel, 1 Volleyball. A spielt einen Aufschlag (nicht zu stark) zu B. B spielt mit Manchette zu C. C nimmt den Ball an (Brust, Oberschenkel, Fuss) und spielt ihn dann vom Boden in die Hand von A. Nach 1 Minute Rollenwechsel. Variante: Zuspiel aus der Luft zu A.		886
Kopfball-Zuspiel.	Zuspiel.	Dreieckspiel, 1 Volleyball. Hoher Volleyball-Pass im Wechsel mit Kopfball-Zuspiel. Wettbewerb: Welcher Gruppe fällt der Ball zuletzt zu Boden? Hinweis: Kein Rollenwechsel.		887
Jonglieren.	Zuspiel.	Dreieckspiel, 1 Volleyball. Jeder Spieler muss den Ball fünfmal jonglieren (Kopf/Fuss), bevor er ihn seinem Nebenspieler mit einem hohen Volleyball-Zuspiel weitergibt. Hinweis: Kein Rollenwechsel. Variante: Wer den Ball zu Boden fallen lässt, führt zwei Liegestützen aus!		888
Genauer Flugball, scharfer Kopfstoss.	Manchette (Bagger).	Dreieckspiel, 1 Volleyball. A spielt einen weiten Flugball (10/15 m) mit dem Fuss zu B. B nimmt den Ball mit Manchette an und spielt ihn nachher mit Volleyball-Zuspiel für C hoch. C köpft den Ball weit zu A, der ihn annimmt. Hinweis: Rollenwechsel nach 1 Minute.		889
Schwierige Zuspiele annehmen, Zuspiel.	Aufschlag.	Dreieckspiel, 1 Volleyball. A spielt einen Volleyball-Aufschlag zu B (weit). B nimmt den Ball an (Brust,Fuss) und spielt ihn mit dem Fuss zu C. C nimmt den Ball an und spielt ihn A in die Hand. Hinweis: Rollenwechsel nach 1 Minute.		890

Ziele in der Schwerpunkt-Sportart	Ziele in der Ergänzungs-Sportart	Beschreibung	Hinweise / Organisation	Nummer
Genauer Kopf-stoss, Reaktion, Konzentration	Doppelspiel, Zuspiel, Konzentration.	3er-Gruppe, 2 Volleybälle. A spielt einen hohen Volleyballpass zu C, der den Ball sofort wieder hoch zurückköpft, dann A Doppelspiel (Ball zweimal hochspielen) und zu C. In der Zwischenzeit B mit C dasselbe. Hinweis: Rollenwechsel nach 1 Minute.		891
Volley-Zuspiel mit Innen- oder Vollrist, Konzentration.	Doppelspiel, Zuspiel, Konzentration.	3er-Gruppe, 2 Volleybälle. A spielt einen Volleypass zu C, der den Ball direkt (Innen- oder Vollrist) hoch zu A zurückspielt, dann A Doppelspiel und wieder zu C. In der Zwischenzeit (während des Doppelspiels) B mit C dasselbe. Hinweis: Rollenwechsel nach 1 Minute.		892
Jonglieren, Volley-Zuspiel.	Manchette (Bagger).	3er-Gruppe, 2 Volleybälle. A jongliert (mit dem Fuss) und spielt dann den Ball mit dem Fuss zu C, der ihn mit Manchette zu C zurückspielt. Nachher dasselbe zwischen B und C. Hinweis: Ball sollte nie zu Boden fallen. Rollenwechsel nach 1 Minute.		893
Jonglieren, Kopfball-Zuspiel, Ball-annahme.	Manchette (Bagger), Zuspiel.	3er-Gruppe, 2 Volleybälle. A jongliert mit Kopf und Fuss (freies Jonglieren). Sobald C vor ihm steht, spielt er ihm den Ball mit dem Kopf zu. C spielt den Ball mit Bagger hoch und spielt ihn dann mit hohem Pass wieder zu A, der ihn annimmt und weiterjongliert.		894
Genaues Zu-spiel, Ball-annahme.	Manchette (Bagger), Zuspiel.	3er-Gruppe, 2 Volleybälle. A und B spielen wechselweise Flugbälle (ruhender Ball) zu C, der diese mit Manchette annimmt und mit einem hohen Zuspiel zurückspielt. Hinweis: Rollenwechsel nach 1 Minute.		895

Ziele in der Schwerpunkt-Sportart	Ziele in der Ergänzungs-Sportart	Beschreibung	Hinweise / Organisation	Nummer
Torhüter-reaktion. Bälle zur Seite lenken. (Mit Volley-ball).	Angriff.	Ein Zuspieler (Z) steht am Netz. Volleyball-Zuspiele von A/B zu Z und dieser wieder zu A/B. A/B Smash auf das Tor. Der Torhüter muss die Bälle fangen oder zur Seite lenken. Hinweis: Ein zweiter Torhüter steht bereit. Wettbewerb: Welcher TH erhält weniger Tore?		896
Torhüter-reaktion. Bälle zur Seite lenken. (Mit Volley-ball).	Angriff.	Ein Zuspieler (Z) steht am Netz. Volleyball-Zuspiele von A/B zu Z und dieser wieder zu A/B. A Smash auf Tor 1, B Smash auf Tor 2. Hinweis: Distanz Tor - Netz variieren. Wettbewerb: Welche Mannschaft erzielt am meisten Tore?		897
Torhüter-reaktion. Bälle zur Seite lenken. (Mit Volley-ball).	Angriff, Einerblock.	Ein Zuspieler (Z) steht am Netz. Volleyball-Zuspiele von A/B zu Z und dieser wieder zu A/B. Dieser Smash gegen 1er-Block auf Tor 1 oder Tor 2 (günstigeres wählen). Welche Mannschaft erzielt mehr Tore? Hinweis: Am Start: Zuerst 1 Spieler A, dann 1 Spieler B.		898
Torhüter: Reaktion, flache Bälle fangen, Flachschüsse. (Mit Fuss-ball).	Zuspiel mit "fremdem" Ball.	ZA spielt einen Volleyball-Pass weit übers Netz. Spieler A nimmt den Ball an und schiesst ihn scharf und flach unter dem Netz hindurch auf das Tor (Fussball). Hinweis: Abwechslungsweise links und rechts. Rollenwechsel dem Ball nach.		899
Torhüter-reaktion. Flache Bälle fangen oder abwehren. (Mit Fuss-ball).	Zuspiel mit "fremdem" Ball.	ZA spielt ein weites Volleyball-Zuspiel auf KA, der den Ball mit dem Kopf in den Lauf von A spielt. Dieser nimmt den Ball an und schiesst ihn flach unter dem Netz durch auf das Tor. Hinweis: Rollenwechsel dem Ball nach! Gleicher Ablauf links und rechts!		900

Ziele in der Schwerpunkt-Sportart	Ziele in der Ergänzungs-Sportart	Beschreibung	Hinweise / Organisation	Nummer
Kopfball-Zuspiel mit Volleyball.	Pass, Smash.	Je ein Zuspieler (Z) steht am Netz. Die Spieler A/B spielen einen Volleyball-Pass zu Z, der den Ball mit dem Kopf hoch zuspielt (stellen). Dann Smash von A/B, welche sich dann auf der Gegenseite (mit Ball) aufstellen. Hinweis: Kopfball muss hoch gespielt werden.		901
Volley-Zuspiel aus der Hand, mit Volleyball.	Pass, Smash.	Je ein Zuspieler (Z) steht am Netz. Die Spieler A/B spielen den Ball aus der Hand mit dem Fuss auf Z, der ihn mit Volleyball-Zuspiel hochspielt (Stellen). Dann Schmetterschlag von A/B, nachher mit dem Ball auf der Gegenseite hinten anschliessen. (Wie obige Uebung).		902
Volley-Zuspiel aus der Hand, Kopfball mit Volleyball.	Smash.	Je ein Zuspieler (Z) steht am Netz. A/B spielen den Ball aus der Hand mit dem Fuss zu Z, der ihn mit dem Kopf hoch zuspielt (stellen). Dann Schmetterschlag von A/B, nachher mit dem Ball auf der Gegenseite anschliessen.		903
Kopfball-Jonglieren mit Volleyball.	Pass, Smash.	Je ein Zuspieler (Z) steht am Netz. A/B jonglieren den Ball mit dem Kopf bis zum Malstab und spielen dann einen Volleyball-Pass zu Z, der den Ball (Volleyball-Zuspiel) stellt. Dann Smash von A/B und hinten anschliessen. Hinweis: Wer den Malstab nicht erreicht, kommt nicht auf die Gegenseite.		904
Jonglieren, Flugball-Zuspiel.	Smash.	Je ein Zuspieler (Z) steht am Netz. A/B jonglieren den Ball mit dem Fuss bis zum Malstab, dort Flugball-Zuspiel zu Z, der den Ball (Volleyball-Zuspiel) stellt. Dann Smash von A/B und auf der Gegenseite anschliessen.	Organisationsanleitung siehe oben. Wer den Malstab nicht erreicht, kommt nicht auf die Gegenseite.	905

Ziele in der Schwerpunkt-Sportart	Ziele in der Ergänzungs-Sportart	Beschreibung	Hinweise / Organisation	Nummer
Volley-Flugball.	Spiel.	Volleyballspiel, 2 Mannschaften (freies Spiel). Bestimmung: Der Aufschlag erfolgt mit dem Fuss (Ball aus der Hand fallen lassen). Variante: Der Aufschläger jener Mannschaft, welche in Führung liegt, muss mit dem schwächeren Fuss schlagen.		906
Volley-Flugball, Ballannahme mit dem Kopf.	Spiel.	Volleyballspiel, 2 Mannschaften (freies Spiel). Bestimmung: Der Aufschlag erfolgt mit dem Fuss, (Ball aus der Hand fallen lassen), und die erste Ballberührung im gegnerischen Feld erfolgt mit dem Kopf.		907
Kopfball.	Spiel.	Volleyballspiel, 2 Mannschaften (freies Spiel). Bestimmung: Der Ball darf nur mit dem Kopf über das Netz gespielt werden. Variante: Der Ball darf nur mit dem Fuss über das Netz gespielt werden.		908
Kopfball, Zuspiel, Ballgefühl, Konzentration	Spiel, Konzentration.	Volleyballspiel, 2 Mannschaften (freies Spiel). Bestimmung: Jeder Spieler (3 pro Mannschaft) muss den Ball zweimal berühren, einmal auf Volleyball-Art (Manchette oder Zuspiel), einmal auf Fussball-Art (Kopfball oder mit dem Fuss). Hinweis: Die Reihenfolge ist egal!		909
Kopfball, Zuspiel, Konzentration.	Spiel, Konzentration.	Volleyballspiel, 2 Mannschaften (freies Spiel). Bestimmung: Alle sechs Spieler der Mannschaft müssen den Ball einmal berühren, bevor er übers Netz gespielt wird. Bedingung: Je eine Kopf- und eine Fussberührung pro Mannschaft. Hinweis: Laut rufen: 1, 2, 3 Kopf, 4, 5 Fuss, 6 hinüber.		910

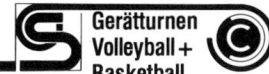
Ziele in der Schwerpunkt-Sportart	Ziele in der Ergänzungs-Sportart	Beschreibung	Hinweise / Organisation	Nummer
Genaues Zuspiel, Ballannahme, Flachpass (mit Volleyball)	Gewandtheit, Volleyball-Zuspiel über das Netz, sicherer Korbwurf.	Ein Zuspieler steht jenseits des Netzes, alle andern Spieler haben 1 Ball. 1 = Flachpass (Fussball) zu Z, Bocksprung; 2 = 5 Zuspiele Volleyball übers Netz; 3 = Ballannahme, Ballführen und Flachpass an die Wand; 4 = Ball aufnehmen und Korbwurf.	Auf der anderen Seite dasselbe!	911
Jonglieren, Ballannahme.	Volleyball-Zuspiel, Gewandtheit, sicherer Korbwurf.	Ein Zuspieler (Z) steht jenseits des Netzes. Alle Spieler haben einen Volleyball. 1 = Jonglieren (Fuss/Kopf) bis zum Netz; 2 = 5 Zuspiele über das Netz (Volleyball); 3 = Grätsche über den Bock; 4 = Zuwurf von Z annehmen, Korbwurf.	Auf der anderen Seite dasselbe!	912
Ballführen, Zuspiel.	Gewandtheit, Korbwurf, Volleyball-Zuspiel	1 = Korbwurf, bis ein Treffer erzielt ist; 2 = Ballführen und Zuspiel (unter Netz) zu Z; 3 = 5 Zuspiele über das Netz (Volleyball); 4 = Rolle auf dem Kasten (Ball in der Hand) und den Ball zum Start zurückführen. Hinweis: Start, wenn Volleyball-Zuspiel beginnt.		913
Ballführen.	Volleyball-Zuspiel, Gewandtheit, Korbwurf.	Die Halle ist unterteilt in eine "Seite mit Ball" und eine "Seite ohne Ball", nach jedem Umgang Seitenwechsel: 1 = Volleyball-Zuspiel übers Netz vorwärts; 2 = Ballführen Slalom; 3 = Ball prellen und Korbwurf; 4 = Ball zurückführen; 5 = Grätschsprung (Bock); 6 = Flankensprung (Kasten), dann Seitenwechsel.		914
Jonglieren.	Volleyball-Zuspiel, viele Korbtreffer, Gewandtheit.	Vom Start zu Platz 1 Grätsche (Bock), Rolle auf Kasten. Platz 1 = Mit Volleyball: Zuspiel übers Netz; Platz 2 = Mit Fussball: Jonglieren; Platz 3 = Mit Basketball: Korbwurf. Hinweis: Wechsel nach 20/30 Sekunden.		915

Kapitel 10   Badminton

Roland Fischer

Einleitung

Badminton, eine aufstrebende Sportart, welche nun endlich auch von der Schule entdeckt wurde, soll im folgenden Kapitel die Schwerpunktsportart bilden.

Davon ausgehend, daß die Grundschläge, Regeln und der Spielgedanke eingeführt sind, soll es darum gehen, mit unterschiedlicher Zielsetzung Badminton mit anderen Sportarten zu ergänzen und/oder zu kombinieren.

Die Zielsetzungen können mannigfaltig sein:
— Attraktivität,
— Ergänzung in der Belastung,
— organisatorische Problemlösung für große Klassen,
— Bewegungsverwandtschaften.

Die beschriebenen Formen erheben keinen Anspruch auf Endgültigkeit und definitive Trainingsbeispiele. Sie sind vielmehr als Denkanstoß zu verstehen. Ausprobieren, Abwandeln und evtl. Verbessern soll das Motto im Gebrauch dieser Vorschläge sein.

In diesem Sinne hoffe ich, dem Ideensucher für einen aufgelockerten und attraktiven Unterricht einige brauchbare Formen als Starthilfe gegeben zu haben.

ROLAND FISCHER

Federballspielende Mädchen in Deutschland um 1860.

Aus MATHYS 1983: Die Ballspiele, S. 123.

Ziele in der Schwerpunkt-Sportart	Ziele in der Ergänzungs-Sportart	Beschreibung	Hinweise / Organisation	Nummer
Ueberkopf-Clear üben.	Sicherheit im Einwurf aus dem 2-Takt erlangen.	A und B halten den Ball mittels UK-Clear im Spiel. (Netzhöhe 2,50 m, keine Spielfeldmarkierung.) C und D werfen Körbe aus dem 2er-Takt oder aus dem Stand. Wer 10 Körbe erzielt hat, wechselt fliegend mit seinem Partner vom Badminton.		916
Spielerisches Ueben Uh-Clear.	Sicherheit im Sprungwurf aus dem Stand verbessern.	Mannschaften zu 4-6 Spielern spielen Badminton-Volleyball. (Netzhöhe 2,5 m, Schmettern verboten.) 8-12 Spieler werfen Körbe aus dem Stand, im 45° Winkel. (Schwächere evtl. vom Schwedenkastenelement).		917
Netzspiel-Wettkampf.	Sicherheit erlangen im Dribbling.	Pos. 2 und 3 Netzspielturnier (1:1, 2:2, Netzhöhe 1,55m, Smash und Drücken am Netz verboten). Pos 1: Prellend über Langbank balancieren. Pos.4: Dribbling mit Basketball mit gleichbleibender Front um Malstäbe. Spiel auf Zeit (5-8 Min.), dann wechseln.		918
Plazieren im Doppelfeld üben.	Dribbling und peripheres Sehen schulen.	A und B spielen gegen C und D. Kurze und lange Bälle longline oder cross (ohne Smash). E und F laufen mit Dribbling alle 4 Ecken des Badmintonfeldes an. (Kollisionen vermeiden).		919
Geschicklichkeit und Koordination schulen.	Geschicklichkeit und Koordination schulen.	Zu zweit zuspielen des Shuttles mit gleichzeitigem Prellen des Basketballes A) An Ort. B) Vw, rw, sw.		920

Ziele in der Schwerpunkt-Sportart	Ziele in der Ergänzungs-Sportart	Beschreibung	Hinweise / Organisation	Nummer
Schlagsicherheit erlangen unter Zeitdruck.	Dribbling auf Tempo. (Kreislaufbelastung).	A und B zählen die Anzahl Zuspiele. Sie haben solange Zeit, wie C braucht, um seine Aufgabe zu lösen. (Bsp. 5 Runden Dribbling und 5 Korbwürfe).		921
Drive und Smash spielerisch üben.	Dribbling unter Stress.	Spieler A spielen sich über den Korridor je zu zweit einen Shuttle zu. B dribbelt mit BB durch die Gasse. Die Spieler A versuchen, B mittels Drive oder Smash abzuschiessen. (Wertung: Anzahl Läufe - Anzahl Treffer).		922
Drive verbessern.	Spielerische Schulung des Druckpass.	A und B spielen sich mittels Drive den Shuttle zu. (Wenn möglich nicht über Kopfhöhe). C und D versuchen mit Druckpass den Ball zu treffen. 2 Minuten, dann Wechsel.		923
Uh-Clear Drive verbessern.	2-Takt-Einwurf aus vollem Lauf üben.	A spielt gegen B Badminton-Squash. C und D führen Gegenstösse mit 2- Takt-Abschluss durch bis sie 10 Treffer erzielt haben. Schraffierte Fläche = verbotene Zone.		924
Schulung langer Service (Uh-Clear).	Sprint mit Ball verbessern.	A spielt langen Service in gekennzeichnete Zone, läuft unter dem Netz dem Shuttle nach. Dito in Gegenrichtung. Wieviel Treffer können erzielt werden in der Zeit die B braucht, um die Strecke x mal mit dem BB zu durchlaufen?	Laufstrecke	925

Ziele in der Schwerpunkt-Sportart	Ziele in der Ergänzungs-Sportart	Beschreibung	Hinweise / Organisation	Nummer
Geschicklich-keit fördern.	Ball führen mit Zusatzaufgabe.	"Schwarzer Mann" mit Aufspielen des Balles. Fänger versucht ballführend, andere zu fangen. Wer den Ball verliert oder gefangen wird, wird zum Fänger. (Ball auf Schlägerfläche transportieren oder jonglieren, je nach Fertigkeiten).		926
Reaktion schulen. Präzision im Zuspiel fördern.	Dribbling mit dem Ball schulen.	"Brennball"-Variation mit FB und Badminton. Läufer mit dem FB. Fänger mit Racket und Ball. (Je nach Können der Schüler müssen die Badmintonspieler 2 Ballberührungen aufweisen).		927
Koordination fördern.	Koordination fördern.	Jonglieren eines Balles, Softballes oder Ballons mit gleichzeitigem Führen eines Fussballes.		928
Unter Belastung weite, präzise Clear spielen.	Flache präzise Pässe schlagen aus der Bewegung.	Endlosübung: Jeder Mitspieler hat ein Racket. A-Gruppen zu 3-4 Spielern. FB von A nach C und zurück. Bälle von B nach D und zurück. Laufweg der Spieler im Rechteck A-B-C-D. Nach jedem Schlag, bzw. Schuss, Wechsel. Bei fehlerhaftem Zuspiel die Aufgabe wiederholen. Organisation siehe unten.		929
Geschicklich-keit Ausdauer fördern.	Geschicklich-keit und Ausdauer fördern.	Fangen zu zweit. A führt einen FB. B balanciert einen Ball auf dem Racket. B ist Fänger. (Rollenwechsel).	Zu obiger Uebung.	930

Ziele in der Schwerpunkt-Sportart	Ziele in der Ergänzungs-Sportart	Beschreibung	Hinweise / Organisation	Nummer
Clear verbessern.	Dribbling und Ausdauer verbessern.	A und B spielen sich UK-Clear zu. C läuft mit dem Fussball eine Acht um A und B.		931
Ball jonglieren. Geschicklichkeit verbessern.	Ball führen.	Balltransport. Gruppe A "transportiert" alle FB nach Lager 1 und alle Bälle in Lager 2. Pro Lauf nur 1 Ball. Gruppe B dito mit Lager 3 und 4. "Transportarten" gegenseitig festlegen.		932
Geschicklichkeit fördern, Uh-Clear schulen.	Ball führen. Peripheres Sehen schulen.	Gruppe A (8 Spieler) versuchen mit 2 Bällen das Tschechenviereck. Gruppe B (3-5) versuchen ballführend, den Badmintonspielern auszuweichen, resp. sie nicht zu behindern.		933
Geschicklichkeit und Reaktion schulen.	Geschicklichkeit, Reaktion schulen.	Badminton-Fussball-Tennis: 2 Gruppen zu 4-6 Spieler. 1 FB (evtl. Strandball oder Ballon) und 1 Ball gleichzeitig im Spiel. Ball darf den Boden nicht berühren, der Fussball 3x.		934
Aufmerksamkeit schulen.	Aufmerksamkeit schulen.	Slalomlauf, bei welchem durch Zuspieler entweder FB oder Ball gespielt wird. Der "Return" muss präzise zum Zuspieler zurück. Wer durchläuft den Slalom ohne Fehlzuspiel?		935

243

Ziele in der Schwerpunkt-Sportart	Ziele in der Ergänzungs-Sportart	Beschreibung	Hinweise / Organisation	Nummer
Präzision des Unterhandclear üben (Vorhand und Backhand).	Prellen mit Handwechsel üben.	Die Spieler A versuchen, den Ball an Ort (ein Bein immer im Reif) aufzuspielen. Wer schafft am meisten Wiederholungen hintereinander? B umlaufen die Badmintonspieler prellend mit dem Handball (je 1 Punkt).		936
Unterhand und Ueberkopfclear üben.	Prellen und Ausdauer trainieren.	Ball über die Schnur mit Zusatzaufgaben. Team A spielt gegen Team B (je 5-7 Spieler) (Schmettern verboten, Netzhöhe ca.2,50m). Wer den Ball gespielt hat, prellt 1 Runde mit dem HB um das VB-Feld(Einbahnverkehr!). Wie lange "lebt" der Ball?		937
Drive trainieren.	Kernwurf trainieren.	A und B spielen 50 Drive. Distanz 6 m. C und D Passing mit Kernwurf. Wechsel. Welcher Partei gelingen mehr HB-Kernwürfe während den 50 Drives?		938
Clear Ausdauer trainieren.	Kernwurf, Ausdauer trainieren.	Team A (5-7 Spieler) passen sich den HB zu. Jeder läuft dem Pass nach und schliesst auf der Gegenseite hinten an. Team B (5-7) dito mit Clear. Anzahl Kernwürfe resp. Clears in 5 Minuten. (Wechsel, Gesamttotal?)		939
Reaktion, Schnelligkeit.	Dribbling unter Zeitdruck.	Badminton-Fangen: Die Hasen bewegen sich dribbelnd im Volleyballfeld. Der Jäger jagt mit Ball (Drive oder leichter Schmetter) die Hasen. Getroffener Hase wird zum Jäger. Wer dribbelt am längsten, ohne getroffen zu werden?		940

Ziele in der Schwerpunkt-Sportart	Ziele in der Ergänzungs-Sportart	Beschreibung	Hinweise / Organisation	Nummer
Koordination üben.	Fangsicherheit schulen.	"Brennball"-Variation mit HB und Badminton. Läufer A mit Ball, der während dem Lauf aufgespielt werden muss. Team B fängt den Handball und bringt ihn in den Reif. Spiel auf Zeit.		941
Geschicklichkeit und peripheres Sehen schulen.	Fangsicherheit und peripheres Sehen schulen.	"Von - Zu": 2 Parteien zu 8-10 Spielern. A spielt den Ball in vorgegebener Reihenfolge von 1 - 8 - 1. B spielen sich den Handball analog zu 1 - 8 - 1. Alle Spieler müssen sich bewegen. Anzahl Ballverluste bei 5 Durchgängen?	Dito mit Handball.	942
Uh-Clear bezüglich Weite und Höhe variieren.	Timing schulen.	4er-Gruppe. A und B spielen sich den Ball zu. C und D versuchen, den Ball mittels Kernwurf zu treffen. Wechsel bei Treffer oder nach spätestens 2 Minuten.		943
Geschicklichkeit und Clear verbessern.	Prellen, Passen verbessern.	Stafette (2er-Gruppe). 1. Dribbling mit dem Handball. 2. Slalom mit dem Ball. 3. Clear über Linie. 4. Ball zurückbringen. 5. Handball-Pass zum Partner.		944
Präzision des Clear und Smash verbessern.	Genauigkeit des Kernwurfes verbessern.	Zielstation: 1 Badminton Clear 2 Badminton Smash 3 Handball Kernwurf 4 Handball Kernwurf Die Zielflächen können von den Schülern selbst bestimmt werden.	Schaukelringe oder Leinen	945

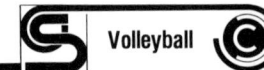

Ziele in der Schwerpunkt-Sportart	Ziele in der Ergänzungs-Sportart	Beschreibung	Hinweise / Organisation	Nummer
Unterhand-Clear variieren.	10 Finger-pass.	Jeder gegen sich selbst. Spielen des VB resp. des Balles über das Volleyball-Netz. Jeder nimmt den gespielten Ball auf der anderen Seite selbst ab. (3 bis 1 Ballberührungen auf jeder Spielfeldseite erlaubt).		946
Geschicklich-keit verbessern.	Geschicklich-keit verbessern. 10-Fingerpass und Bagger.	"Jongleur": 1 Spieler der Gruppe A jongliert mit dem Volleyball auf einer dicken Matte. Abwechslungsweise 10 Finger. Bagger. 1 Spieler der Gruppe B jongliert mit dem Ball auf einer dicken Matte. (Abwechslungsweise Vorhand, Rückhand).	Gewinner erhält einen Punkt. Wer erreicht zuerst 5 Punkte? Die führende Mannschaft muss den Spieler zuerst setzen. Aufgabenwechsel.	947
Einfache Doppelform spielen.	2 : 2.	Badminton-Volleyball-Turnier: Je 2 Spieler pro Mannschaft. A - C Volleyball, B - D Badminton (Regeln nach Können der Schüler selbst bestimmen lassen). Wechsel, Punkte aus VB- und Badminton ergeben das Gesamttotal. Sieger gegen Sieger, Verlierer gegen Verlierer.	Kleinfeld	948
Präzision schulen.	Präzision schulen.	Serviceübung: Zu zweit gegenüber. Netz in Normalhöhe. A beginnt mit langem Aufschlag Badminton. B versucht ihn auf einer Matte stehend zu fangen (=1 Punkt). B spielt einen Service mit dem VB. A versucht, ihn auf der Matte stehend zu fangen (= 1 Punkt).		949
Schläge variieren.	Pässe variieren.	A und B spielen sich den Ball zu. (Verschiedene Schläge - Clear, Drive, Drop, Smash etc. Mindestens 10 Wiederholungen pro Schlag). C und D versuchen das Gleiche mit dem Volleyball zu tun.		950

Ziele in der Schwerpunkt-Sportart	Ziele in der Ergänzungs-Sportart	Beschreibung	Hinweise / Organisation	Nummer
Smash-Bewegungs-verwandtschaft erfahren.	Smash-Bewegungs-verwandtschaft erfahren.	Schmetterschlag ohne Sprung. Badminton: Aufwerfen des Balles, Smash. Volleyball: Smash aus Vorhalte. Die Schüler versuchen, die Gemeinsamkeiten herauszufinden.	Gegen die Wand spielen! Beobachtungskriterien je nach Stand der Schüler.	951
Lauftechnik; Bewegungs-verwandt-schaft er-fahren.	Lauftechnik Bewegungs-wandtschaft erfahren.	Badminton: Lauffooting mit Front zum Netz. (sw, vw, rw) mit Schläger. Volleyball: Dito, ohne Schläger. Die Schüler versuchen, die Gemeinsamkeiten herauszufinden.	Bsp.: - Kein Ueberkreuzen der Beine; - Tiefe Körperstellung; - Blick zum Ball. Beobachtungskriterien je nach Stand der Schüler.	952
Präzision im Clear und Gleichgewicht schulen.	Seitwärts-laufen mit Bagger.	4 Zuspieler VB (1-4). 4 Volleyballspieler (5-8) retournieren den zugeworfenen Ball mit Bagger aus flüchtiger Sitzstellung am Lang-bankende. Sw-Verschiebung nach rechts. Spie-ler 9 und 10 resp. 11 und 12 spielen sich auf der Bank stehend den Ball zu. Wechsel.		953
Umstellen auf eine andere Spiel-idee.	Bagger, 10 Fingerpass, sich vom übli-chen Spielge-danken lösen.	Badminton nach Volleyballregeln (Verkürztes Feld, Netzhöhe 2,5m), Volleyball nach Bad-mintonregeln. (Nur direktes Spiel, etc.), Einzel oder Doppel.		954
Aufmerksam-keit und Koordination schulen.	Aufmerksam-keit und Koordination schulen.	Zu zweit. 2 Bälle. Aufspielen und Horizontal-pass im Wechsel. (Beim Volleyball zum Auf-spielen kurz-lang gestattet). Beim Fehler (oder nach einer vorgegebenen Zeit) Rollen wechseln.	A ←→ B A B Badminton Volleyball	955

Ziele in der Schwerpunkt-Sportart	Ziele in der Ergänzungs-Sportart	Beschreibung	Hinweise / Organisation	Nummer
Geschicklich-keit und Koordination verbessern.	Gewandtheit schulen.	A) A springt auf dem Trampolin. B spielt ihm von ausserhalb den Ball zu. A spielt während dem Springen zurück. B) Zu zweit auf dem Trampolin sich den Ball zuspielen.		956
Geschicklich-keit und Koordination verbessern.	Gewandtheit schulen.	Zu zweit Clear spielen über das Trampolin. Ein Spieler versucht die Zuspiele abzuwehren, bezw. zurückzuspielen.		957
Wettkampf mit Clear.	Reckturnen.	4er-Gruppe pro Reck. Reck hanghoch. Zwei turnen am Reck eine vorgegebene Uebungsfolge. Zwei spielen Badminton mit beschränkter Zone. Nach 3-5 Durchgängen am Reck: Wechsel.	Zone Zone	958
Geschicklich-keit verbessern.	Geschicklich-keit verbessern.	Gerätegarten: Geräte übersteigen, unterkriechen etc., dabei soll versucht werden, mit dem Badmintonracket einen Ballon zu jonglieren. (alleine oder zu zweit). Wer kann so den Ball dauernd hochspielen?		959
Koordination schulen.	Gewandtheit verbessern.	Timing: A springt mit Anlauf ab Minitramp auf eine dicke Matte und versucht, im Flug das Zuspiel von B zu returnieren. B spielt sich laufend hoch, bis der nächste anläuft und hochspringt, Zuspiel usw. Rollenwechsel.		960

Ziele in der Schwerpunkt-Sportart	Ziele in der Ergänzungs-Sportart	Beschreibung	Hinweise / Organisation	Nummer
Lagegefühl für die Schläger-haltung verbessern.	Rollen rw über die Schulter üben.	Wer kann einen Shuttle hochspielen, diesen aus der Luft abbremsen und anschliessend mit dem Shuttle auf dem Schläger eine Rolle rw über die Schulter ausführen, ohne Shuttle-Verlust?		961
Timing und Treffsicher-heit mit Clear und Smash üben.	Schnelles Rad üben.	Zu dritt: A und B spielen sich den Ball mit Clear zu. C schlägt 5 x das Rad links, 5 x rechts. Die Badmintonspieler versuchen, C während dieser 10 "Rädern" möglichst oft zu treffen. Rollenwechsel. Wer wird am wenigsten getroffen?		962
Sicherheit im Clear oder Smash üben.	Langes Stehen im Handstand üben!	3er-Gruppenwettkampf miteinander: A und B spielen sich auf einer bestimmten Minimal-distanz den Ball zu, während C versucht, möglichst lange im Handstand zu stehen. Welcher Gruppe spielt so am meisten Zuspiele? Handstand und Zeitmessung auf Zeichen des L.		963
Sicherheit und peri-pheres Sehen bei Clear und oder Smash.	Schneller An-lauf für Pferd oder Minitramp-sprünge.	Die Hälfte der Klasse (A) trainiert v.a. den Anlauf und einen bekannten Sprung. Die andere Hälfte (B) spielt sich den Ball (zu zweit) flach zu. Wenn ein "Turner" anläuft, wird sofort hochgespielt. Nach einer gewissen Zeit (oder bei Treffer) Aufgaben wechseln.	B Helfer A	964
Bewegungs-koordination. Spiel in Not-situation üben.	Akrobatische Uebungen, je nach Können.	Zu zweit: Versucht, euch gegenseitig den Ball möglichst spektakulär zuzuspielen, ohne ihn jedoch zu verlieren (vor oder nach einem Rad, aus dem einarmigen Handstand, aus dem Sprung).		965

Ziele in der Schwerpunkt-Sportart	Ziele in der Ergänzungs-Sportart	Beschreibung	Hinweise / Organisation	Nummer
Unterhand-Clear und Ballaufnahme üben.	Ausdauer verbessern.	Das Feld räumen. 6-12 Spieler pro Partei. Pro Spieler 1 Ball am Boden. Auf Pfiff Ball ohne Hände, nur mit Racket aufnehmen, anschliessend mit Uh-Clear auf die gegnerische Seite spielen. Nach X gespielten Bällen 1 Runde laufen. Runden oder Bälle zählen.		966
Geschicklichkeit schulen.	Stehvermögen trainieren.	Huckepack-Badminton. A) Wer erreicht mehr Zuspiele? B) Pro Spielerpaar 2 Bälle Spiel auf Punkte.		967
Unterhand-Clear und Netzdrop.	Ausdauer und Hürdenlauf trainieren.	2er-Teams. Team A läuft während 5 Minuten möglichst viele Runden. (Längsseite, mit je 3 Hallenhürden oder Medizinbällen). Team B zählt Anzahl Serien. Es müssen abwechslungsweise 10er-Serien Netzdrop und Clear gespielt werden.		968
Schlagsimulation von Clear und Drop.	Schnelligkeit trainieren.	Vorwärts und rückwärtslaufen. Vorne auf Zuwurf Drop über Hindernis zurückspielen. Hinten an den Ringen befestigter Pendelball oder zusammengehängte Spielbänder mit Clearschlag treffen.	Sprint vw Laufen rw Clear gegen Bändel.	969
Koordination verbessern.	Sprungkraft trainieren.	A hüpft sw über die Langbank und returniert Zuspiele von B. Nach 2-3 Minuten Wechsel. Welche 2er-Gruppe schafft in 2 (3,4) Minuten am meisten Zuspiele?		970

Ziele in der Schwerpunkt-Sportart	Ziele in der Ergänzungs-Sportart	Beschreibung	Hinweise / Organisation	Nummer
Smash trainieren.	Bewegungs-koordination schulen.	A macht Impulsschritt und wirft den Ball ohne sehr viel Kraft B hoch zu. B smasht den Ball auf ein gegebenes Ziel zurück mit 50 % Krafteinsatz. 10x Wechsel. Wer von beiden hat mehr Ziel-Treffer?		971
Zuspielen in Bewegung verbessern.	Reaktion, Schnelligkeit und Timing üben.	Diverse 2er-Teams spielen sich den Ball zu. Dabei verändern sie ihren Standort. Einzelne Schüler versuchen mit einem Reif Bälle aus der Luft zu fangen. Wechsel nach 2 Minuten. Wer fängt mehr?		972
Doppelspiel.	Reaktion, Gewandtheit verbessern.	Team A spielt gegen Team B. Doppel. In jedem Feld versucht ein weiterer Schüler (C und D) nach jedem Schlag zwischen beiden Spielern durchzulaufen, ohne sie zu behindern. Welcher Läufer kann in 2 (3,4) Minuten am meisten "Durchgänge" laufen?		973
Weite hohe Bälle spielen.	Sprint schulen.	Treibball. A jongliert den Ball und spielt ihn hoch weit weg. B muss versuchen, den Ball, bevor dieser den Boden berührt, noch zu berühren. Je 10 Versuche.		974
Geschicklichkeit.	Ausdauer, Gewandtheit.	Ein Zuspieler wirft ab Kasten Bälle zu. 3-4 Spieler pro Gruppe versuchen ab Minitramp, den Ball in das Ziel zu schlagen. Landung auf dicker Matte. Anschliessend um Malstäbe laufen und wieder neu beginnen.	Ziele: Basketballbrett, Basketballkorb, Ausgelegte Matten am Boden, etc.	975

Ziele in der Schwerpunkt-Sportart	Ziele in der Ergänzungs-Sportart	Beschreibung	Hinweise / Organisation	Nummer
Präzision von verschiedenen funktionellen - Schlägen üben.	Ausdauer und Schnelligkeit trainieren.	Jägerball mit Softbällen und Rackets. Jeder ist Jäger und Hase. Wer getroffen wird, läuft 3 Hallenrunden. (Abwehren der Bälle mit dem Racket ist gestattet).	Volleyballfeld als Spielfeld.	976
Drop üben.	Weitsprung und Hürdenlauf schulen.	Polysportive Runde: 2 Zuspieler (Z_1 und Z_2), welche abwechslungsweise zuspielen, (lang, kurz). Wenn der erste Schüler beim Weitsprung gelandet ist, startet der nächste. Schläger jeweils neben Matte des Weitsprunges hinlegen.	Z_1 Z_2	977
Service-Genauigkeit verbessern.	Sprungkraft trainieren.	Langer Aufschlag in Zonen. Anzahl Längen des Sprungparcours absolvieren, entsprechend der getroffenen Zone. Variante: Wahrsagen, dann aufschlagen. Differenz als Anzahl Längen des Sprungparcours absolvieren.	3 2 1	978
Stehvermögen und Gewandtheit verbessern.	Schnelligkeit und Gewandtheit schulen.	A absolviert einen Ballauf. (Einsammeln der 12 ausgelegten Bälle, wobei nur einer auf einmal in den Reif transportiert werden darf). B versucht, in dieser Zeit soviele Meter als möglich hinter sich zu bringen.	B A 1 Volleyballfeldlänge = 18m.	979
Präzision in spielerischer Form üben.	Sprungkraft trainieren.	20 ausgelegte Reifen dienen als mögliche Ziel-flächen. A bestimmt, in welchen Reif B den Ball mit Uh-Clear spielen muss. A) Treffer - Wechsel. B) Kein Treffer - A muss einbeinig durch alle Reifen hüpfen.	B A	980

Ziele in der Schwerpunkt-Sportart	Ziele in der Ergänzungs-Sportart	Beschreibung	Hinweise / Organisation	Nummer
Sicherheit mit Smash und Clear auf grosse Distanz üben.	Antritt aus lockerem Lauf als Reaktions-übung schulen.	Zu dritt (auf der Wiese): A und B spielen sich den Ball zu, C läuft locker an. Sobald er zwischen den beiden Badmintonspielern ist, und den Schlag (von A oder B) wahrnimmt, sprintet er über eine Distanz von 5-10 m voll. 10x, dann Wechsel.		981
Timing und peripheres sehen schulen, miteinander spielen.	Verbesserung der Springkraft Sprungtempo (Abdruck) dosieren lernen.	Welcher 3er-Gruppe gelingt es, möglichst weit nach vorn zu kommen? Bedingung: A und B müssen sich im Timing des froschhüpfenden C zuspielen und gleichzeitig sw mitlaufen.		982
Den weiten Auf-schlag üben.	Schnellauf als Koordinations-übung erlernen.	Spiele dir (auf der Wiese) den Ball mit einem Aufschlag vw-hoch zu, dass du nach einem Sprint wieder vw-hoch smashen kannst. Wie oft gelingt es dir? Wer kommt so mit 3 (4,5) Smashs am weitesten?		983
Treffsicherheit auf ein beweg-liches Ziel üben.	Kugelwurf-technik mit Medizinball verbessern.	4er-Gruppen: A und B stossen sich den Medizin-ball mit korrekter Technik hin und her (Ball jeweils abfangen und wieder neu beginnen). C und D spielen sich gleichzeitig den Ball zu. Fliegt der Medizinball in hohem Bogen, versuchen C oder D diesen möglichst zu treffen.		984
Den Ball trotz Ermüdung noch gut treffen.	Dauerlauf trotz Zusatz-belastung über längere Zeit ertragen.	Zu zweit: A und B spielen sich, je nach Situation, den Ball während des Laufens zu, ohne ihn zu verlieren. Welche Gruppe schafft es, so während 5 (10) Minuten, ohne den Ball zu verlieren?		985

Ziele in der Schwerpunkt-Sportart	Ziele in der Ergänzungs-Sportart	Beschreibung	Hinweise / Organisation	Nummer
Regelmässiges Spiel in gleicher Höhe und gleicher Schlagstärke üben.	Geschicklichkeit mit dem Springseil üben.	Zu dritt: A und B spielen sich mit Vh und Rh-Clear den Ball regelmässig zu. C versucht, den fliegenden Ball während des Springseilens mit dem Seil zu "fangen". Nach einer gewissen Zeit (oder bei Berührung mit dem Seil) Rollenwechsel.		986
Tempo der Situation anpassen. Treffsicherheit trainieren.	Regelmässiges, Springen mit dem Seil üben.	Anordnung wie oben. Jetzt jedoch versuchen, die beiden Badmintonspieler, das von C regelmässig geschwungene Seil mittels Smash oder Clear zu treffen.		987
Sich der Spielweise des Partners anpassen.	Durch verschiedene Schwungarten den Spielraum vergrössern, bzw. verkleinern.	Anordnung wie oben. A und B spielen links, rechts und über den - durch das schwingende Seil - abgegrenzten Raum bis zu ganz tiefen Vh- und Rh-Clears. A, bzw. B kommandiert.		988
Sich dem Kommando (=Spielweise) des Seilspringers anpassen.	Verschiedene Seilspringtechniken verfeinern und automatisieren.	Anordnung wie oben, aber der Seilspringende kommandiert, wo der Ball durchfliegen, bzw. geschlagen werden muss.		989
Spieltempo dem Partner (=späterer Gegner) anpassen.	Tempointervalle ohne Fehlsprünge mit dem Seil üben.	Anordnung wie oben. Der Seilspringende gibt durch sein Sprungintervall das Schlagtempo an. Z. B. jeder zweite Seilschwung = 1 Schlag.	Der seilspringende Schüler versucht, technisch möglichst perfekt zu springen. (Fussarbeit, Seilführung, etc.).	990

Ziele in der Schwerpunkt-Sportart	Ziele in der Ergänzungs-Sportart	Beschreibung	Hinweise / Organisation	Nummer
Sicheres Spiel, auch bei Ermüdung, ertragen.	Mit Hilfe des Springseiles die Fussgelenke kräftigen.	Zu viert, bzw. zu dritt: A springt an Ort mit dem Springseil und bildet dadurch ein Hindernis, das von B und C zu über- oder umspielen gilt. D ruht. Laufend Rollenwechsel. Welche Gruppe bleibt so (15, 20) Minuten ohne Fehler?		991
Koordination zwischen linker und rechter Hand üben.	Mitdenken, mit dem Partner laufen, antizipieren.	Paare bilden: A springt über das Seil, B hält das Seil mit seiner linken Hand und schwingt (wenn möglich). In der rechten Hand hält B das Racket. Gelingt es so, mit einem Partner-Paar möglichst lange ohne Fehler zu spielen?		992
Peripheres Sehen und Wechsel von hohem und flachem Zuspiel üben.	Verschiedene Formen in der Fortbewegung üben.	Die Hälfte der Uebungsgruppen (A) spielt den Ball beliebig hin und her. Sobald ein Spieler der anderen Hälfte (B) mit dem Seil durch die Gasse springt, muss hoch gespielt werden. Rollenwechsel ohne Unterbruch des Badmintonspiels.		993
Sich laufend am beweglichen Netz orientieren.	Richtungsänderung ohne Fehler (= einhängen) trainieren.	Zu dritt: A springt beliebig mit dem Seil. Seine Schulterachse entspricht der Netzlinie. C und D müssen immer versuchen, rechtwinklig zur Schulterachse von A zu spielen. A verändert seine Position laufend.		994
Peripheres Sehen auf der eigenen und fremden Seite trainieren.	Alle Richtungsänderungen ohne Fehler, im begrenzten Feld üben.	Springseiler als Wilderer: A und B versuchen, den Ball möglichst lange im Spiel zu halten. B und C dürfen sich, ohne Rücksicht auf A und B, im eigenen Feld frei bewegen. Variante: B und C bewegen sich nach einem stereotypen Muster.		995

255

Ziele in der Schwerpunkt-Sportart	Ziele in der Ergänzungs-Sportart	Beschreibung	Hinweise / Organisation	Nummer
Distanzgefühl zum Ball ausprobieren.	Den Ball möglichst in der Mitte des Badmintonschlägers treffen.	Spiele den Schaumstoffball 1x links, 1x rechts vom Körper und lass ihn dazwischen immer einmal auf den Boden fallen.		996
Kräftigung der Handgelenke.	Einheitsgriff für das Tennisspiel kennenlernen.	Spiele den Ball immer direkt als Volley; wechsle dabei die Vorhand- und Rückhandseite ohne den (Hammer-) Griff zu ändern. Schaumstoffbälle benützen!		997
Ueberkopfspiel mit einem anderen Ball üben.	Aufschlagtechnik des Anfängers erproben.	Versuche, den Ball nach einem hohen Aufwerfen mit der linken Hand (=1) im hohen Bogen vw hochzuschlagen (=2). Spielt so einander den Ball zu. Schaumstoffbälle verwenden!		998
Lauftechnik dem "neuen" Ball anpassen.	Schlagrepertoire des Anfängers anwenden.	Spielt euch über eine Leine den Ball zu und erprobt alle Schläge, aber spielt miteinander. Schaumstoffbälle verwenden!		999
Badminton-Geschicklichkeit erweitern.	Tennisspielregeln kennenlernen.	Spielt in einem kleinen Feld ein Spiel mit eigenen (oder Tennis-ähnlichen) Regeln zu zweit als Einzel oder zu viert als Doppel.		1000

Ziele in der Schwerpunkt-Sportart	Ziele in der Ergänzungs-Sportart	Beschreibung	Hinweise / Organisation	Nummer
Timing eines anderen Spiels übernehmen.	Das Ballgefühl auf kurze, weiche Bälle üben.	A und B spielen sich Vh und Rh-Clear zu und versuchen, das Timing der von C und D geschlagenen Volley-Schläge zu übernehmen. Was ist einfacher?		1001
Kräftigung der Handgelenke.	Treffsicherheit und Reaktionsfähigkeit trainieren.	A und B spielen sich mit Tennisschlägern einen Ball möglichst flach zu. Dabei wird die Distanz immer verkleinert. Welche kürzeste Distanz ist möglich?		1002
Koordinationsfähigkeit trainieren.	Die Geschicklichkeit der linken Hand (z.B. für den Aufschlag) üben.	Wem gelingt es, während eines Ballwechsels (hohe Clear) zusätzlich mit der linken Hand dem Partner einen Tennisball so zu werfen, dass dieser ihn (auch links) fangen kann?		1003
Drop üben und sich zusätzlich seitwärts bewegen.	Lob im Wechsel mit flachen Bällen, je nach Situation, trainieren.	Zu viert, evt. zu acht: A und B spielen sich ganz kurze Drop zu und verschieben sich gleichzeitig seitwärts. C und D spielen sich flache Bälle zu, wechseln sofort zu Lobs, wenn A und B "vor" ihnen stehen.		1004
Genaues, hohes Zuspiel üben.	Ausschwingen ohne Verkrampfung erleben und bewusst üben.	A spielt (mit Badmintonschläger) fortgesetzt hohe Bälle zu. B läuft sofort unter den Ball und schmettert, anfangs leicht, dann immer härter, zurück.		1005

Ziele in der Schwerpunkt-Sportart	Ziele in der Ergänzungs-Sportart	Beschreibung	Hinweise / Organisation	Nummer
Schulung des Timing-gefühls.	Schlagbewegung der Flugbahn und dem "Material" anpassen.	Spielt einander verschiedene Bälle (Tennis-kleine und mittlere Schaumstoff- und Tischtennisbälle) zu und versucht, den entsprechenden Ball möglichst lange, ohne Fehler, zu halten.	Verschiedenste Bälle verwenden!	1006
Gefühl für den Badminton-schläger verfeinern.	Gewichts - und Kraftverhältnisse der beiden Schläger, bzw. Schlagarten bewusstmachen.	Zu dritt oder zu fünft: Der überzählige Spieler kündigt durch Zurufen den Wechsel an. Der Spielende ruft "jetzt", übergibt seinen (Tennis- oder Badminton)Schläger, tritt aus dem Spielfeld und löst seinerseits, wiederum durch Zurufen, einen Spieler ab.		1007
Technik dem entsprechenden Racket anpassen.	Umstellung von Tennis-schläger auf Badminton-schläger automatisieren.	Kreuzweises Kolonnentraining: Gleichviele Spieler in jeder Kolonne. Der vorderste spielt, gibt seinen Schläger dem hintersten seiner Gruppe, wechselt im Gegenuhrzeigersinn hinter die nächste Kolonne, erhält dort vom vordersten, der auch soeben gespielt hat, den Badmintonschläger etc.		1008
Peripheres Sehen üben. Sich dem Tennisspiel anpassen.	Kontrollierte Volleys unter leichter Behinderung ohne Fehler schlagen.	Ein Tennis- und ein Badmintonspieler sind mit einem Seil, (Gummi oder ähnliches) miteinander verbunden. Die Tennisspieler spielen leichte Volleys (weiter mit Schaumstoffball) hin und her, während ein Badmintonspieler dasselbe mit dem Ball probiert.		1009
Hohes, sicheres Zuspiel üben.	Genaues, exaktes Treffen beim Smash üben.	A und B spielen sich den Ball mit Vh- und Rh-Clear hoch zu. B steht in der Mitte und spielt, mit einem Tennisschläger ohne Saiten Smash. Trifft er gut, fliegt der Ball weiter.		1010

Ziele in der Schwerpunkt-Sportart	Ziele in der Ergänzungs-Sportart	Beschreibung	Hinweise / Organisation	Nummer
Timing und Treffen des Balles üben.	Bei allen Formen geht es darum, vom bewussten Rollschuh- bzw. Schlittschuhlaufen abzulenken, um dadurch die spezielle Gewandtheit im Umgang mit den Schlitt-, bzw. Rollschuhen zu fördern. Es wird aber auch die Badmintongeschicklichkeit geschult.	Kannst du dir selbst den Ball hochspielen und gleichzeitig vorwärts oder sogar rückwärts fahren?		1011
Zuspiel unter erschwerter, rutschiger Unterlage trainieren.		Könnt ihr euch zu zweit den Ball über längere Zeit zuspielen?		1012
Tempo und Aktionsradius miteinbeziehen.		Könnt ihr möglichst alle bekannten Schläge ausführen (Spiel über eine gespannte Leine)?	Warum nicht auch Badminton?	1013
Distanzgefühl und sauberes Zuspiel trainieren.		Zuspiel auf den beweglichen Partner: A bleibt immer mehr oder weniger am Ort, während B seinen Standort immer wechselt. Wie lange kann A sauber zuspielen, bzw. B sauber zurückspielen?		1014
Das bekannte Spiel unter erschwerten Bedingungen und eigenen Regeln erleben.		Spielt in einem - von euch abgegrenzten Feld - mit eigenen Regeln ein Einzel- oder Doppelspiel.		1015

Triathlon – ein Sport für Spinner?

Die drei großen Sportveranstaltungen auf Hawaii — ein 4 km langes Ozeanschwimmen, das 180-km-Radrennen rund um die Insel Oahu und der Honolulu-Marathon — kannte man schon seit Jahren, als sich ein Häufchen amerikanischer Marinesoldaten Ende 1977 in einer Stammtischrunde wegen der Frage in die Haare geriet, wer denn nun der beste Sportler sei: der Schwimmer, der Radfahrer oder der Läufer? Ein Navy-Commander namens John Collins verblüffte damals die alkoholisierte Runde mit der Idee, die drei großen Sportveranstaltungen hintereinander an einem Tag auszutragen. So sollte der stärkste Athlet bestimmt werden, und den wollte man „Ironman" nennen.

Bereits ein Jahr später nahmen 15 eiserne Männer die mörderischen 226 km in Angriff. In knapp 12 Stunden wurde jener Wettkampf von einem Radrennfahrer gewonnen. Der Sieger von 1983, Dave Scott aus den USA, benötigte nur noch etwas mehr als 9 Stunden und darf getrost als Profisportler bezeichnet werden, der sich seine Allround-Qualitäten durch zahlreiche Ausrüsterverträge angemessen versilbern läßt.

Was der Navy-Commander mit seinem Geistesblitz in Bewegung setzte, ist überhaupt noch nicht abzusehen. Allein in den ersten neun Monaten des vergangenen Jahres fanden in den USA mehr als 1000 Triathlons — viele allerdings über verkürzte Distanzen — statt, an denen über 200 000 Teilnehmer gezählt wurden.

Von Peter Boll.
Aus: „Der Läufer", Nr. 2/Mai 1984

„Allerdings über verkürzte Distanzen", wird speziell erwähnt. Also schon nicht mehr ganz „original". In der Nummer 6/84 des gleichen Heftes ist unter dem Titel „1000 Triathlon-Veranstaltungen in den USA" unter anderem zu lesen, daß der Triathlon in den Vereinigten Staaten auf dem besten Weg zum Massensport sei. Man schätze, daß im Jahr 1984 wenigstens eine Viertelmillion Teilnehmer mitgemacht haben. Die Zeitschrift „Triathlon" sei schon von 85 000 Insidern abonniert.

Harald Johnson, Redakteur der Zeitschrift „Triathlon" sagt, der Triathlon in den USA habe „keineswegs eine fest umrissene Form, die Bedingungen seien sehr unterschiedlich, werden von den individuellen Veranstaltern und Organisatoren unterschiedlich festgelegt."

Weiter ist zu lesen: Die Kombination aus Schwimmen, Radfahren und Laufen ist die Triathlonregel, aber in einige Regionen — vor allem in Kanada — wird das Schwimmen, klima- oder wetterbedingt, durch Rudern oder Ski-Langlauf ersetzt. Es sind Bestrebungen im Gange, die so divergierenden Triathlonregeln und -bestimmungen zu vereinheitlichen, das auch in der Absicht, Triathlon eines Tages zur olympischen Disziplin zu machen. Ob es jemals soweit kommen wird?

Hoffentlich nicht! Hoffentlich finden sich da und dort wieder „Spinner", die Sport nicht nur als ein von bestimmten Regeln und Reglements eingeengtes Betätigungsfeld sehen. Und solche „Spinner-Ideen" müßten ja nicht unbedingt am Stammtisch von einer „alkoholisierten Runde" ausgehen! Es lebe der Triathlon-Gedanke weiter!

Vom Schwimmen...über das Radfahren...zum abschließenden Laufen.

24-Stunden-Etappen-    Triathlon

> **Idee: Brücken schlagen zwischen Schulsport und Freizeitsport**

Teilnahmebedingungen:
3er-Gruppen (Größväter, Mütter, Freund/in, Onkel, Tante... usw.). Alle Sportbegeisterten, wobei mindestens 1 Gruppenmitglied im Alter von 9—13 Jahren sein soll. Ansonsten einfach 3er-Gruppen.

Durchführung:
Außerhalb der obligatorischen Schulzeit, innerhalb von 3 Monaten.

Regeln:
Pro Etappe mindestens 10 Minuten (oder länger) laufen, schwimmen oder radfahren, ohne anzuhalten. Die zurückgelegte Strecke ist nicht entscheidend. Die entsprechende Zeit in das Kontrollblatt eintragen (mittels Ankreuzen der 5-Minuten-Felder).
Die Zeiten der einzelnen Gruppenmitglieder werden addiert, bis eine der drei Tabellen voll ist. In der „Lauf-Tabelle" darf nur die gelaufene Zeit eingetragen werden, in der „Schwimm-Tabelle" nur die geschwommene Zeit usw. Es gibt keine Einzelsieger, das Gesamtergebnis der ganzen Gruppe zählt am Schluß.

Preise:
Alle eingesandten und vollständig ausgefüllten Protokollblätter werden ausgelost.
Siegerpreis: 1 vollständige Triathlon-Ausrüstung für jeden der Siegergruppe
(1 Fahrrad, 1 Badehose, 1 Lauf- und Radausrüstung). (...als Idee: Sponsoren suchen.)

Auskunft/Sammelstelle:
Das ausgefüllte Kontrollblatt muß bis spätestens zum 1. .... 19......... an:

.... gesandt werden!

(Adresse des Initiators)

Beginn der ersten Etappe:................. Letzte Etappe:.................

1. Name:................. Adresse:................. Alter:......
2. Name:................. Adresse:................. Alter:......
3. Name:................. Adresse:................. Alter:......

Die gelaufenen, geschwommenen bzw. gefahrenen Zeiten ins Protokoll
eintragen. Pro 5 Minuten ein Feld ankreuzen. Es muss mindestens
10 Minuten pro Etappe trainiert werden!   VIEL SPASS ! ! !

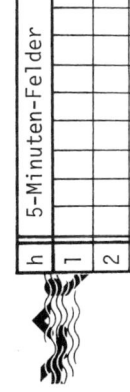

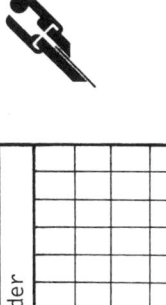

| 5-Minuten-Felder |
| h |
| 1 |
| 2 |
| 3 |
| 4 |
| 5 |
| 6 |
| 7 |
| 8 |

| 5-Minuten-Felder |
| h |
| 1 |
| 2 |
| 3 |
| 4 |
| 5 |
| 6 |
| 7 |
| 8 |

| 5-Minuten-Felder |
| h |
| 1 |
| 2 |
| 3 |
| 4 |

| 5-Minuten-Felder |
| h |
| 1 |
| 2 |
| 3 |
| 4 |

Wir haben alle Spielregeln genau erfüllt!

Datum: 1. Unterschrift: 2. Unterschrift: 3. Unterschrift:

....

 # Literaturverzeichnis

BACHMANN, E. und M. (Red.): 1005 Spiel- und Übungsformen im Volleyball. Hofmann. Schorndorf 1984³.

BARCIKOWSKI, J.
STRIEGEL, Ch.: } Zielorientiertes Tischtennistraining. Diplomarbeit ETH. Zürich 1980.

BRUGGMANN, B. (Red.): 1009 Spiel- und Übungsformen im Fußball. Hofmann. Schorndorf 1985².

BUCHER, W.: Schwimmen: Spielend leisten — leistend spielen. Hofmann. Schorndorf 1982.

BUCHER, W. (Red.): 1001 Spiel- und Übungsformen im Schwimmen. Hofmann. Schorndorf 1984³.

BUCHER, W. (Red.): 1002 Spiel- und Übungsformen im Tennis. Hofmann. Schorndorf 1984³.

BUCHER, W.: Tennis in der Schule. Schweiz. Verband für Sport in der Schule. Zürich 1984.

DIGEL, H.: Sport verstehen und gestalten. ro-ro-ro-Schulsport-Praxis. Hamburg 1982.

HAHN, E: Kindertraining. BLV-Verlagsgesellschaft mbH. München 1982.

HOTZ, A.: Umlernen können heißt die Losung, denn (…). Sporterziehung in der Schule, Heft 9/10. Schweiz. Verband für Sport in der Schule. Zürich 1984.

HOTZ, A., WEINECK, J.: Optimales Bewegungslernen. primed-Fachbuch-Verlagsgesellschaft mbH. Erlangen 1983.

KISSLING, R. (Red.): 1004 Spiel- und Übungsformen im Handball. Hofmann. Schorndorf 1983².

KNUPP, M.: 1011 Spiel- und Übungsformen im Badminton. Hofmann. Schorndorf 1983².

MATHYS, F. K.: Die Ballspiele. Reihe bibliophile Taschenbücher Nr. 380. Harenberg. Dortmund 1983.

MURER, K. (Red.): 1003 Spiel- und Übungsformen in der Leichtathletik. Hofmann. Schorndorf 1984⁴.

MURER, K.: Leichtathletik in der Schule. Schweiz. Verband für Sport in der Schule. Zürich 1984.

SPÖHEL, U. (Red.): 1008 Spiel- und Übungsformen im Gerätturnen. Hofmann. Schorndorf 1985³.

STADLER, R./BUCHER, W.: Tennis: Erfolg mit beiden Seiten. Eigenverlag. Unterägeri Dübendorf 1986.

VARY, P. (Red.): 1006 Spiel- und Übungsformen im Basketball. Hofmann. Schorndorf 1984³.

WEINECK, J.: Optimales Training. Verlagsgesellschaft mbH. Erlangen 1980.

WIDMER, K.: Die Bedeutung des spielerischen Handelns (…) in „Spiel und Medien in Familien, Kindergarten und Schule". Heinsberg 1984.

99 Spiel- und Übungsformen im Unihockey

Inhaltsverzeichnis

Unihockey, die Trendsportart mit Zukunft

In vielen Ländern unter dem Namen Floorball bekannt, erlebt Unihockey in der Schweiz einen unvergleichbaren Siegeszug. Nicht nur weil die ausgesprochen faire Spielweise (keine Stockkontakte) sehr gut ankommt, sondern auch, weil sie mit geringem finanziellen Aufwand betrieben werden kann. Neben der normalen Turnausrüstung benötigen die Unihockey-Spielenden nur einen Stock (Preise von 40.- bis 130.-).

Der Schweizerische Unihockey Verband (SUHV) zählt derzeit über 15'000 lizenzierte Spielende. In der Schweiz spielt man Unihockey auf verschiedenen Feldgrössen. Nationalliga A, B und C, sowie die Elite Junioren und NLA Damen können sich des Grossfeldes erfreuen (40 m x 20 m). Hier spielt der Torwart ohne Stock und es agieren 5 Feldspieler.

In den unteren Ligen (1. - 4. Liga, Junioren und untere Damenligen) stehen sich die Teams auf dem Kleinfeld gegenüber (24 m x 14 m). Der Torwart spielt (noch) mit Stock, es werden Spielerblöcke à 3 Spieler formiert.

Unihockey entspricht nicht etwa dem Sommertraining der Eishockeyspieler. Es ist eine eigenständige Sportart, die von Schweden stammt. Das Kleinfeld mit 3 Spielern und einem Torhüter mit Stock existiert nur in der Schweiz (aufgrund von Hallenproblemen). Auch die nordischen Länder kennen Hallenprobleme. Dort wird in der Schule Unihockey mit 4 Feldspielern, ohne Torhüter und mit kleinen Toren gespielt.

In der Schule wird "nur" gespielt; dies meist ohne grosse Einführung von Regeln. Im Unihockey wird jedoch sehr grossen Wert auf Fairness gelegt. Die Schiedsrichter ahnden jede Art von Stockschlägen und von hartem Körperspiel (leichtes Stossen mit der Schulter ist erlaubt), teilweise mit 2- oder 5-Minuten-Strafen.

Die faire Spielweise und die enorme Dynamik des Spiels sind wohl ausschlaggebend dafür, dass sich die Sportart im Schulsport und in polysportiven Vereinen immer grösserer Beliebtheit erfreut.

Dieses Heft ermöglicht den Lehrpersonen und Trainern, eine interessante und breitgefächerte Ausbildung im Fach Unihockey anzubieten.

Danken möchten die Autoren Herrn Walter Bucher für die wertvollen Anregungen und die kompetente Unterstützung. Vielen Dank auch an die Trainer des UHC Jump Dübendorf, Daniel Brunner und Marco Zollinger, die uns bei der Übungszusammenstellung behilflich waren.

Marc Brändli & Philipp Gärtner

Herbst 1996

Unihockey – Offizielle Spielregeln für die Schule

SUHV, Spielregeln Ausgabe II/96, Kleinfeld Interpretation.

1. Mannschaftsgrösse

Eine Mannschaft besteht aus mehreren Feldspielern und einem Torhüter. Pro Mannschaft befinden sich maximal 3 Feldspieler und 1 Torhüter auf dem Spielfeld. Der Torhüter darf durch einen vierten Feldspieler ersetzt werden.

2. Spielbeginn

Bei Beginn jedes Spielabschnittes und nach einem Tor erfolgt ein Bully am Mittelpunkt. Beide Teams befinden sich dabei in ihrer Spielhälfte. Bei sämtlichen Spielunterbrechungen pfeift der Schiedsrichter ab und anschliessend wieder an. Es darf erst nach dem zweiten Pfiff des Schiedsrichters weitergespielt werden.

3. Spieleraustausch

Ein Spieler (inkl. Torhüter) darf jederzeit ersetzt werden. Der einwechselnde Spieler darf das Spielfeld erst betreten, wenn es der auswechselnde Spieler verlassen hat.

4. Bully (Druckbully)

Ein Bully kann nur auf dem Mittelpunkt oder auf einem der sechs Bullypunkte erfolgen. Andere Spieler müssen sich mindestens 2 m von den Ausführenden entfernt aufhalten. Zwei gegnerische Spieler stehen sich, mit Rücken zur eigenen Torlinie, am liegenden Ball gegenüber und halten ihre Schläger parallel auf jeder Seite des Balles, ohne ihn zu berühren; die Schaufel in Angriffsrichtung. Auf der Mittellinie darf die Gastmannschaft die Stockseite wählen, auf der Grundlinie der Verteidiger. Auf Pfiff ist der Ball freigegeben.

5. Torhüter

Der Torhüter ist in seinen Abwehraktionen frei, solange die Aktion dem Ball gilt. Er darf den Ball nur halten, wenn mindestens ein Körperteil den Boden im Torraum berührt. Ausserhalb des Torraumes wird er als Feldspieler bezeichnet, wobei er seinen Stock nicht einsetzen darf. Bei einer Abwehr ausserhalb des Torraumes (ausg. Fussspiel), ist der Torhüter mit 2 Minuten zu bestrafen. Blockiert er den Ball länger als 3 Sekunden, erfolgt ein Freischlag für den Gegner 2,5 m ausserhalb des Schutzraumes. Der Torhüter darf bei der Ballausgabe nicht behindert werden. Beim Auswurf mit der Hand muss der Ball von einem Mitspieler vor der Mittellinie berührt werden, sonst erfolgt ein Freischlag auf der Mittellinie. Der Torhüter darf keine Freischläge ausführen.

6. Torraum / Schutzraum

Alle Freischläge aufgrund eines Vergehens der verteidigenden Mannschaft im Torraum werden 2,5 m ausserhalb des Schutzraumes ausgeführt. Zum Schutze des Torhüters gibt es den Schutzraum. In ihm darf sich kein Feldspieler befinden. Wo keine Markierungen angebracht sind, können diese mit Klebeband bezeichnet werden.

7. Ausball

Verlässt der Ball das Spielfeld, erhält die Mannschaft die den Ball nicht zuletzt berührt hat einen indirekten Freischlag zugesprochen. Dieser erfolgt an Ort und max. 1 Meter von der Bande entfernt.

8. Freischlag

Er wird unmittelbar am Ort des Regelverstosses ausgeführt. (Die Ausnahme bilden Regelverstösse im Torraum und hinter der verlängerten Torlinie. Im zweiten Fall wird der Freischlag auf dem nächstgelegenen Bullypunkt ausgeführt. Der Gegner (inkl. Stock) muss sofort zwei Meter Abstand nehmen. Bei Nichteinhalten des Abstandes wird eine 2-Minuten-Strafe ausgesprochen.

9. Strafschuss (Penalty)

Verhindert ein Regelverstoss eine sichere Torchance, ist der benachteiligten Mannschaft ein Penalty zuzusprechen. Der Schütze startet am Mittelpunkt, der Ball ist während der Ausführung immer in Vorwärtsbewegung. Sobald der Schütze den Ball berührt, darf der Torhüter die Torlinie verlassen. Ein Nachschuss ist nicht erlaubt. Fällt kein Tor, erfolgt ein Bully am nächsten Bullypunkt.

10. Spiel mit dem Fuss

Der Ball darf mit einer aktiven Bewegung sich selber vorgelegt werden, aber nicht zu einem Mitspieler. Prallt der Ball vom Fuss weg (passiv) darf der Mitspieler den Ball spielen. Mehrmaliges Spielen mit dem Fuss, ohne dass dazwischen der Stock den Ball berührt, ist verboten.

11. Spiel mit der Hand, dem Arm und dem Kopf

Es ist nicht erlaubt, den Ball mit der Hand, dem Arm oder dem Kopf aktiv zu spielen (2-Minuten-Strafe). Hochspringen mit beiden Füssen ist ebenfalls verboten.

12. Hoher Stock

Ausholen über Hüfthöhe ist verboten. Über Kniehöhe darf der Ball nicht mehr mit dem Stock gespielt werden. Das Ausschwingen vorne ist grundsätzlich erlaubt, wenn niemand in der Nähe steht. Muss der Gegner ausweichen hat dies eine 2-Minuten-Strafe zur Folge.

13. Stockvergehen

Der Stock darf nicht auf den Stock des Gegners geschlagen werden (auch nicht seitlich oder von unten). Beinstellen, Stockschlag gegen den Körper wird in jedem Fall mit 2 Minuten bestraft.

14. Einsatz des Körpers

Im Kampf ist ein Abdecken des Balles mit dem Körper zulässig. Ebenso ein leichtes Stossen mit der Schulter.

Festhalten, Stossen mit den Händen und rückwärts in den Gegner laufen ist verboten. Einem Spieler darf der Weg nicht versperrt werden. Hineinrennen in den Gegner Halten und Checken wird in jedem Fall mit 2 Minuten bestraft.

15. Bodenspiel

Ein Feldspieler darf nur mit seinen Füssen und einem Knie, sowie der Stockhand Bodenkontakt haben. Berührt er den Boden mit einem anderen Körperteil, wird dies mit einem Freischlag geahndet. Absichtliches Bodenspiel wird mit 2 Minuten bestraft.

16. Vorteil

Wenn einer Mannschaft, trotz eines Regelverstosses gegen sie ein Vorteil entsteht (z. B. Ballbesitz, Tor), soll der Schiedsrichter das Spiel weiterlaufen lassen.

Das Spielfeld (Kleinfeld)

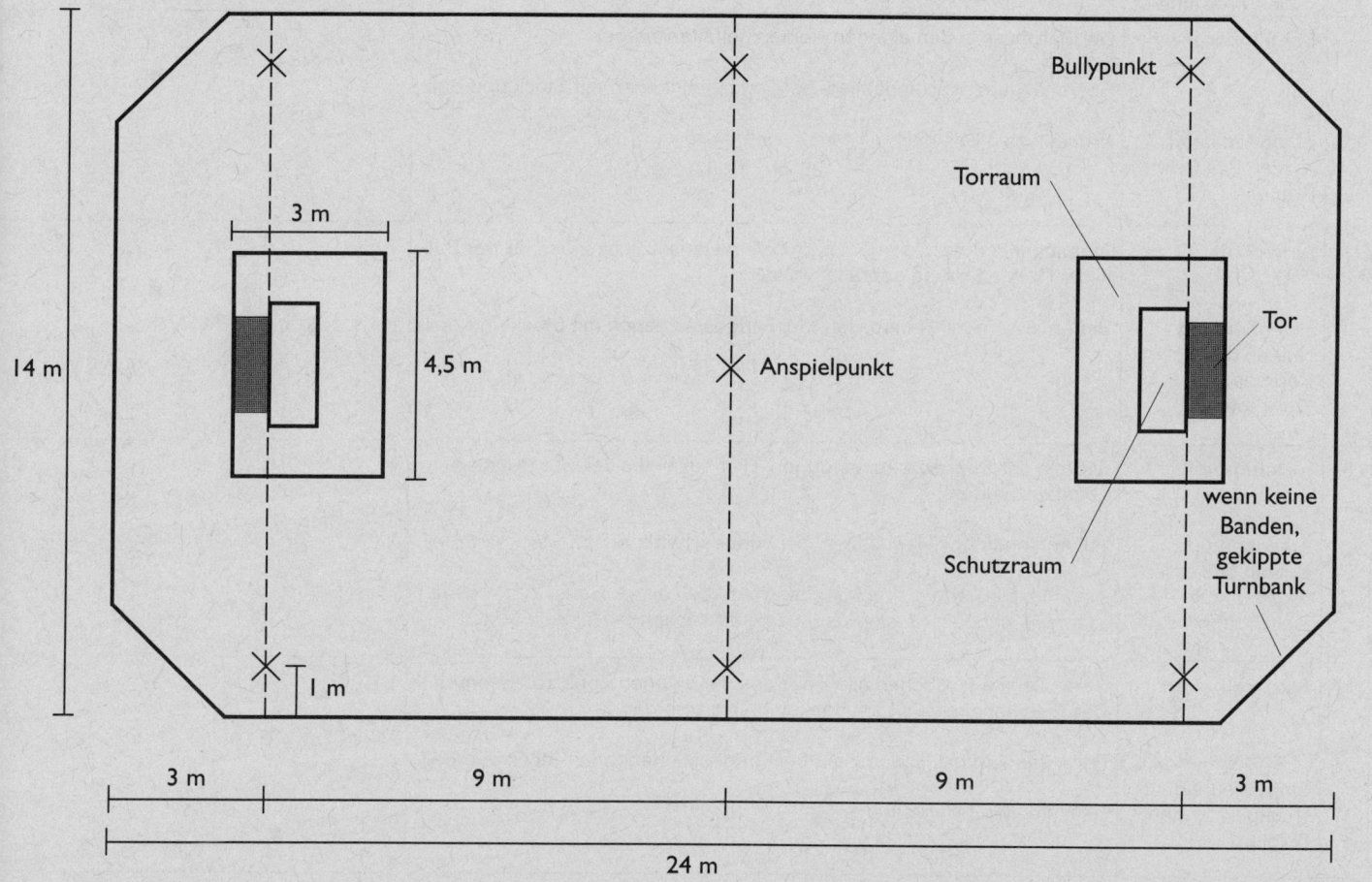

Bullypunkt

Torraum

Tor

Anspielpunkt

Schutzraum

wenn keine Banden, gekippte Turnbank

3 m

4,5 m

14 m

1 m

3 m

9 m

9 m

3 m

24 m

269

Nr.	Name der Spielform / Ziele / Akzente	Idee / Beschreibung	Hinweise / Organisation
1	**Schnappball** Erkennen und Nutzen des freien Raumes	Der Ball muss in den eigenen Reihen gehalten werden. Bei Anfängern mit Handbällen, bei Fortgeschrittenen mit Stock und Ball. Mindestens 3 Spieler pro Team.	
2	**Linienball** Erkennen und Nutzen des freien Raumes, mit Zielvorgabe	Aufbauend auf der Form Schnappball. Als zusätzliches Ziel soll der Ball hinter die Markierung gebracht werden. Bei Anfängern mit Handbällen, bei Fortgeschrittenen mit Stock und Ball.	
3	**Hütchenball** Erkennen und Nutzen des freien Raumes, mit Zielvorgabe	3. Stufe der Spielerziehungsformen. Hier soll eines der vier Hütchen getroffen werden. Bei Anfängern mit Handbällen, bei Fortgeschrittenen mit Stock und Ball. *Variante: Die verteidigende Mannschaft kann einen Treffer verhindern, indem sie mit dem Stock (Fuss) das entsprechende Hütchen berührt.*	
4	**Feld freihalten** Sinnvolle Feldaufteilung unter den Spielern	Beide Teams versuchen alle Bälle aus der eigenen Zone zu entfernen. Das Feld kann mittels Langbänken halbiert werden. Bei Anfängern mit Handbällen, bei Fortgeschrittenen mit Stock und Ball. *Variante: Mit Zeitvorgabe*	

Nr.	Name der Spielform / Ziele / Akzente	Idee / Beschreibung	Hinweise / Organisation
5	**Parcours "Koordination"** Grundelemente der Koordination im Unihockey	Beschreibung im Gegenuhrzeigersinn von oben rechts. 1. Ball auf Malstab legen; sobald er den Boden berührt, kontrollieren (Reaktion). 2. Ball über beide Matten führen, mit Stock hochnehmen (Gleichgewicht). 3. Ball über liegenden Malstab heben, kontrollieren und schiessen (Verschiedene) 4. Ball li und re abwechslungsweise durch die Tore (Medizinbälle) schieben, der Körper geht zwischen den Toren durch (Rhythmisierung). 5. Tennisbälle im Reifen. Eigenen Ball und Tennisball um den Kasten führen (Differenzierung).	
6	**Parcours "Technik"** Vorbereitung auf ein Techniktraining	Beschreibung im Gegenuhrzeigersinn von oben rechts. 1. Dribbling um die Ringe, wobei der Ball immer auf der Gegenseite des Körpers um die Ringe geführt wird. 2. Heben des Balles über den Kasten, kontrollieren. Körper geht in der Mitte der Kasten durch. 3. Slalomdribbling (Abdecken des Balles) 4. Bei jedem Hütchen, zurückziehen des Balles (Nur VH-Seite).	
7	**Parcours "Passen, Laufen"** Vorbereitung auf ein läuferisch ausgerichtetes Training	Beschreibung im Gegenuhrzeigersinn von unten links. 1. Bandenpass (Bank) 2. Körper geht auf der einen Seite der Medizinbälle vorbei, der Ball auf der anderen. 3. Bandenpass (liegender Malstab als Erschwerung) 4. Heben des Balles über die Matte, Körper geht an der Matte vorbei, Torabschluss nach Annahme.	

Nr.	Name der Spielform / Ziele / Akzente	Idee / Beschreibung	Hinweise / Organisation
8	**Parcours "Torabschluss"** Vorbereitung Schusstraining	Beschreibung im Uhrzeigersinn von oben links. Der Torhüter wirft flach auf den anlaufenden Spieler aus. Dieser läuft in Richtung Kasten, täuscht an und schiesst auf das Tor. Zurück mit Bandenpass, Slalomlauf und Torabschluss.	
9	**Parcours "Abdecken"** Vorbereitung Techniktraining (Ballführung)	Beschreibung im Gegenuhrzeigersinn von unten links. Lauf durch den Slalom (langsam mit deutlichem Abdecken des Balles), Doppelpass mit dem Spieler, der hinter dem Kasten positioniert ist, mit anschliessender Rückgabe auf den Torhüter. Auswurf auf den gleichen Spieler. Lauf zur Langbank (Gegner), Ball abdecken und lösen (2mal), Torabschluss.	
10	**Unihockey - Mattenlauf** Lauf und Schuss	2 Mannschaften. Eine Mannschaft bringt den Ball durch einen Schuss ins Feld ins Spiel. Wer geschossen hat, kann laufen (Matte als Rettungsinsel). Das andere Team versucht, den Ball so schnell wie möglich in das Tor zu spielen. Läufer, die noch nicht auf einer Matte sind, scheiden aus. Zählen von Läufen; Zeitmessung.	
11	**Reifen erobern** Reaktion und Ballführung	Vier Malstäbe markieren das Feld, welches die Spieler mit Ball umkreisen. Auf Pfiff versucht jeder einen Reifen zu erlangen. Auch der Ball muss in den Reifen geführt werden. Der Spielleiter kann jeweils einen Reifen weniger als vorhandene Spieler bereitstellen. Wer keinen Reifen erobert, scheidet aus.	

Nr.	Name der Spielform / Ziele / Akzente	Idee / Beschreibung	Hinweise / Organisation
12	**Trefferball** Vorhandschlenzen (gezogener Schuss)	Grosse Bälle auf der Mittellinie. Zwei Teams versuchen, die Bälle zu treffen und über die gegnerische Markierung zu spielen.	
13	**Budenschiessen** Vorhandschlenzen (gezogener Schuss)	Grosse Bälle auf der Langbank. Zwei Teams versuchen, die Bälle zu treffen und von den Langbänken zu schiessen. Wer weniger Bälle auf seiner Seite hat, ist Sieger.	
14	**Keulenschiessen** Vorhandschlenzen und Schlagschuss	5 bis 9 Keulen pro Team. Beide Mannschaften versuchen, von hinter der Markierung möglichst schnell alle Keulen umzuschlenzen. Die schnellere Mannschaft ist Sieger.	
15	**Hütchenvölkerball** Vorhandschlenzen und Schlagschuss	2 Spielhälften. 2 Mannschaften, jede Mannschaft muss sich in der eigenen Hälfte aufhalten. Beide Mannschaften versuchen, die Hütchen der Gegner zu treffen und Gegentreffer zu verhindern. Jeder Treffer zählt als Punkt. Kann auch mit Keulen gespielt werden.	

Nr.	Name der Spielform / Ziele / Akzente	Idee / Beschreibung	Hinweise / Organisation
16	**4 gegen 4 (5:5)** Spiel, Anpassung der Taktik an die neue Situation	Tore mit der Öffnung nach hinten (evtl. liegend).	
17	**4 gegen 4 (5:5)** Spiel, Anpassung der Taktik an die neue Situation	Tore zentral angeordnet, stehend.	
18	**4 gegen 4 (5:5)** Spiel, einzeltaktische Zurückhaltung beim Stockeinsatz	Normale Anordnung der Tore. Das Berühren des gegnerischen Stockes ist verboten.	
19	**4 gegen 4** Spiel, einzeltaktische Anpassung durch das Spiel mit der VH.	Spiel nur mit der Vorhand (VH). Die RH darf nur zum Abfangen gegnerischer Pässe angewendet werden. Das Berühren des gegnerischen Stockes ist verboten.	

Nr.	Name der Spielform / Ziele / Akzente	Idee / Beschreibung	Hinweise / Organisation
20	**Ballführung lernen** Ballführung Grundtechnik	Oben: Ballführen Vorhand-Rückhand um Hütchen, Körper soll immer zwischen Hütchen (Gegner) und Ball sein. Unten: Führen seitlich der Hütchen nur mit der Vorhand (Technik ähnlich Landhockey). Auf Höhe jedes Hütchens soll der Ball mit der Vorhand zurückgezogen werden.	
21	**Ballführung anwenden** Ballführung Grundtechnik	Der Leiter gibt Feldgrösse an. Alle Teilnehmer versuchen in diesem Feld die Ballführung Vorhand-Rückhand oder Vorhand-Vorhand mit Zurückziehen (Siehe Übung Nr. 20).	
22	**Ballführung anwenden, mit Hindernissen** Ballführung Grundtechnik	Ballführung, Dribbling in bestimmtem Feld. Als Hindernisse werden Hütchen aufgestellt.	
23	**Ballführung anwenden, mit halbaktiven Gegnern** Ballführung Grundtechnik	Ballführung, Dribbling in vorgegebenem Feld. Die Hälfte der Spieler versucht, ohne Ball mit dem Stockende die Ballführenden zu stören (Ball abdecken!).	

Nr.	Name der Spielform / Ziele / Akzente	Idee / Beschreibung	Hinweise / Organisation
24	**Dribbling offen 1** Ballführung Grundtechnik	Malstäbe mit ca. 3 m Abstand in Reihe aufstellen. Es sollen die Malstäbe mit erhöhtem Tempo umlaufen werden. Ballkontrolle abwechslungsweise Vorhand und Rückhand.	
25	**Dribbling offen 2** Ballführung Grundtechnik	Reifen mit ca. 3 m Abstand in Reihe aufstellen. Die Reifen sollen sich immer zwischen Körper und Ball befinden (der Körper geht rechts am Reif vorbei, der Ball links; beim nächsten Reifen umgekehrt). Ballkontrolle abwechslungsweise Vorhand und Rückhand.	
26	**Vorbeischieben 1** Umspielen Grundtechnik	Ball am Kasten vorbeischieben, annehmen und anschliessend erneut vorbeischieben. Ballkontrolle nur Vorhand oder nur Rückhand (hängt von der Spielseite ab).	
27	**Vorbeischieben 2** Umspielen Grundtechnik	Ball am Kasten vorbeischieben, annehmen und anschliessend auf der Gegenseite vorbeischieben. Ballkontrolle Vorhand und Rückhand.	

Technik

Nr.	Name der Spielform / Ziele / Akzente	Idee / Beschreibung	Hinweise / Organisation
28	**Passen stehend 1** Ballabgabe VH Grundtechnik	Zu zweit vis-à-vis passen sich die Spieler nur Vorhand zu. Wichtig hierbei ist, dass der Ball bei der Annahme bis hinter den Körper geführt wird. Der Ball soll "leise" angenommen werden (weiche Annahme).	
29	**Passen stehend 2** Ballabgabe VH Grundtechnik	Zu dritt wird ein Dreieck aufgestellt. Direktes Passen wie nebenstehend aufgeführt (Vorhand).	
30	**Passen in leichter Bewegung** Ballabgabe VH und RH Grundtechnik	Zu zweit soll der Ball von dem zentral vor den Malstäben stehenden Spieler dem Mitspieler zugespielt werden. Abwechslungsweise links und rechts. Der Spieler hinter den Malstäben spielt auf einer Seite den Ball mit der Vorhand zurück, auf der anderen mit der Rückhand.	
31	**Passen in Bewegung** Ballabgabe VH und RH Grundtechnik	Zwei Spieler spielen sich den Ball direkt zu. Ein Spieler passt immer diagonal, der andere senkrecht zu den Langbänken. Nach der Ballabgabe läuft jeder Spieler der Langbank entlang auf die andere Seite, um den zugespielten Pass weiterleiten zu können.	

Nr.	Name der Spielform / Ziele / Akzente	Idee / Beschreibung	Hinweise / Organisation
32	**Passen im Lauf 1** Passen VH Grundtechnik	Passen zu zweit über das ganze Feld, Torabschluss. Passdistanz etwa 3 m (mittlere Distanz).	
33	**Passen im Lauf 2** Passen VH und RH Grundtechnik	Passen zu zweit mit Beginn hinter dem Tor. In der Bewegung vom Tor weg werden lange Pässe gespielt (Grundlinienpässe, nur Vorhand). Kreuzen hinter dem Malstab, Rückwärtsbewegung mit ganz kurzen Pässen (Vorhand oder Rückhand), Torabschluss.	
34	**Passen im Lauf 3** Passen VH Grundtechnik	2 Gruppen, das Passen erfolgt jeweils zu zweit. Passspiel bis der äussere Spieler in Abschlussweite ist, Torabschluss des äusseren Spielers.	
35	**Passen im Lauf 4** Passen VH Grundtechnik	2 Gruppen, das Passen erfolgt jeweils zu zweit. Passspiel bis der äussere Spieler in Abschlussweite ist, Torabschluss des äusseren Spielers. Der innen laufende Spieler geht vor dem Tor durch zur entgegengelegenen Seite und erhält einen Pass des wartenden Spielers, so dass er die Aussenposition übernehmen kann. Erneutes Passen .... usw.	

Nr.	Name der Spielform / Ziele / Akzente	Idee / Beschreibung	Hinweise / Organisation
36	**Rundlauf** Passen Trainingsform	Die Spieler verteilen sich in die vier Ecken. Der erste Spieler läuft an und erhält von hinten den Ball zugespielt (Annahme etwa in der Mitte der Laufstrecke). Er spielt den Ball direkt weiter zum Spieler der nächsten Gruppe, welcher auch wieder in Position gelaufen ist, usw.	
37	**Weites Passen mit Torabschluss** Passen Trainingsform	Beschreibung von unten links. Der Spieler macht ein Zuspiel auf den anlaufenden Mitspieler (rechts oben), dieser nimmt den Ball an, läuft um den Pfosten und spielt wieder zurück. Torabschluss direkt durch den ersten Spieler. Bei dieser Übung spielt das Timing eine grosse Rolle (Laufverzögerung des ersten Spielers).	
38	**Kreispassen** Passen Trainingsform	Die Spieler verteilen sich in die vier Ecken. Eine Gruppe führt die Bälle. Der vorderste ballführende Spieler passt auf den vordersten der zweiten Gruppe, bekommt einen Rückpass. Er spielt gleich weiter zur dritten Gruppe, erhält erneut einen Rückpass und schiesst auf das Tor. Gruppenwechsel im Gegenuhrzeigersinn nach Lauf oder Pass.	
39	**Direktspiel im Raum** Passen Differenzierung der Ballabgabe	3 Gruppen stellen sich wie nebenstehend aufgeführt auf. Der ballführende Spieler löst einen Angriff aus mit einem Pass auf den vordersten der zweiten Gruppe. Er erhält einen Rückpass in den Lauf (schwach) spielt direkt auf die dritte Gruppe weiter, erhält wieder einen Retourpass und schiesst auf das Tor. Gruppenwechsel nach Lauf oder Pass.	

Nr.	Name der Spielform / Ziele / Akzente	Idee / Beschreibung	Hinweise / Organisation
40	**Schiessen aus dem Stand** Schuss Grundtechnik	Die Spieler stellen sich in einem Halbkreis vor dem Tor auf. Jeder hat mehrere Bälle bereit. Schiessen in verschiedenen Reihenfolgen auf das Tor.	
41	**Direktschuss** Schlagschuss Grundtechnik	Ein Zuspieler in der Ecke (mehrere Bälle). Der Zuspieler spielt auf den positionierten Spieler der Gruppe (Pass präzis auf die Vorhand). Dieser schiesst direkt auf das Tor und stellt sich danach hinten an. *Variation: Mit Positionsänderung der Gruppe, des Zuspielers.*	
42	**Schneller Torabschluss** Schuss, Abpraller (simuliert)	Die Spieler stellen sich etwa auf der Mittellinie auf. Der erste erhält vom Passspieler rechts einen Pass schiesst auf das Tor, läuft sofort weiter und erhält einen kurzen Pass vom Passspieler links um wieder abzuschliessen usw.	
43	**Drehschuss** Vorhandschlenzer Grundtechnik	Zwei Gruppen. Der erste ballführende Spieler passt auf den ersten der anderen Gruppe. Dieser läuft um den Kasten und schiesst direkt (nur Vorhand!) usw. Je nach Stockhaltung (links oder rechts) soll diese Übung seitenverkehrt durchgeführt werden.	

Nr.	Name der Spielform / Ziele / Akzente	Idee / Beschreibung	Hinweise / Organisation
44	**Karussell 1** Vorhandschlenzer Grundtechnik	Die Spieler stellen sich je zur Hälfte in den beiden Ecken auf. Der erste Spieler läuft noch ohne Ball der Wand entlang zum Malstab, umläuft diesen und erhält einen Pass (auf die Vorhand) vom vordersten Spieler der anderen Gruppe. Schuss auf das Tor. Der zuvor passende Spieler läuft nun los, um einen Pass von der anderen Seite zu erhalten usw.	
45	**Karussell 2** Vorhandschlenzer Grundtechnik	Die Spieler stellen sich je zur Hälfte in den beiden Ecken auf. Der erste Spieler läuft noch ohne Ball vor dem Tor hindurch und erhält einen Pass (auf VH) vom vordersten Spieler der anderen Gruppe. Er umläuft mit Ball den Malstab und schiesst (nur Vorhand schiessen). Der zuvor passende Spieler macht seitenverkehrt die gleiche Übung.	
46	**Laufen, Passen, Schiessen** Vorhandschlenzer aus dem Lauf	Der erste Spieler läuft um den Malstab und erhält im Rückweg einen Pass vom zweiten Spieler; Ballannahme und direkt schiessen usw. Kann auf höherem Niveau mittels Pass vom 3. auf den 1. Spieler (2. - 4.) trainiert werden.	
47	**Passen, Laufen, Schiessen** Vorhandschlenzer aus dem Lauf	Die Spieler bilden zwei Gruppen seitlich in der Hallenmitte. Der erste Spieler erhält einen Pass in den Lauf (hinter dem Malstab hindurch), nimmt den Ball an und schiesst auf das Tor. Der zuvor passende Spieler läuft los um einen Pass von der anderen Seite zu erhalten usw.	

Nr.	Name der Spielform / Ziele / Akzente	Idee / Beschreibung	Hinweise / Organisation
48	**Bogenlauf mit Torabschluss** Vorhandschlenzer aus dem Lauf	Die Spieler stellen sich in zwei Gruppen an der Mittellinie auf. Jeder hat einen Ball. Abwechslungsweise laufen die Spieler von der Seite her auf das Tor zu (Ball ist immer am Stock). Der Schuss soll aus dem Lauf erfolgen (Schlenzer).	
49	**Bogenlauf mit Pass von hinten, Torabschluss** Vorhandschlenzer mit Ballannahme	Die Spieler stellen sich in zwei Gruppen hinter der Mittellinie auf. Jeder hat einen Ball. Abwechslungsweise laufen die Spieler von der Seite her um den Malstab und erhalten einen Pass vom gegenüberstehenden Spieler (Pässe müssen in Richtung des Malstabes und auf den Stock gespielt werden).	
50	**Torabschluss nach einem Steilpass** Schuss mit Ballmitnahme	Zwei Zuspieler stellen sich in der Hallenmitte (oder etwas weiter weg vom Tor) auf. Die Spieler passen auf den ersten Zuspieler, laufen um diesen herum und anschliessend direkt in Richtung Tor. Der erste Zuspieler hat inzwischen dem zweiten zugespielt, welcher einen Steilpass spielt.	
51	**Rundlauf Torabschluss** Schuss Grundtechniken	Beschreibung von oben rechts. Der Spieler läuft zwischen den Markierungen hindurch und schiesst auf das Tor (Schlagschuss). Anschliessend läuft er um das nächste Hütchen und erhält einen Pass aus der Ecke (Passspieler). Lauf durch nächste Markierung und erneut Torabschluss (Schlenzer).	

Nr.	Name der Spielform Ziele / Akzente	Idee / Beschreibung	Hinweise / Organisation
52	**Ballmitnahme, Torabschluss (Pass von vorne)** Vorhandschlenzer Grundtechnik	Die Spieler stellen sich in zwei Gruppen gegenüber in zwei Ecken auf. Jeder hat einen Ball. Der erste Spieler läuft ohne Ball direkt auf das entgegengesetzte Tor und erhält einen Pass von der anderen Seite, Torabschluss. Nun läuft der zuvor passende Spieler los um einen Pass von der Gegenseite zu erhalten...	
53	**Ballmitnahme, Torabschluss (Pass von seitlich hinten)** Vorhandschlenzer aus Bogenlauf	Die Spieler stellen sich in zwei Gruppen gegenüber in zwei Ecken auf. Jeder hat einen Ball. Der erste Spieler läuft ohne Ball in einem Bogenlauf um den Malstab in der Mitte. Er erhält einen Pass von der anderen Seite, Torabschluss. Nun läuft der zuvor passende Spieler los, um einen Pass von der Gegenseite zu erhalten...	
54	**Ballmitnahme, Torabschluss (nach Bandenpass)** Schuss und Ballmitnahme	Zwei Gruppen stellen sich gegenüber in zwei Ecken auf. Der Spieler unten links löst mit einem Bandenpass auf den ersten Spieler der gegenüberliegenden Gruppe aus. Er läuft vor dem Tor durch und macht einen Bogenlauf. Nun erhält er den Ball vom Partner direkt in den Lauf gespielt. Der passende Spieler löst nun mit dem Bandenpass aus...	
55	**Ballmitnahme, Torabschluss (nach Doppelpass)** Pass, Ballmitnahme, Schuss	Zwei Gruppen stellen sich seitlich in der Mitte gegenüber auf. Der erste Spieler läuft ohne Ball auf den gegenüberstehenden Spieler zu und erhält einen Pass von ihm. Er passt den Ball zurück und läuft anschliessend im Bogen in Richtung Tor, wo er den Ball wiederum vom gleichen Spieler erhält. Anschliessend läuft der erste Spieler der anderen Seite los...	

Nr.	Name der Spielform / Ziele / Akzente	Idee / Beschreibung	Hinweise / Organisation
56	**Dribbling mit Torabschluss 1** Ballführung und -kontrolle	Eine Gruppe Spieler in der Ecke (links oben), ein Passspieler (links unten). Der Spieler läuft einen Slalom und passt danach zurück auf den folgenden Spieler. Er erhält einen Pass vom Passspieler und schiesst auf das Tor. Der nächste Spieler kann direkt nach Erhalt des Balles loslaufen.	
57	**Dribbling mit Torabschluss 2** Ballführung und -kontrolle	Eine Gruppe Spieler seitlich in der Hallenmitte, ein Zuspieler. Der Spieler absolviert den Slalom und passt zum Zuspieler, läuft um den vierten Malstab und erhält den Ball mittels Pass vom Zuspieler zurück. Danach kann er auf das Tor zulaufen oder schiessen.	
58	**Dribbling mit Torabschluss 3** Ballführung und -kontrolle	Eine Gruppe Spieler seitlich in der Hallenmitte, ein Passspieler. Der Spieler absolviert den Slalom und passt zum Passspieler, erhält den Ball mittels Zuspiel vom Passspieler zurück und schiesst auf das Tor.	
59	**Dribbling mit Torabschluss 4** Ballführung und -kontrolle	Eine Gruppe Spieler seitlich in der Hallenmitte, zwei Zuspieler. Start an der Mittellinie, Doppelpass mit Zuspieler, Ballannahme und Torabschluss. Lauf um das Tor, Annahme des Passes vom Zuspieler, Dribbling durch den Slalom, Torabschluss.	

Nr.	Name der Spielform / Ziele / Akzente	Idee / Beschreibung	Hinweise / Organisation
60	**Antäuschen, Lösen ohne Gegner** Einzeltaktik Grundelemente	Der Spieler versucht nach links (rechts) anzutäuschen (Gewichtsverlagerung) und kurz darauf zur Mitte zu drängen. Die Malstäbe dienen als Wegvorgabe (ersetzen auch den Verteidiger).	
61	**Antäuschen, Lösen mit Gegner (stehend)** Einzeltaktik Grundelemente	Der Spieler versucht nach links (rechts) anzutäuschen (Gewichtsverlagerung) und kurz darauf einen Spurt nach rechts (links) anzubringen. Durch eine gute Täuschung hat er einen Vorsprung, der ihm sogar erlauben kann, über die Flanke zu laufen.	
62	**Antäuschen, Lösen mit Gegner (dynamisch)** Einzeltaktik Anwendung	Der Verteidiger passt auf den noch stehenden Stürmer zurück. Dieser läuft an und versucht, den Verteidiger mit einer Täuschung zu umlaufen. Es sollen beide Varianten geübt werden (Lauf gegen die Mitte und über die Flanke).	
63	**Antäuschen, Lösen mit mitlaufendem Gegner** Einzeltaktik Anwendung	Der Verteidiger (innen) und der Stürmer passen sich gegenseitig zu. Ab der Markierung (Hütchen), wird der innere Spieler zum Verteidiger und der äussere zum Stürmer. Es sollen beide Varianten geübt werden (Lauf gegen die Mitte und über die Flanke).	

Nr.	Name der Spielform / Ziele / Akzente	Idee / Beschreibung	Hinweise / Organisation
64	**Bandenzweikampf** Einzeltaktik Angriff und Abwehr	Zwei Gruppen, wobei nur eine im Besitz der Bälle ist. Der erste der ballführenden Gruppe greift nun gegen den ersten der anderen Gruppe an und versucht ein Tor zu erzielen. Die Langbänke können als Hilfsmittel benutzt werden. Der Sieger darf auf das jeweils gegenüberliegende Tor abschliessen.	
65	**Sprintzweikampf** Einzeltaktik und Schnelligkeit	Zwei Gruppen, ein Zuspieler. Der Spieler gibt die Bälle aus (verschiedene Richtungen). Der Sieger aus dem entstehenden Duell ist Angreifer auf das Tor, der andere wird zum Verteidiger.	
66	**Zweikampf mit Ballführung** Einzeltaktik, Ballführung und Schnelligkeit	Zwei Gruppen, eine davon mit Bällen. Auf Pfiff starten ein Stürmer (mit Ball) und ein Verteidiger. Beide laufen um ihre Malstäbe, der Stürmer versucht abzuschliessen, der Verteidiger versucht dies zu verhindern. Der Malstab der Stürmer soll etwas näher aufgestellt werden.	
67	**Frontaler Zweikampf** Einzeltaktik, Ballführung und Schnelligkeit	Zwei Gruppen, eine davon mit Bällen. Der ballführende Verteidiger passt zum anlaufenden Stürmer. Beide umlaufen ihre Malstäbe und tragen einen Zweikampf aus.	

Nr.	Name der Spielform / Ziele / Akzente	Idee / Beschreibung	Hinweise / Organisation
68	**Sprintzweikampf mit Richtungs-änderung (auf Pass)** Schnelligkeit und Einzeltaktik	Zwei Gruppen, ein Zuspieler. Auf Kommando sprinten zwei Spieler um die Malstäbe. Der Zuspieler spielt einen Ball (für beide erreichbar) in den Raum. Zweikampf 1:1.	
69	**Zweikampf mit vorangehendem Torabschluss** Einzeltaktik und Technik	Zwei Gruppen gegenüber, etwas hinter der Hallenmitte. Jeder Spieler hat einen Ball. Der Spieler der unteren Gruppe (Darstellung) läuft mit dem Ball auf das Tor und schliesst ab. Anschliessend geht er auf den entgegenkommenden Spieler der oberen Gruppe zu, es kommt zu einem Zweikampf 1:1 usw...	
70	**Zweikampf mit Bandenpass (erfordert grosse Halle)** Schnelligkeit, Ballführung, Technik und Einzeltaktik	Vier Gruppen, die Auslösung der Übung geschieht immer von der gleichen Seite. Die Spieler mit Ball (unten li, oben re) spielen gleichzeitig einen Bandenpass, laufen vor dem Tor hindurch und erhalten einen Pass in den Lauf (vom Spieler ohne Ball). Der Spieler ohne Ball greift nach dem Pass den ihm entgegenkommenden Spieler an; 1 gegen 1. Wechsel im Uhrzeigersinn nach jeder Aktion.	
71	**Zweikampfstafette** Schnelligkeit, Ballführung, Technik	Zwei Teams, wovon je die Hälfte gegenüber. Eine Hälfte der Spieler hat einen Ball. Trainingsleiter setzt Bälle in der Mitte. Auf Pfiff laufen die ersten Spieler los und absolvieren den Slalom, passen auf den Mitspieler. Anschliessend sprinten sie zum gesetzten Ball in der Mitte. Der schnellere darf abschliessen. Der Spieler, der den Ball zugespielt bekommt, startet sofort in die andere Richtung...	

Gruppentaktik

Nr.	Name der Spielform / Ziele / Akzente	Idee / Beschreibung	Hinweise / Organisation
72	**Laufen ohne Ball** Gruppentaktik Grundelemente	Zu dritt, aufstellen als würden die Spieler 3 von 4 Ecken eines Quadrates bilden. Der Spieler mit Ball spielt auf einen Mitspieler und läuft sofort in die freie Ecke. Wenn er genug schnell ist, hat sein Mitspieler wieder zwei Anspielstationen, usw. Sofortiges Laufen nach Ballabgabe ist sehr wichtig.	
73	**Direktspiel** Gruppentaktik Grundelemente	Vier gegen zwei. Vier Spieler bilden ein Quadrat. Sie dürfen ihre Positionen nicht verändern. Zwei Gegenspieler versuchen die Pässe der Aussenspieler zu unterbrechen. Macht ein Spieler einen Fehlpass muss er eine Position als Innenspieler übernehmen.	
74	**Direktspiel, Laufen ohne Ball** Gruppentaktik Grundelemente	Drei gegen zwei. Die drei Spieler haben ein bestimmtes Feld zur Verfügung. Direktes Passen und schnelles Freilaufen ist hier wichtig. Macht ein Spieler einen Fehlpass muss er eine Position als Innenspieler übernehmen.	
75	**Decken, Freilaufen mit passiven Anspielstationen** Gruppentaktik Grundelemente	Zwei gegen zwei. Vier Spieler bilden ein Rechteck und sind unparteiische Anspielstationen für die Ballführenden. Diese passen immer nur dem ballführenden Duo zurück. Pässe innerhalb der Anspielstationen sind verboten.	

Gruppentaktik

Nr.	Name der Spielform Ziele / Akzente	Idee / Beschreibung	Hinweise / Organisation
76	**Überzahl 2:1** Gruppentaktik Überzahlspiel	Beide Stürmer sind in Ballbesitz. Der eine Stürmer läuft los und spielt einen Pass auf den Verteidiger (in Feldmitte). Nun läuft der andere Stürmer mit Ball zur Mitte und versucht mit seinem Sturmpartner, den Verteidiger auszuspielen und den Torabschluss zu suchen.	
77	**Spielform 2:2** Gruppentaktik Spiel	Spiel in der Hallenbreite ohne Torhüter. Es können mehrere Felder nebeneinander aufgestellt werden. Als Tore dienen Malstäbe, Kasten oder Unihockeytore.	
78	**Überzahl 3:2** Gruppentaktik Überzahlspiel	Der ballführende Spieler startet hinter dem eigenen Tor. Gleichzeitig laufen seine Mitspieler einen Bogen (evtl. mit Kreuzen). Der ballführende Spieler hat nun verschiedene Anspielstationen/Möglichkeiten. *Ziel: Torabschluss gegen 2 Verteidiger.*	
79	**Spielform 3:3** Gruppentaktik Spiel	Spiel in der Hallenbreite ohne Torhüter. Es können mehrere Felder nebeneinander aufgestellt werden. Als Tore dienen Malstäbe, Kasten oder Unihockeytore.	

Nr.	Name der Spielform / Ziele / Akzente	Idee / Beschreibung	Hinweise / Organisation
80	**Schnelles Gegenstossspiel** Gruppentaktik Überzahlsituationen	Zwei Mannschaften à 3 Spieler (Blöcke). Anfangs sind zwei schwarze und ein weisser Spieler auf dem Feld. Start mit einer 2 gegen 1 Situation. Sobald ein Torabschluss erfolgt, oder der weisse Spieler an den Ball kommt, dürfen die gegenüber aufgestellten weissen Spieler das Spielfeld betreten. Es kommt zu einer 3 gegen 2 Situation auf das andere Tor. Kommt es zu einem Torabschluss oder erhalten die schwarzen Spieler den Ball, betritt der letzte Spieler das Feld; 3 gegen 3.	
81	**Überzahltraining (situatives 2:1 im Spiel)** Gruppentaktik Überzahl	Zwei Angreifer (schwarz), in jeder Spielfeldhälfte ein Verteidiger. Die Angreifer starten mit einem schnell auszuführenden 2:1 nach rechts. Nach erfolgtem Torabschluss erfolgt sofort der Wechsel zum 2:1 nach links... Der Trainingsleiter hat Bälle bereit, um ein schnelles Seitenwechseln zu gewährleisten.	
82	**4 Ecktore** Gruppentaktik mit veränderten Zielen	Zwei Mannschaften. Jede Mannschaft hat zwei Tore zu verteidigen und darf auf zwei Tore angreifen. Diese Spielform kann auf zwei Arten durchgeführt werden: 1. die zu verteidigenden Tore sind auf derselben Seite, oder 2. die zu verteidigenden Tore sind diagonal gegenüber festgelegt.	
83	**Torball** Gruppentaktik mit veränderten Zielen	Zwei Mannschaften. Ein Punkt ist erzielt, wenn es dem Spieler einer Mannschaft gelingt, durch ein Offentor (Malstäbe) hindurch einem Mitspieler den Ball zuzuspielen.	

Nr.	Name der Spielform / Ziele / Akzente	Idee / Beschreibung	Hinweise / Organisation
84	**Schnellschuss mit verdeckter Sicht** Reaktion und Grundstellung	Die Spieler stellen sich mit Ball in einer Reihe hintereinander auf (Abstand ca. 1 m). Alle laufen in dieser Reihenfolge auf den Torhüter an. Sie schiessen aus kurzer Distanz (ca. 3 bis 5 m) auf das Tor. Für den Torhüter ist diese Übung anspruchsvoll, weil ihm oft die Sicht verdeckt ist.	
85	**Schnellschuss mit verschiedenen Zuspielen** Reaktion und Grundstellung	Zwei Spieler stellen sich hinter dem Tor auf (mit Bällen). Ein Spieler nimmt eine Position vor dem Tor ein. Er bekommt von links und rechts abwechslungsweise die Pässe zugespielt und schiesst auf das Tor. Diese Schüsse haben ähnlichen Charakter, wie Schüsse von Abprallern.	
86	**Unberechenbare Bälle** Reaktion und Grundstellung	Die Spieler stellen sich hinter dem gegen die Wand gedrehten Tor auf. Abwechslungsweise schiessen sie via Wand die Bälle auf das Tor. Der Torhüter darf keinen Blickkontakt mit den Spielern haben, er soll nur mit der Reaktion arbeiten.	
87	**Abgelenkte Bälle** Reaktion und Verschieben aus der Grundposition	Mehrere Spieler spielen in regelmässigen Abständen den Ball vor das Tor (anfangs flach). Vor dem Tor ist seitlich ein Spieler postiert, der versucht, die Bälle abzulenken. Wie viele Ablenker hält der Torhüter?	

Nr.	Name der Spielform / Ziele / Akzente	Idee / Beschreibung	Hinweise / Organisation
88	**Wechselball** Verschieben aus der Grundposition	Die Spieler stellen sich mit Ball in zwei Reihen an der Seite auf. Abwechslungsweise von links und rechts schiessen sie einen Ball auf das Tor. Der Torhüter muss schnell die optimale Position finden.	
89	**Wechselball (mit Positions-optimierung)** Verschieben aus der Grundposition	Die Spieler stellen sich mit Ball in zwei Reihen an der Seite auf. Abwechslungsweise von links und rechts schiessen sie einen Ball auf das Tor. Sie lassen dem Torhüter genug Zeit um seine Stellung (Winkel) anzupassen, bevor sie auf das Tor schiessen.	
90	**Angriff, Schuss, ..** Grundposition und Abwehrtaktik	Die Spieler stellen sich mit Ball in einem Halbkreis vor dem Tor auf. Abwechslungsweise schiesst ein Spieler, der nächste versucht den Torhüter auszuspielen, usw.	
91	**Keine Abpraller** Grundposition und Stellungsspiel	Mehrere Spieler stellen sich in Schussdistanz in einem Halbkreis vor dem Tor auf. Sie schiessen der Reihe nach, in regelmässigen Abständen auf das Tor. Der vor dem Tor postierte Spieler macht einen Nachschuss bei Abprallern. *Variation: Schüsse von abwechslungsweise von links und rechts.*	

Nr.	Name der Spielform / Ziele / Akzente	Idee / Beschreibung	Hinweise / Organisation
92	**Abwehren, Auswerfen nach vorne** Auswurf flach Grundtechnik	Die Spieler stellen sich in einem Halbkreis vor dem Tor auf (jeder zweite hat einen Ball). Der erste Spieler spielt einen haltbaren Pass (Schuss) auf das Tor. Der Torhüter wirft den Ball flach auf den nächsten Spieler aus, welcher direkt schiesst usw.	
93	**Auswurf zur Seite** Auswurf seitlich Anwendung	Der Torhüter wirft den Ball mit der Hand flach auf den anlaufenden Spieler aus. Der Spieler nimmt den Ball an und schiesst auf das andere Tor (anderer Torhüter).	
94	**Auswurf durch die Mitte** Auswurf nach vorne Anwendung	Die Bälle sind im Tor, zwei Gruppen hinter den Malstäben. Abwechslungsweise von beiden Seiten laufen die Spieler um die Malstäbe.Sie erhalten den Ball vom Torhüter ausgeworfen (flach, präzis auf die Schaufel). Der Spieler schliesst danach auf das andere Tor ab.	
95	**Differenzierung der Auswürfe (seitlich, durch die Mitte)** Auswurf Varianten	Zwei Gruppen mit Bällen; eine seitlich des Tores, die andere seitlich in der Hallenmitte. Die zwei Gruppen spielen abwechslungsweise auf den Torhüter zurück. Der Torhüter wirft nun entsprechend auf den anlaufenden Spieler aus. Der Spieler schiesst nun auf das andere Tor.	

Nr.	Name der Spielform / Ziele / Akzente	Idee / Beschreibung	Hinweise / Organisation
96	**Bogenläufe aus verschiedenen Winkeln** Technik und Stellungsspiel	Zwei Gruppen. Ein Torhüter. Abwechslungsweise laufen die Spieler der beiden Gruppen in kurzen zeitlichen Abständen um die Malstäbe (Bogenlauf) und schiessen auf das Tor. Der Torhüter muss seine Stellung schnell dem Schusswinkel anpassen.	
97	**Auswurf mit Zweikampf** Auswurf, Technik und Taktik gegen Angreifer	Zwei Gruppen. Zwei Torhüter. Ein Torhüter hat die Bälle im Tor. Auf Kommando laufen die Spieler los, und der Torhüter macht einen Auswurf durch die Mitte. Es kommt zu einem Zweikampf, der Sieger schiesst auf das andere Tor.	
98	**Torhüter bezwingen als Wettbewerb** Technik und Stellungsspiel	Zwei Gruppen stellen sich bei je einem Malstab auf. Es laufen immer parallel je ein Spieler beider Gruppen los. Nach einem Bogenlauf um das eigene Tor, versuchen sie, den anderen Torhüter zu bezwingen. Erzielt der Spieler ein Tor, kann er aufhören. Wenn nicht stellt er sich bei der eigenen Gruppe hinten an. Sieger ist das Team, dessen Spieler zuerst alle ein Tor geschossen haben.	
99	**Die Welle** Stellungsspiel und Rektion	Alle Spieler stellen sich in der Mitte auf einer Linie auf. Sie starten leicht verzögert, der erste Spieler schiesst praktisch aus dem Stand als erster, der nächste läuft 2 bis 3 m usw. Der letzte Spieler sollte mit dem Ball direkt vor dem Tor abschliessen.	

Symbole

Symbol	Darstellung
Ballweg	⇢
Laufweg (mit und ohne Ball)	→
Spieler	□
Gegnerischer Spieler	■
Spieler mit Ball	□○ ■○
Tor	
Malstab	✕ ⊢
Grosse Matte	▬
Kleine Matte	▬
Kastenteil (ganzer Kasten)	▬
Langbank	
Markierkegel (Pilonen)	△
Reifen	○
Medizinbälle, verschiedene Bälle	● ●

Adressen

Der Anhang „99 Spiel- und Übungsformen im Unihockey" ist auch als Broschüre erhältlich.

Bezugsquellen:

Marc Brändli
Rehbühlstr. 29
CH-8610 Uster
Fax 01 / 9 40 22 55

Philipp Gärtner
Schulhausstr. 6
CH-6330 Cham

Walter Bucher (Hrsg.)

1000 Spiel- und Übungsformen

zum Aufwärmen

Lisa Brugger
Anita Schmid
Walter Bucher (Red.)

MIT EINEM DIDAKTISCHEN ABC

Verlag
Karl Hofmann
Schorndorf

Verlag Karl Hofmann · D-73603 Schorndorf

Postfach 1360 · Telefon (0 71 81) 402-0 · Telefax (0 71 81) 402-111